国家出版基金项目
NATIONAL PUBLICATION FOUNDATION

中国共产党精神史

中国共产党思想建党史

主编 ◎ 韩庆祥

牛月永 著

河南人民出版社
·郑州·

图书在版编目（CIP）数据

中国共产党思想建党史／牛月永著．－－郑州：河南人民出版社，2025.2－－（中国共产党精神史／韩庆祥主编）－－ISBN 978-7-215-13159-0

Ⅰ．D26

中国国家版本馆 CIP 数据核字第 20253DK056 号

河南人民出版社 出版发行

（地址：郑州市郑东新区祥盛街 27 号 邮政编码：450016 电话：0371-65788060）

新华书店经销　　　　河南金之汇信息技术有限公司印刷

开本　710 mm×1000 mm　　　1/16　　　印张　22.25

字数　287 千

2025 年 2 月第 1 版　　　　　　2025 年 2 月第 1 次印刷

定价：68.00 元

总　　序

习近平总书记在庆祝中国共产党成立100周年大会上的重要讲话中总结党的百年奋斗史，贯穿的是大历史观。习近平总书记指出："要教育引导全党胸怀中华民族伟大复兴战略全局和世界百年未有之大变局，树立大历史观，从历史长河、时代大潮、全球风云中分析演变机理、探究历史规律，提出因应的战略策略，增强工作的系统性、预见性、创造性。"树立纵深而宽广的大历史观，能将这极不平凡的100年看得更清、追得更远、思得更明、悟得更透。习近平总书记这些重要论述，讲的就是大历史观的基本内涵及其重要意义。我们可以运用大历史观，来理解和把握伟大建党精神和中国共产党人的精神谱系。大历史观有四层涵义。一是在历史时间上，它跳出一定历史阶段，把历史阶段放在过去、现在、未来的大历史长河中来把握，这是长远史观；二是在历史空间上，它跳出一定历史空间（或历史局部），从世界历史发展进程看历史空间（历史局部），这是世界史观；三是在历史主题上，它跳出历史片段、历史细节和历史碎片，用历史主题把历史片段、历史细节、历史碎片统领起来，这是整体史观；四是在历史本质上，它跳出历史现象，走向历史深处，分析历史演变机理，抓住历史本质，探究历史规律，这是规律史观。

需要从长远史观把握中国共产党人为什么一直注重自身的精神建设。中国共产党一经诞生,就把为中国人民谋幸福、为中华民族谋复兴确定为初心和使命。这意味着中国共产党人肩上扛起的是远大奋斗目标和宏大历史使命。然而,中国共产党成立之初,自身条件有限,力量也很薄弱,党员人数只有50多名。中共一大召开之前,我们党早期的党组织只有8个,参加这次会议的党代表只有十几人,当时的武器装备是"小米加步枪"。这就遇到了一个重要矛盾,即中国共产党人肩负的远大目标和宏大使命与条件有限、力量薄弱之间的矛盾。条件有限、力量薄弱的中国共产党人如何扛起远大奋斗目标和宏大历史使命?这在当时,主要是靠统一战线和精神武装。显然,我们党注重自身精神建设,是植根于中国共产党人肩负的远大目标和宏大使命与条件有限、力量薄弱的矛盾。或者说,为解决这一矛盾,就必须注重精神建设。随着中国特色社会主义进入新时代,我国发展步入新的历史方位,中国共产党也已成为世界上最大的政党。中国共产党在自身条件有限、力量薄弱的时候,特别注重自身精神建设;当中国共产党已经成为世界上最大的政党时,更要加强自身的精神建设。因为新时代中国共产党人肩负着实现中华民族伟大复兴的历史使命,也正在向全面建成社会主义现代化强国迈进,可谓肩上扛起的奋斗目标依然远大,历史使命依然宏大。对此,绝不是轻轻松松、敲锣打鼓就能实现的。在前进的征途中,我们所遭遇的各种矛盾难题、障碍阻力、风险挑战、艰难困苦必将更加复杂严峻,这好比是在滚石上山、过坎闯关,迎着风雨、踏着荆棘前进。然而,在当今一些党员干部身上,却存在着"精神懈怠""能力不足""脱离群众""消极腐败"四种危险,尤其是"精神懈怠"的危险。因此,只有我们自身的腰杆硬起来,才能扛起全面建成社会主义现代化强国、实现中华民族伟大复兴的宏伟大业。在这种情境下,也从长远来看,依然要加强党自身的精神建设。正如习近平总书记强调的,实现中国梦必须弘扬中国精神。

从规律史观理解中国共产党人的精神谱系在不同历史时期具有什么不同特征。这涉及到中国共产党的精神发展史。基于伟大建党精神,中国共产党人在不同历史时期形成了具有不同历史特征的精神,这些精神构成中国共产党人的精神谱系。各个历史时期形成的精神是有规律可循的,那就是体现并反映了各个历史时期的时代品质、实践品格及其本质特征。在新民主主义革命时期,主要是围绕"浴血奋战、百折不挠"与战胜敌人、强大自我而形成的精神。在这一历史时期,革命问题是首要问题。而革命的首要问题,就是谁是我们的敌人、谁是我们的朋友。伟大长征精神,就是新民主主义革命时期形成的精神谱系的典型样本。在社会主义革命和建设时期,主要是基于"自力更生、发愤图强"与战胜艰难困苦、完成创业大任而形成的精神。这一历史时期的整体景象,就是一穷二白、百废待兴。由此,特别需要自力更生、发愤图强、艰苦创业、立国兴国。"两弹一星"精神,就是这一历史时期形成的精神谱系的典型样本。在改革开放和社会主义现代化建设新时期,主要是针对"解放思想、锐意进取"与披荆斩棘、攻坚克难而形成的精神。改革开放是我国的第二次革命,社会主义现代化建设是一项开创性的伟大事业。然而,当时各种庞杂的思想观念与僵化的体制机制阻碍着改革开放和社会主义现代化建设。这就要求中国共产党人必须解放思想、锐意进取、披荆斩棘、攻坚克难。伟大改革开放精神,就是这一历史时期形成的精神谱系的核心,也是分析这一历史时期精神谱系的典型样本。在中国特色社会主义新时代,主要是需要"自信自强、守正创新"与应对风险、自我革命而形成的精神。在新时代,中国共产党人打的"铁"相当坚硬,它不仅要解决人民生活"好不好"、国家"强不强"、政党"硬不硬"、世界"太平不太平"、马克思主义"是否具有生机活力"等根本问题,而且要应对来自各方面的矛盾问题、障碍阻力、风险挑战。为此，就必须进行伟大斗争、勇于自我革命，就必须自信自强、守正创新。伟大抗疫精神，可以作为这一历史时期形成的精神谱系的典型样本。

从整体史观分析伟大建党精神具有怎样的逻辑结构。在伟大建党精神的基础上，中国共产党人在各个历史时期形成了丰富多样的精神谱系。伟大建党精神是源，精神谱系是流；伟大建党精神是本体性精神、基因性精神，精神谱系是生成性精神、发展性精神。在中国共产党人一系列的精神谱系中，可以从深层揭示出中国共产党的伟大建党精神。正如习近平总书记所指出的，伟大建党精神的科学内涵主要包括：坚持真理、坚守理想，践行初心、担当使命，不怕牺牲、英勇斗争，对党忠诚、不负人民。这一精神分为四个层次，具有严密的内在逻辑结构，构成一个有机整体。第一个层次是科学认知，即坚持真理、坚守理想。一个政党认识世界的科学认知水平，决定其思想高度、思维长度、视野宽度、认识深度和执政格局，所以它是前提。第二个层次是目标追求，即践行初心、担当使命。中国共产党认识世界的目的是为了改造世界，改造世界需要在科学认知的基础上确立奋斗目标。中国共产党是一个具有奋斗目标的政党，它咬定目标、久久为功。这种目标追求，就凝结为党的初心和使命。人民对美好生活的向往是我们党的奋斗目标，这连着初心；实现中华民族伟大复兴是我们党的战略目标，这连着使命。第三个层次是钢铁意志，即不怕牺牲、英勇斗争。实现奋斗目标意味着前途是光明的，就需要选择正确的道路。但是，我们中国共产党人为实现奋斗目标，脚下所走的道路却是曲折坎坷的。为此，中国共产党人必须具有钢铁般的坚强意志，才能实现奋斗目标。正如恩格斯所指出的：“一个知道自己的目的，也知道怎样达到这个目的的政党，一个真正想达到这个目的并且具有达到这个目的所必不可缺的顽强精神的政党——这样的政党将是不可战胜的。"第四个层次是政治情怀,即对党忠诚、不负人民。对党忠诚、不负人民是鲜明的政治概念,这是需要情怀的。情怀是一种责任,是一种担当,是一种主动,是一种开创。坚持真理、坚守理想,践行初心、担当使命,不怕牺牲、英勇斗争,对党忠诚、不负人民,这四个层次环环相扣、紧密相连,构成一个逻辑严密的有机整体。

从世界史观揭示伟大建党精神和精神谱系具有何种意义。把伟大建党精神和中国共产党人的精神谱系置于世界历史场景中进行审视,可揭示它所具有的重要意义。首先,它使中国共产党具有不同于世界其他政党的特质。一个政党区别于其他政党,其中一个重要方面就是其特质。政党的特质是靠精神塑造的,伟大建党精神和中国共产党人的精神谱系是把我们党涵育成一个深得人民支持和拥护的强大政党的沃土。伟大建党精神和中国共产党人的精神谱系,在一定意义上反映并体现了中国共产党的特质,这种特质有别于世界上其他一切政党。这种特质就是"咬定目标、迎难而上、越挫越勇、越险越进、勇于奋斗、不怕牺牲、久久为功"。正是这种特质,使中国共产党能扛起肩上的奋斗目标和历史使命。其次,它使中国共产党能在实现民族复兴曲折坎坷的道路上创造出世所罕见的人间奇迹。车尔尼雪夫斯基说:"历史的道路不是涅瓦大街上的人行道,它完全是在田野中前进的,有时穿过尘埃,有时穿过泥泞,有时横渡沼泽,有时行经丛林。"在实现中华民族伟大复兴的征途中,中国共产党人所走的路是十分曲折坎坷的,既有"尘埃""泥泞",又有"沼泽""丛林"。然而,正是伟大建党精神和中国共产党人的精神谱系,使中国共产党人以钢铁般的意志,走过了"尘埃""泥泞""沼泽""丛林",在实现中华民族伟大复兴的征途中创造出一个个人间奇迹。这是世界上其他政党所无法比拟的。最后,它使中国共产党人能有效应对世界百年未有之大变局。靠伟大建党精神和中国共产党人的精神谱系滋养的中国共产党具有世界眼光和战略思维,它注重为世界谋大同,注重积极推动构建人类命运共同体,它能站在历史正确一边,掌握历史主动,能运用马克思主义观察时代、把握时代、引领时代,因而能积极主动应对全球经济增长动能不足、全球发展失衡、全球治理滞后的难题,能积极主动应对世界百年未有之大变局中的动荡变革及其带来的不稳定不确定,能积极主动应对世界上所遇到的各种矛盾难题和风险挑战,也往往能战无不胜。正如习近平总书记所强调的:"精神上强,才是更持久、更深沉、更有力量的。"

基于上述认识与理解,我们组织编写本套丛书。这套丛书以"精神史"切入,梳理了中国共产党人的精神建设、价值取向、思想建党史、马克思主义认识史等。

《中国共产党人的精神建设》一书,首先梳理和概括了中国共产党人精神建设的实践基础和三大文化源头。中国共产党人的精神建设,从实践基础来看,主要植根于党领导的革命、建设、改革、新时代的伟大实践;从思想文化来源看,则离不开对马克思主义的坚持和发展、对中华优秀传统文化的滋养和升华、对"五四"精神的传承和内化;从历史发展来看,中国共产党在其百年奋斗的四个历史时期取得了一系列重大成就,积累了丰富的历史经验,这些重大成就和历史经验也源于中国共产党百年奋斗四个历史时期所形成的精神谱系。这些精神谱系体现着中国共产党人十分注重精神建设。人无精神不立,国无精神不强。中国共产党一路走来,历经风雨,面对各种困难挑战,最终成就了史无前例的伟大事业,并且还将在实现社会主义现代化、实现中华民族伟大复兴的历程中持续奋斗,其背后离不开中国共产党人所铸就的伟大精神。

《中国共产党人的价值取向》一书,主要是从百年征程看中国共产党以人民为中心的价值取向,并从历史逻辑、理论逻辑和现实逻辑等多重维度展示和诠释中国共产党的初心和使命。在结构布局上，全书以中国共产党100年的奋斗历程为线索，分五章，从坚持以人民为中心与中国共产党的诞生，到坚持以人民为中心与中国革命事业的发展壮大，经坚持以人民为中心与改革开放前的社会主义实践探索，到坚持以人民为中心与开创和发展中国特色社会主义，再到坚持以人民为中心与开创中国特色社会主义新时代，用历史概述、数据统计、生动故事、典型案例等形式，展示中国共产党如何为历史担使命、为民族争独立、为人民求解放、为国家谋建设、为振兴创新路、为富强图发展、为人民谋幸福的历史事实，让读者从百年征程中看清中国共产党的初心和使命，看懂中国共产党以人民为中心的价值取向。当前学界在对中国共产党人的价值取向的研究中，相对缺少学理层面的深入探究。因此，该书的亮点，就是紧紧围绕习近平总书记提出的"从哪里来、往哪里去"的问题，以历史为脉络，介绍中国共产党成立以来不同历史时期的历史进程、重要事件、主要成就、典型人物、高尚品格、宝贵经验，具体展示中国共产党是怀着什么样的初心、肩负什么样的使命，在100年的伟大历程中，是如何坚持不懈的奋斗、探索与勇于自我革命的。在回溯中国共产党百年来始终不渝为中国人民谋幸福、为中华民族谋复兴的历史事实的基础上，从理论与实践的双重维度展开系统研究、详细论证和深刻阐发，并通过对中国共产党人的价值取向的历史逻辑、理论逻辑和现实逻辑等多维度探究，展开全文的总体逻辑，侧重从学理角度研究中国共产党人价值取向的核心要义及其生成机制，以此为我们的党员干部提供一本简明生动的参考读物，同时也为学界提供一定的思想借鉴。

《中国共产党思想建党史》一书坚持守正创新，坚守以史为鉴，通过回顾中国共产党思想建党的历史，回答了"什么是思想建党、怎么样思想建党"这一重要时代课题，推进了党的理论创新，拓展了新时代思想建党的新视野，为新时代中国共产党加强思想建党提供理论滋养，为中国共产党人坚定理想信念和不忘初心、牢记使命提供现实启示，为全面提高党的建设科学化水平贡献智慧和力量。该书主要包括前言和八章内容。前言部分阐释了中国共产党思想建党史研究的重要意义，明确了中国共产党思想建党的基本内涵、中国共产党思想建党的活动方式、中国共产党思想建党史的分期内容。八章内容分别为：马克思恩格斯列宁对思想建党的理论探索、马克思列宁主义指导地位的确立、毛泽东关于思想建党的理论与实践、邓小平关于思想建党的理论与实践、江泽民关于思想建党的理论与实践、胡锦涛关于思想建党的理论与实践、习近平思想建党创造性发展、中国共产党思想建党的经验启示。该书以马克思恩格斯列宁思想建党为理论起点，以马克思列宁主义指导地位确立为理论前提，以中国共产党思想建党发展历史为核心内容，揭示了中国共产党人加强思想建党的话语体系和中国共产党牢牢把握意识形态领域领导权的制胜密码。

《延安时期中国共产党的马克思主义认识史》一书，主要是对中国共产党与马克思主义关系展开研究。它紧紧围绕"什么是马克思主义、怎样对待马克思主义"这一核心线索，着重考察和分析中国共产党领导集体在其书面和口头言说中明确提及的、引用的并且在实践中发挥着作用的马克思列宁主义原理和结论，从中窥探中国共产党对马克思主义的认识历程，摹绘其变化，分析其原因。围绕这一研究思路，该书首先回顾了20世纪30年代前半期中国共产党的马克思主义认识史，进而将延安时期中国共产党的马克思主义认识史分为四个大的时段进行考察，在每一具体时段，通过对党中央的重要文献、主要领导人的论著，以及重要报刊文章的分析认为，延安时期，中国共产党对于马克思主义的认识大致经历了由强调马列主义关于民族革命战争的战略和策略，至马列主义关于"建设大党"的若干基本理论，再至马列主义的哲学认识论和马列主义关于新民主主义建设的有关政策这样一个历程转变。本书强调，列宁、斯大林对中国共产党的马克思主义认识影响尤大,其文本成为中国共产党话语言说得以运行的语言基础。

总体来说,这套丛书力求在相关知识体系和学术理论上有所推进,更力求加深对中国共产党伟大建党精神、精神谱系与中国共产党人精神特质的理解和把握,更加力求深化对"中国共产党为什么能"的理解和把握。由于受历史、现实条件的影响与局限于我们的认识水平,本套丛书会有不到之处,待日后有机会再加以修改和完善。

河南人民出版社陈智英编审为本套丛书的策划、出版付出了艰辛的努力和心血,再此表示衷心的感谢!

2022 年仲夏

目　　录

第一章　马克思恩格斯列宁对思想建党的理论探索 …………… 1
　　一、马克思和恩格斯对思想建党的理论探索 ……………… 1
　　二、列宁对思想建党的理论探索 …………………………… 5

第二章　马克思列宁主义指导地位的确立 ……………………… 10
　　一、马克思主义在中国的传播 ……………………………… 10
　　二、共产党早期组织的建立 ………………………………… 14
　　三、中国共产党的成立 ……………………………………… 18

第三章　毛泽东关于思想建党的理论与实践 …………………… 21
　　一、开办党校 ………………………………………………… 21
　　二、思想建党的确立 ………………………………………… 25
　　三、巩固思想上的一致性 …………………………………… 42
　　四、开展延安整风运动 ……………………………………… 50
　　五、毛泽东思想确立为党的指导思想 ……………………… 98

第四章　邓小平关于思想建党的理论与实践 …………………… 110
　　一、重新确立和发展实事求是的思想路线 ………………… 110

二、以独特智慧加强党的思想政治教育 ……………………… 128
三、思想武装全党,推进理论创新 …………………………… 138

第五章　江泽民关于思想建党的理论与实践 …………………… 155
一、坚持用马列理论武装全党 ………………………………… 155
二、坚持党的正确的思想路线 ………………………………… 173
三、开展"三讲"教育 ………………………………………… 180
四、始终做到"三个代表" …………………………………… 188

第六章　胡锦涛关于思想建党的理论与实践 …………………… 199
一、与时俱进完善发展党的理论 ……………………………… 199
二、开展保持共产党员先进性教育活动 ……………………… 208
三、树立科学发展观 …………………………………………… 219

第七章　习近平思想建党创造性发展 …………………………… 226
一、明确方向:坚定共产主义理想信念 ……………………… 226
二、行动指针:坚持以科学理论为指导 ……………………… 236
三、思想灌输:扎实开展党内集中教育 ……………………… 251

第八章　中国共产党思想建党的经验启示 ……………………… 323
一、新时代思想建党是中国共产党的独特政治优势 ………… 323
二、新时代思想建党必须把思想建设摆在突出位置 ………… 327
三、新时代思想建党必须科学把握思想教育的要义 ………… 330
四、新时代思想建党必须与时俱进推进党的理论创新 ……… 334
五、新时代思想建党必须坚持思想建党和制度治党同向发力 … 338

参考资料 …………………………………………………………… 342

第 一 章
马克思恩格斯列宁对思想建党的理论探索

马克思恩格斯列宁思想建党理论是中国共产党思想建党的理论源头。新时代研究中国共产党思想建党史必须立足于这个源头,以马克思恩格斯列宁思想建党理论为起点,并对其进行全面回顾和系统梳理。

一、马克思和恩格斯对思想建党的理论探索

马克思恩格斯对思想建党进行了艰辛探索,认为真正意义上的无产阶级政党必须首先加强对组织成员的理论武装和思想改造,形成了从思想上建党的理论,成为世界无产阶级政党加强自身建设的重要原则。

(一) 思想建党是无产阶级政党改造世界的伟大需要

马克思说:"理论在一个国家实现的程度,总是取决于理论满足这个国家的需要的程度……光是思想力求成为现实是不够的,现实本身

应当力求趋向思想。"①这对无产阶级政党改造客观世界提供了理论指导。

首先,思想建党是无产阶级政党生存发展的内在要求。无产阶级政党需要科学理论的支撑。对此,马克思恩格斯认为,只有具备了无产阶级和科学理论两个条件,才能产生无产阶级政党。显然,没有科学理论的指导,就没有无产阶级政党的正确行动,就不能对资本主义社会的本质有正确的认识、不可能清楚认识自己所肩负的历史使命以及完成历史使命的方法和途径。无可置疑,从科学理论层面来看,思想建党是无产阶级政党产生、发展和完善的内在要求。其次,思想建党是无产阶级政党具有活力的灵丹妙药。政党需要科学理论的指导,但是这种指导的准确性源于党的理论与时俱进。思想建党是实现理论与时俱进的重要形式。与时俱进的理论才能使政党适应环境的新变化,具有生机活力。思想建党的过程就是用科学理论指导实践的过程。有了科学理论的指导,无产阶级政党就具有了灵性,促进工人运动由自发转变为自觉。再次,思想建党是无产阶级政党领导工人运动的精神武器。一般武器有两种:一种是物质武器;一种是精神武器。理论属于精神武器。马克思指出:"哲学把无产阶级当做自己的物质武器,同样,无产阶级也把哲学当做自己的精神武器"②,"批判的武器当然不能代替武器的批判,物质力量只能用物质力量来摧毁;但是理论一经掌握群众,也会变成物质力量"③。所以,理论作为武器必须实用,这种实用性的理论对工人运动至关重要。马克思主义的精神武器不会自发发挥作用,必须为无产阶级政党所掌握,才能实现科学社会主义理论与工人运动相结合。无产阶级政党掌握科学理论这个精神武器,才能领导无产阶级革命走向胜利。

---

① 《马克思恩格斯选集》第一卷,人民出版社 2012 年版,第 11 页。
② 《马克思恩格斯选集》第一卷,人民出版社 2012 年版,第 16 页。
③ 《马克思恩格斯选集》第一卷,人民出版社 2012 年版,第 9 页。

(二)思想建党是无产阶级政党与时俱进的先进品质

马克思恩格斯指出,共产党的理论用一句话概括就是要消灭私有制。这既是我们无产阶级政党为之奋斗的崇高目标,也是无产阶级政党与时俱进先进性的品质来源。

首先,思想建党是共产党先进性的集中表现。衡量无产阶级政党的先进性主要看理论的科学性。科学的理论作为无产阶级政党先进性的重要内容,也是无产阶级政党顺应时代发展而具有先进性的集中表现。中国共产党也是如此。作为科学理论生成的重要形式,思想建党是中国共产党先进性的集中表现。恩格斯指出:"我们党有个很大的优点,就是有一个新的科学的世界观作为理论的基础。"[1]这是因为工人阶级不可能自发产生共产主义的意识,需要科学的理论作为指导思想。马克思恩格斯强调:"共产党人的理论原理,决不是以这个或那个世界改革家所发明或发现的思想、原则为根据的。这些原理不过是现存的阶级斗争、我们眼前的历史运动的真实关系的一般表述。"[2]这就集中表达了共产党人新的世界观不是个人凭空想象出来的,而是建立在现实的物质生产关系和阶级斗争实践基础上的客观反映。

其次,思想建党是无产阶级政党创新的内在要求。政党创新包含理论创新和制度创新。理论创新决定和引领制度创新,是政党创新的内在要求。马克思恩格斯指出,"提出的那些革命措施根本没有特别的意义","随时随地都要以当时的历史条件为转移","虽然在原则上今天还是正确的,但是就其实际运用来说今天毕竟已经过时"[3],"提供的不是现成的教条,而是进一步研究的出发点和供这种研究使用的

---

[1] 《马克思恩格斯选集》第二卷,人民出版社2012年版,第10页。
[2] 《马克思恩格斯选集》第一卷,人民出版社2012年版,第413—414页。
[3] 《马克思恩格斯选集》第一卷,人民出版社2012年版,第376—377页。

方法"。① 透过马克思恩格斯的论述,我们可以发现,马克思主义是立场、观点和方法,是随着实践的发展而不断发展的与时俱进的理论,而不是一成不变的教条,更不是包治百病的妙药。

(三) 思想建党是无产阶级政党自我革命的内在动力

无产阶级政党具有自我革命的属性,这种自我革命是政党自我完善、自我纠偏的重要形式。在党的自我革命中,思想建党至关重要。思想建党通过思想理论创新推进政党政治长远发展。

首先,科学的理论是昂扬的斗争理论。科学理论必然是实践的理论,是以斗争精神化解社会矛盾思想化的高度凝结。为此,马克思恩格斯从团结的视角突出强调加强思想建党的重要性,明确指出要加强思想作风建设,并且巩固和发展党在思想上、政治上的团结。恩格斯一针见血地指出:"如果放弃在政治领域中同我们的敌人作斗争,那就是放弃了一种最有力的行动手段,特别是组织和宣传的手段。"②在此,宣传既是一种斗争手段,也是加强思想建党的方式。在马克思恩格斯看来,无产阶级政党必须用无产阶级思想理论武装全党。科学理论才能使全党保持坚定的理想信念和昂扬的精神斗志,进而宣传、动员和教育人民群众为实现自己的利益而奋斗。无可置疑,科学的理论是昂扬的斗争理论。其次,科学的理论是旗帜鲜明反对和克服各种非无产阶级思想的理论。在创建第一国际的过程中,存在蒲鲁东主义、工联主义、巴枯宁主义等各种非无产阶级思想的机会主义。对此,马克思恩格斯对各种机会主义进行毫不妥协的斗争。马克思恩格斯认为,机会主义是"为了眼前暂时的利益而忘记根本大计,只图一时的成就而不顾后果,为了运动的现在而牺牲运动的未来"。③ 机会主义思想具有

---

① 《马克思恩格斯选集》第四卷,人民出版社2012年版,第664页。
② 《马克思恩格斯选集》第三卷,人民出版社2012年版,第40页。
③ 《马克思恩格斯选集》第四卷,人民出版社2012年版,第294页。

形式上是马克思主义的,但实际上却是反马克思主义的迷惑性。正是这种迷惑性导致在各种错误的思想中机会主义思想对无产阶级政党的危害最大。马克思恩格斯对于思想理论建设贡献不仅仅在于推进理论创新,还在于突破科学理论传播的界限,使马克思主义在少数先进工人中传播转向在工人运动中广泛普遍传播,还在于促进无产阶级勇敢地同资产阶级斗争,使其自觉地划清与资产阶级、小资产阶级思想流派的界限,在斗争中统一思想,使马克思主义成为指导工人运动的思想武器。再次,科学的理论是善于开展批评和自我批评的理论。开展批评和自我批评是马克思主义政党的具有生命力的特色。马克思恩格斯一直强调共产党人要勇于接受批评,敢于承认错误,以此表现出共产党人的光明磊落和优秀品质。马克思主义科学理论包含辩证法和唯物论,内涵批评与自我批评的理论,要求共产党员要有勇于接受批评和积极开展自我批评的勇气和决心。恩格斯说:"没有这种批评就不可能达到团结。没有批评就不能互相了解,因而也就谈不到团结。"[1]无可置疑,在党内充分运用批评和自我批评的武器是大党强党自我修复完善的有力彰显,因为批评和自我批评是反对和克服各种非无产阶级思想、及时清除思想灰尘和保持思想纯洁的锐利武器。

二、列宁对思想建党的理论探索

无产阶级革命的伟大导师和精神领袖列宁在创建无产阶级政党和领导俄国无产阶级革命的实践中,形成了一整套思想建党的学说,发展和丰富了马克思主义思想建党的理论宝库,深化了对思想建党的

---

[1] 《马克思恩格斯全集》第四卷,人民出版社1958年版,第423页。

认识。

(一)思想建党必须具有科学理论

思想建党是包括诸多要素的思想体系,其中理论是思想的指南针。理论重要功能在于发挥指南针作用,引导党员干部和人民群众实现崇高理想。所以,思想建党必须具有科学理论,无产阶级政党才能获得正确行动指南。

首先,科学理论指引正确行动。从思想建党视角而言,马克思主义给了人类科学的认识工具和思想武器,对于无产阶级政党具有不可遏制的强大吸引力。列宁指出,"没有革命的理论,就不会有革命的运动","只有以先进理论为指南的党,才能实现先进战士的作用"。① 这鲜明表达先进科学理论的激励和指引功能,也明确思想建党的引领功能和引力价值。

其次,科学理论坚持马克思主义科学世界观不动摇。无产阶级科学理论坚持什么样的世界观?面对这一疑问,列宁同志给出了答案。列宁说:"严格的无产阶级世界观只有一个,这就是马克思主义。"② 这明确了坚持马克思主义科学世界观不动摇的地位和作用。马克思主义是科学的理论,在领导无产阶级革命的进程中,无产阶级政党只有以马克思主义为指导,才能正确认识世界和改造世界,完成自己的历史使命。所以,不论遇到什么情况,思想建党都要坚持马克思主义科学世界观不动摇。

再次,科学理论是活的行动指南。科学理论体现为先进理论,表现为活的理论。活的理论不是对马克思主义的背叛,而是对马克思主义的坚持和发展。这种坚持和发展不是唾手可得的,而是经过斗争获

---

① 《列宁选集》第一卷,人民出版社 1995 年版,第 311—312 页。
② 《列宁专题文集——论马克思主义》,人民出版社 2009 年版,第 297 页。

取的。比如,列宁和各国党内左派领袖对恩格斯逝世以后第二国际的领导人伯恩斯坦等歪曲和篡改无产阶级政党的性质、背叛马克思主义的行径进行了坚决斗争,圆满地完成了坚持和发展马克思主义这一课题。列宁认为,马克思主义不是一成不变的、死的教条,而是活的行动指南。他强调指出,"只有不可救药的书呆子,才会单靠引证马克思关于另一历史时代的某一论述,来解决当前发生的独特而复杂的问题"①。不可否认,列宁不仅严厉抨击了那些只会死记硬背、简单模仿和重复马克思主义词句的书呆子,并且还严厉抨击了把马克思主义简单化、庸俗化的人。

(二) 思想建党必须保持党员队伍纯洁

思想建党的过程也是加强党员教育、保持党员队伍纯洁的过程。针对布尔什维克党执政以后面临的问题,列宁指出全党最急迫的任务就是把新党员"培养成建设共产主义的干部,使他们最有觉悟,能够胜任最重要的职务"②。

首先,思想建党需要做好"灌输"教育。为了解决布尔什维克党执政以后,党内存在的党员数量急剧增加,一些新党员理论水平不高、信仰不坚定、政治忠诚度不高等新问题,列宁和俄共(布)中央多次在党的代表大会和代表会议上把党员教育问题作为重中之重。为此,列宁提出著名的"灌输"思想,对党员尤其是新党员进行教育和培训,引导他们用共产主义思想和社会主义道德要求自己。

列宁认为:"阶级政治意识只能从外面灌输给工人。"③要改造和克服党员干部的各种非无产阶级思想,提高他们的理论水平和政治觉悟,必须通过"灌输"方式武装党员干部的头脑,把马克思主义理论传

---

① 《列宁选集》第一卷,人民出版社 1995 年版,第 161 页。
② 《列宁全集》第三十八卷,人民出版社 1986 年版,第 154 页。
③ 《列宁选集》第一卷,人民出版社 1995 年版,第 363 页。

播到党员和人民群众中。其次,思想建党需要做好党性教育。党员质量的高低和先进性的发挥,与党员的党性具有正比关系。一般而言,党性强,党员质量高,促进先进性发挥;反之亦然。列宁特别重视党性,他指出:"为了进行公开而广泛的阶级斗争,必须发展严格的党性。"①这既明确了党员党性是在阶级斗争中发展起来的思想,还强调了无产阶级革命斗争长期性、艰巨性和复杂性决定了共产党员要加强党性锻炼。怎么样做好党性教育?列宁既强调理论学习,也注重实践行动。在理论学习方面,列宁既强调党员干部要学习马克思主义理论、树立共产主义远大理想,又强调党员要努力学习科学文化知识,培养科学素养,懂得现代生产技术。在实践活动方面,列宁强调"使教育和生产劳动紧密结合,培养共产主义社会的全面发展的成员"②。这表明维护和增强党性不能仅仅停留在口头上,而且还要时刻体现在锤炼党性的实际行动中。

(三)思想建党必须掌握批评和自我批评的思想武器

列宁党建学说深化了马克思恩格斯对在无产阶级政党内开展批评和自我批评的认识。列宁指出批评和自我批评是思想建设的手段,不是目的,不仅要分析存在缺点和错误的根源,而且还要找出解决缺点和错误的办法,从中总结思想建党的教训以继续前进。

首先,批评和自我批评是思想建党的成熟标志。批评和自我批评是无产阶级政党成熟的标志,这种成熟标志主要体现在思想建党中。无可置疑,批评和自我批评是思想建党的成熟标志,这是马克思主义辩证唯物主义思想的充分彰显。矛盾是客观普遍存在的,矛盾体现在思想建党中,批评与自我批评是在思想建党中解决矛盾的

---

① 《列宁选集》第一卷,人民出版社1995年版,第672页。
② 《列宁全集》第三十六卷,人民出版社1985年版,第413页。

重要表现形式。列宁曾经指出，不论是党员个人、党的领袖，还是全党，都难免会出现这样那样的缺点和错误。列宁严正地指出执政党"一切工作中最大的毛病就是官僚主义。共产党员成了官僚主义者。如果说有什么东西会把我们毁掉的话，那就是这个"[①]。有了缺点和错误并不可怕，可怕的是坚持缺点和错误而不改正。列宁认为"自我批评对于任何一个富有活力、朝气蓬勃的政党来说都是绝对必要的。再庸俗不过的是沾沾自喜的乐观主义"[②]。针对揭露缺点和错误，列宁明确指出："我们应该有勇气揭开我们的脓疮，以便老老实实地进行诊断，对症下药地加以治疗。"[③] 这深刻阐释出能否批评与自我批评是衡量无产阶级政党成熟与否的标志。其次，思想建党是提高批评和自我批评的质量的保证。如何开展好批评和自我批评？如何提高批评和自我批评的质量？深入开展思想建党是重要保证。列宁告诉我们思想建党既要分清党内错误的性质，又要注重批评的方法，才能保证批评的质量。一是分清党内错误的性质。资产阶级犯的错误和无产阶级犯的错误是性质不同的错误，无产阶级政党犯的错误是前进中的错误，是能够逐步解决的。二是注意批评的方法。对党内犯错误党员的批评要实事求是，不吹毛求疵。列宁认为，"马克思主义是以事实，而不是以可能性为依据的"[④]，所以，对不同党员的错误批评要慎重，合乎分寸，切忌搬弄是非。列宁指出："在这里批评和'争论'是必要的，不过批评必须是公开的、直接的、明显的和清楚的，而不是吹毛求疵、恶意中伤或咬文嚼字的讽刺挖苦。"[⑤]

[①] 《列宁专题文集——论无产阶级政党》，人民出版社2009年版，第348页。
[②] 《列宁专题文集——论无产阶级政党》，人民出版社2009年版，第351页。
[③] 《列宁全集》第八卷，人民出版社1986年版，第165页。
[④] 《列宁专题文集——论马克思主义》，人民出版社2009年版，第301页。
[⑤] 《列宁全集》第十二卷，人民出版社1987年版，第353—354页。

第二章
马克思列宁主义指导地位的确立

马克思列宁主义指导地位的确立是中国共产党思想建党的理论前提。早在中国共产党成立前夕,毛泽东同志就鲜明地主张:我们党应是"主义的结合","主义譬如一面旗子,旗子立起了,大家才有所指望,才知所趋赴"。[①] 我们党从诞生之日起,就把马克思列宁主义确立为自己的指导思想,开启了思想建党的新篇章。

一、马克思主义在中国的传播

(一)马克思译名传入中国

从19世纪70年代开始,共产主义理论的要素在中国传播。我国某些书刊就已经谈到了巴黎公社和欧洲工人运动。《西国近事汇编》是清末洋务派创办的唯一一份人文期刊,也是当时中国唯一一份以国际时事为主要内容的中文译刊。该期刊多次报道欧美社会党的活动,并且把欧美社会党称为"康密尼士"或"康密尼党",欧美社会党"欲天

---

① 《毛泽东早期文稿》,湖南人民出版社2013年版,第498页。

下一切平等,无贵贱贫富之分",还把社会主义译为"贫富适均""贫富均财之说"①。

马克思的译名由西方传教士引入上海,直接传入中国。最早准确翻译马克思名字并介绍其部分学说的②,正是1899年2月至5月《万国公报》第121期至124期连载的英国传教士李提摩太根据英国社会学家本杰明·颉德(Benjamin Kidd)的《社会进化》(*Social Revolution*)一书翻译、上海人蔡尔康笔述、后于1899年5月成书出版的汉译书籍《大同学》。李提摩太在介绍颉德的社会进化论时指出:"德国讲求养民学者有名人焉,一曰马克思,一曰恩格斯。""马克思之言曰:纠股办事之人,其权笼罩五洲,突过于君相范围一国。吾济若不早为之所,任其蔓延日广,诚恐遍地球之财币,必将尽入其手。然而到此时势,当即系富家权尽之时。何也穷黎既至其时,实已计无复之,不得不出其自有之权,用以安民而救世。"③"麦喀士,社会主义之鼻祖,德国人,著述甚多。""社会主义者,近百年来世界之特产物也。概括其最要之义,不过曰土地归公,资本归公,专以劳力为百物价值之源泉。麦喀士曰,现今之经济社会,掠夺多数人之土地劳力而组成之者也。"

(二) 马克思学说传入中国

20世纪初,日本舆论界惊呼"差不多可以说是马克思的时代",社会主义思潮在日本影响日益扩大,比如,村井知至的《社会主义》、福井准造的《近世社会主义》、西川光次郎的《社会党》等著作均广为传播,名噪一时;堺利彦等创办《新社会》杂志,刊登介绍马克思主义的文章。

马克思学说从日本间接传入中国。1903年幸德秋水所著《社会

---

① 唐宝林:《马克思主义在中国100年》,安徽人民出版社1997年版,第2页。
② 另外说法:最早出现马克思名字的中国出版物是1898年胡贻谷翻译、广学会出版的《泰西民法志》,这本刊物谈到过社会主义和马克思及其学说。
③ 《大同学》,《万国公报》第121、123期,1899年2月、4月。

主义神髓》在上海被译成中文,成为第一部介绍马克思主义的译著。梁启超是最早介绍社会主义并谈到马克思的中国人。1902年他在《新民丛报》上介绍:"麦喀士(马克思),日耳曼人,社会主义之泰斗也。""今日之德国,有最占势力之二大思想,一曰麦喀士之社会主义,二曰居志埃(尼采)之个人主义。麦喀士谓今日社会之弊,在多数之弱者为少数之强者所压伏。"19世纪末20世纪初,马克思主义的若干基本观点已经开始传入中国,只是由于那时中国的客观条件与思想状况所限制,马克思主义没能传播开来。

(三)马克思主义传入中国

毛泽东同志指出:"中国人找到马克思主义,是经过俄国人介绍的。……十月革命一声炮响,给我们送来了马克思列宁主义。十月革命帮助了全世界的也帮助了中国的先进分子,用无产阶级的宇宙观作为观察国家命运的工具,重新考虑自己的问题。走俄国人的路——这就是结论。"[①]俄国十月革命开辟了人类历史的新纪元,给中国人民送来了马克思列宁主义,也对中国人民认识和掌握马克思主义发生了深刻影响,极大地鼓舞了正在苦苦探索救国救民真理的中国人民。

李大钊是中国第一位马克思列宁主义者。十月革命后,李大钊发表了《法俄革命之比较观》等一系列文章,颂扬俄国十月革命,热情地向中国人民介绍马克思列宁主义。1919年5月,李大钊在《晨报》副刊专口开辟了"马克思研究"专栏,刊载了马克思主义经典著作《共产党宣言》《雇佣劳动与资本》等译文,其最著名的文章是《我的马克思主义观》,第一次比较全面系统地介绍了马克思主义。他指出"自俄国革命以来,马克思主义几有风靡世界的势子,德奥匈诸国的社会革命相继而起,也都是奉马克思主义为正宗",所以我们要把这"世界改造

---

① 《毛泽东选集》第四卷,人民出版社1991年版,第1470—1471页。

原动的学说"介绍到中国来。李大钊认为"真正的解放,不是央求人家'网开三面',把我们解放出来,是要靠自己的力量,抗拒冲决,使他们不得不任我们自己解放自己;不是仰赖那权威的恩典,给我们把头上的铁锁解开,是要靠自己的努力,把他打破,从那黑暗的牢狱中,打出一道光明来"①。

陈独秀写了《谈政治》《社会主义批评》《马克思学说》等文章,开始研究宣传马克思主义。他重点介绍马克思主义的剩余价值学说、唯物史观和阶级斗争理论,他宣布"我们相信世界上的军国主义和金力主义已经造成了无穷罪恶,现在是应该抛弃的了"②。"我承认用革命的手段建设劳动阶级(即生产阶级)的国家……为现代社会第一需要。"③他指出造成无产阶级"强大的组织力和战斗力","非有一个强大的共产党做无产阶级的先锋队与指导者不可"④,并为建立中国共产党进行了多方面的活动。

从宣传的译著来看,五四运动以后,全国各地涌现了大量宣传马克思主义的报刊,翻译出版了一批马克思、恩格斯、列宁的经典著作,到1920年已有近20本原著,比如新青年社出版了《共产党宣言》第一个中文全译本,其他报刊在此前后还译载了马克思恩格斯的《雇佣劳动与资本》《社会主义从空想到科学的发展》《政治经济学批判·序言》《资本论·自序》及《反杜林论》的一部分,列宁的《苏维埃政权当前的任务》《无产阶级专政时代的经济和政治》《从破坏历史的旧制度到创造新制度》《伟大的创举》和《国家与革命》的一部分,等等,逐渐形成介绍和宣传马克思主义的热潮。从学习和宣传的人员队伍来看,有陈独秀、李达、李汉俊、毛泽东、蔡和森、邓中夏、周恩来、恽代英等一

---

① 《李大钊文集》(下),人民出版社1984年版,第26页。
② 《本报宣言》,《新青年》第7卷第1号,1919年12月。
③ 《谈政治》,《新青年》第8卷第1号,1920年9月。
④ 《无产阶级专政》与黄凌霜的通信,《新青年》第9卷第6号,1922年3月。

大批先进分子,分别在北京、长沙、天津、武汉等地学习和宣传马克思主义。全国各地相继成立了一批学习研究马克思主义的社会团体,形成了一支宣传马克思主义的理论队伍。

二、共产党早期组织的建立

五四运动之后,随着马克思主义在中国的传播,及其同中国工人运动的初步结合,建立工人阶级政党的任务提上日程。在共产国际的帮助下,中国共产党加速了建党的进程。1920年3月,李大钊和邓中夏等在北京大学组织了马克思主义学说研究会,它是我国早期研究和传播马克思主义思想的学会,并且也是从学术上研究马克思主义的最早尝试。1920年4月,共产国际代表维经斯基等人来到中国(在华期间,维经斯基化名吴廷康),与李大钊、陈独秀等接触,并给予指导。

1920年5月,陈独秀发起组织马克思主义研究会,探讨社会主义学说和中国社会改造问题。6月,陈独秀同李汉俊、俞秀松、施存统等人开会商议,决定成立党组织,还起草了党的纲领。党纲草案共有十条,其中包括运用劳工专政、生产合作等手段达到社会革命的目的。关于党的名称问题,陈独秀征求李大钊的意见。李大钊主张定名为"共产党",陈独秀表示同意。

1920年7月,共产国际在莫斯科召开第二次代表大会,中国、朝鲜等东方殖民地半殖民地国家的工人团体派出代表参加。在这次会议上,列宁阐述了在一切落后国家和殖民地国家建立共产党组织和苏维埃制度的可能性和必要性。会议通过的《加入共产国际的条件》,阐述了建立新型无产阶级政党的组织原则和要求。这些原则和要求,归结起来有:一是"凡是愿意加入共产国际的党都应该称为:某国共产党

(第三国际即共产国际支部)"①;二是必须"根据本国的特殊情况制定出新的合乎共产国际决定精神的共产主义纲领"②;三是必须明确党的基本任务和当前的主要任务;四是实行民主集中制,在党内执行铁的纪律;五是必须加强对无产阶级和其他群众团体的领导;六是必须密切联系群众,把公开和秘密的工作结合起来;七是必须坚持无产阶级国际主义的原则;八是必须同"改良主义和'中派'政策完全彻底地决裂"③。这些建党原则和要求,直接指导了中国共产党的建设。

中国共产党的最早组织是在上海建立的。1920年8月,共产党早期组织在上海法租界老渔阳里2号《新青年》编辑部成立。参加者有陈独秀、李汉俊、李达、陈望道、俞秀松等,推陈独秀担任书记。11月,共产党早期组织拟定了《中国共产党宣言》,指出"共产主义者的目的是要按照共产主义者的理想,创造一个新的社会"。为此,要通过革命的阶级斗争,推翻资产阶级政权,建立无产阶级专政。宣言的内容没有向外发表,但曾以此作为收纳党员的标准。为了加强建党的理论准备,上海共产党早期组织创办了第一个党刊《共产党》月刊,大量刊载和介绍了列宁关于建党的理论和学说。此外,各地党小组还举办了工人补习学校,帮助工人建立工会,面向工人宣传马克思列宁主义,直接促进了马克思列宁主义同中国工人运动的结合,为中国共产党的建立创造了成熟条件。

在中国共产党创建过程中,陈独秀起着重要作用。作为中国共产党的发起组织,上海共产党早期组织是各地共产主义者进行建党活动的联络中心。1920年10月,由李大钊、张申府、张国焘3人发起成立北京共产党早期组织,当时称"共产党小组",同年年底决定成立共产党北京支部,李大钊为书记。它曾帮助天津、唐山、太原、济南等地的

---

① 《列宁专题文集——论无产阶级政党》,人民出版社2009年版,第274页。
② 《列宁专题文集——论无产阶级政党》,人民出版社2009年版,第273页。
③ 《列宁专题文集——论无产阶级政党》,人民出版社2009年版,第272页。

共产主义者开展工作,对北方党团组织的建立起过促进作用。罗章龙、刘仁静、邓中夏、高君宇、何孟雄、缪伯英、范鸿劼、张太雷等先后加入,成员大多为北京大学马克思学说研究会的骨干。

在上海及北京党组织的联络和推动下,1920年秋,董必武、陈潭秋、包惠僧等在武昌秘密召开会议,正式成立武汉共产党早期组织,推选包惠僧为书记。1920年秋,施存统、周佛海等在日本东京建立旅日共产党早期组织,施存统为负责人。1920年秋冬之际,毛泽东、何叔衡等在长沙,以新民学会骨干为核心秘密组建共产党早期组织。1920年年底至1921年年初,王尽美、邓恩铭等在济南建立共产党早期组织。

1921年春,在与无政府主义者组织的"共产党"分道扬镳后,陈独秀等重新组建广州共产党早期组织,成员有谭平山、陈公博、谭植棠等,陈独秀、谭平山先后任书记。1921年,张申府、周恩来、赵世炎、刘清扬等在法国巴黎也建立了由留学生中先进分子组成的共产党早期组织,张申府为负责人。

中国共产党早期组织的名称并不统一。如上海的组织一开始就叫中国共产党,北京的组织则称为中国共产党北京支部。它们的性质相同,都是不久后组成统一的中国共产党的地方组织,后来被通称为"共产党早期组织"。

各地共产党早期组织成立后,有组织、有计划地扩大马克思主义的研究和宣传,批判各种反马克思主义思潮,发起建立社会主义青年团,创办工人刊物,开办工人学校,领导工人成立工会,开展工人运动,进一步促进了马克思主义同工人运动的结合。这样,正式成立中国共产党的条件就基本具备了。

中国共产党早期组织成员名录(58人)[①]

姓 名	所属地方党组织	姓 名	所属地方党组织
陈独秀	上海共产党早期组织	陈德荣	北京共产党早期组织
李汉俊	上海共产党早期组织	董必武	武汉共产党早期组织
李 达	上海共产党早期组织	陈潭秋	武汉共产党早期组织
陈望道	上海共产党早期组织	包惠僧	武汉共产党早期组织
沈玄庐	上海共产党早期组织	刘伯垂	武汉共产党早期组织
邵力子	上海共产党早期组织	张国恩	武汉共产党早期组织
袁振英	上海共产党早期组织	赵子健	武汉共产党早期组织
林伯渠	上海共产党早期组织	郑凯卿	武汉共产党早期组织
沈雁冰	上海共产党早期组织	赵子俊	武汉共产党早期组织
沈泽民	上海共产党早期组织	毛泽东	长沙共产党早期组织
杨明斋	上海共产党早期组织	何叔衡	长沙共产党早期组织
俞秀松	上海共产党早期组织	彭 璜	长沙共产党早期组织
李启汉	上海共产党早期组织	贺民范	长沙共产党早期组织
李 中	上海共产党早期组织	易礼容	长沙共产党早期组织
李大钊	北京共产党早期组织	陈了博	长沙共产党早期组织
张国焘	北京共产党早期组织	谭平山	广州共产党早期组织
邓中夏	北京共产党早期组织	陈公博	广州共产党早期组织
高君宇	北京共产党早期组织	谭植棠	广州共产党早期组织
何孟雄	北京共产党早期组织	李 季	广州共产党早期组织
罗章龙	北京共产党早期组织	王尽美	济南共产党早期组织
刘仁静	北京共产党早期组织	邓恩铭	济南共产党早期组织
范鸿劼	北京共产党早期组织	王翔千	济南共产党早期组织

---

① 中共中央党史研究室:《中国共产党的九十年》(新民主主义革命时期),中共党史出版社、党建读物出版社2016年版,第29—30页。关于中国共产党早期组织成员的人数,长期有不同说法。本名录采纳58人之说。

续表

姓　名	所属地方党组织	姓　名	所属地方党组织
缪伯英	北京共产党早期组织	张申府	旅法中共早期组织
张太雷	北京共产党早期组织	周恩来	旅法中共早期组织
李梅羹	北京共产党早期组织	刘清扬	旅法中共早期组织
朱务善	北京共产党早期组织	赵世炎	旅法中共早期组织
宋　介	北京共产党早期组织	陈公培	旅法中共早期组织
江　浩	北京共产党早期组织	施存统	旅日中共早期组织
吴雨铭	北京共产党早期组织	周佛海	旅日中共早期组织

三、中国共产党的成立

1921年是不平凡的一年,这一年,党的一大胜利召开,宣布中国共产党成立。中国共产党是一个与第二国际后期社会改良党不同,以马克思列宁主义理论为基础的新型工人阶级革命政党。中国共产党以马克思列宁主义作为内在基因,中国共产党的成立宣告中国共产党思想建党的逻辑开端和历史责任。

1921年3月,李大钊在《团体的训练与革新的事业》一文中指出:"中国现在既无一个真能表现民众势力的团体,C派(指共产主义派——引者注)的朋友若能成立一个强固精密的组织,并注意促进其分子之团体的训练,那么中国彻底的大改革,或者有所附托!"[①]公开呼吁创建工人阶级政党。

1921年6月初,共产国际马林和尼克尔斯基抵达上海,与上海共

---

① 《李大钊全集》第三卷,人民出版社2013年版,第350页。

产党早期组织成员李达、李汉俊建立联系。李达回忆说:经过交谈,他们建议我们应当及早召开全国代表大会,宣告党的成立。于是由我发信给各地党小组,各派代表两人到上海开会。据当时一份档案记载:"代表大会定于六月二十日召开,可是来自北京、汉口、广州、长沙、济南和日本的代表,直到七月二十三日才到达上海,于是代表大会开幕了。"①

1921年7月23日晚,党的一大在上海法租界望志路106号(今兴业路76号)召开。代表着全国的50多名党员的国内各地的党组织和旅日的党组织共派出的十几名代表出席大会。这些代表是:上海的李达、李汉俊,北京的张国焘、刘仁静,长沙的毛泽东、何叔衡,武汉的董必武、陈潭秋,济南的王尽美、邓恩铭,广州的陈公博,旅日的周佛海,以及受陈独秀派遣的包惠僧。在广州的陈独秀和在北京的李大钊因有其他事务未出席会议。共产国际代表马林和尼克尔斯基出席了这次大会。

出席中共一大代表名单②

姓　名	来源地	姓　名	来源地
李达	上海	董必武	武汉
李汉俊	上海	陈潭秋	武汉
张国焘	北京	王尽美	济南
刘仁静	北京	邓恩铭	济南
毛泽东	长沙	陈公博	广州
何叔衡	长沙	周佛海	日本
包惠僧	陈独秀派遣		

一大的召开并不顺利。7月30日晚,一名陌生的中年男子突然闯

---

① 《建党以来重要文献选编(1921—1949)》第一册,中央文献出版社2011年版,第21页。
② 参见中共中央党史研究室:《中国共产党的九十年》(新民主主义革命时期),中共党史出版社、党建读物出版社2016年版,第36页。

入会场,后又匆忙离去。这引起了代表的警觉,具有长期秘密工作经验的马林断定此人是敌探,建议马上中止会议。大部分代表迅速转移。稍后,法租界巡捕搜查了会议地点。在这种情况下,代表们商定最后一天的会议改在浙江嘉兴南湖的游船上举行。

大会确定党的名称为"中国共产党"。明确中国共产党纲领是"以无产阶级革命军队推翻资产阶级","采用无产阶级专政,以达到阶级斗争的目的——消灭阶级","废除资本私有制",以及联合第三国际。大会"决定接受党员要特别谨慎,严格审查……决定要特别注意组织工人,以共产主义精神教育他们"。纲领还规定申请入党的人"必须断绝同反对我党纲领之任何党派的关系""在公开时机未成熟前,党的主张以至党员身份都应保守秘密",表达中国共产党人不得具有非共产主义思想倾向,而要具有共产主义崇高精神品质的理念。

中国共产党的成立标志着中国共产党开始了根据马列主义建党理论与中国革命实际相结合的思想建党的光辉历程。从此,中国共产党拥有了马克思列宁主义这个思想武器,中国革命有了正确的前进方向,中国人民有了强大的凝聚力量,中国命运有了光明的发展前景。

第三章
毛泽东关于思想建党的理论与实践

毛泽东思想建党是以毛泽东为主要代表的中国共产党人,把马克思列宁主义党的学说与中国革命和建设的实践相结合,用无产阶级的世界观和方法论武装全党,集中表现为中国革命和建设时期党的思想建设,突出的政治贡献是确立毛泽东思想为党的指导思想和行动指南。

一、开办党校

1921年至1927年是毛泽东思想建党的萌芽期,集中表现为通过学校教育,特别是设立党校,加强思想建设,突出表现为初步形成了关于新民主主义革命的基本思想。

(一)开办党校的提出

党内思想教育的问题是思想建党的客观要求,思想教育对象不管是工人党员,还是农民党员,都需要党内思想教育。党内思想教育就需要党内教育的平台,即党校。

1924年5月,党中央在上海召开执委会扩大会议,在《党内组织及宣传教育问题决议案》中强调要从产业工人中发展党员。① 并且,首次提出设立党校问题,并指出,党内教育的问题非常重要,而且要设立党校培养指导人才。②

1925年10月,党中央在北京召开第二次扩大执行委员会会议。在《宣传问题决议案》中,明确提出"开办各地党校确是一种重要的工作"。议案结合当时党内的实际情况,对开办党校的类型、学制、学员对象、培养目标和学习方法都提出了明确要求。

第一,党校的类型和培养目标。议案提出,根据党内力量,只能开办下列两种形式的党校:普通党校和高级党校。普通党校在地委领导下,培养群众党员。高级党校在区委的领导下,培养"能够做成负责任的工作的人才"。

第二,招收学员范围和学制。普通党校招收工人,学制至多不过一个月或一个半月。高级党校招收"政治知识较高的同志和已经有工作经验的同志",学制不要超过三个月。

第三,教学要求和学习方法。在教学活动中,应当根据国内革命运动的经验,说明党在许多革命运动中的作用。学员在学习过程中,要理论联系实际、联系群众。议案明确提出,学员"不应当与群众隔离""应当同时在校外工作""在同志或同志间工作"。只有按照上述要求,党校培训才能使学员真正掌握无产阶级思想。

1926年2月21日至24日,中共中央在北京召开特别会议,通过了关于《开办最高党校问题》的决议,"决定在北京及广州各办一长期党校"。1927年陈独秀在中共五大报告中首次提出了中央准备办党校的意见。五大决定,在中央机构中设立党校委员会。此后,中央常

---

① 《组织工作基本知识》,党建读物出版社2015年版,第4页。
② 中央档案馆编:《中共组织史资料》第八卷,中共党史出版社2000年版,第40页。

务会议多次研究筹办中央党校的工作。由于当时局势急剧恶化，中央党校未能如期举办。

（二）创办马克思共产主义学校（中央党校）

马克思共产主义学校为中共中央所办，是中国共产党创办的第一所中央高级党校，有中央任命的校长及组织机构，有明确的教学任务及管理制度，有相对固定的办学场所，学员来源也是由当时全国各地组织选送。

1933年3月12日，《红色中华》作了标题为"纪念科学社会主义之父！马克思共产主义学校三月十三日开学"的报道。报道中说："今年是马克思逝世的五十周年，中央局为了纪念我们的科学社会主义的鼻祖，广泛的有系统的来传播马克思所创造的共产主义，故集中了党团政府工会的力量，创办一个大规模的苏维埃党校，大批训练新的工农干部，以适应目前革命与战争的需要，彻底改造和加强党团政府工会的工作，争取战争的全部胜利。现在这一党校经过长期的准备，就要在三月十三日开学了。"

为了纪念马克思逝世50周年，苏维埃党校定名为"马克思共产主义学校"。1933年3月13日，马克思共产主义学校在瑞金市叶坪乡洋溪村举行了隆重的开学典礼。3月15日，《红色中华》报再次报道了马克思共产主义学校开学时的消息："正值马克思逝世五十周年纪念节，马克思共产主义学校开学了。十三日下午一时全体学生暨各机关代表均到达该校，齐集礼堂，举行极庄严的开学典礼。少共中央局，中央政府与全总执行局代表均有重要演说，勉励学生努力学习马克思列宁主义。最后由校长训词，学生答词后，即宣布散会。……晚上举行晚会，工农剧社表演歌舞，活报，新剧等，节目均极精彩，博得观众的热烈鼓掌和喝彩声，直至十一时，始尽兴而散。"

1933年4月底，国民党加强了对叶坪的轰炸，党校被迫迁往沙洲坝大埔村黄竹堪下的肖氏私祠。1934年7月,党校随中央机关迁往云石山田心村的侣玉公祠。1934年曾任马克思共产主义学校校长的李维汉指出:"1933年3月13日,为纪念马克思逝世(3月14日)50周年,宣布成立'马克思共产主义学校',即中央党校。"(见李维汉《回忆与研究》)。所以,马克思共产主义学校的开学,标志着中共中央党校正式诞生。《红色中华》报在当年的报道中,也把马克思共产主义学校称为"中央党校"。另据延安中央党校《钤记汇集》记载:从1937年到1943年5月,延安中央党校一直沿用"马克思共产主义学校"印章长达6年之久,直至毛泽东兼任校长后才正式启用"中国共产党中央党校"印章。

1934年10月第五次反"围剿"失败后,中共中央机关撤离瑞金,党校被迫实行战略转移。

党校共分三班:(1)新苏区工作人员训练班,学额原定80人,主要目的是培训新苏区与白区的工作人员,学习时间定两个月毕业。(2)四个月的训练班,分党、团、苏维埃、工会工作四班,每班50人。(3)高级训练班,以六个月为限,学额40人,由各省委、省苏及省工会派送。

学校内设教务处、总务处等机构,校部建立了党总支、团总支;班内成立党、团支部。教务主任先后由董必武、罗明担任。党校还设有教材编审处,有7名工作人员,董必武兼负责人。曾编印《列宁问题》《共产党宣言》《政治常识讲义》等教材。党校科目主要有马克思列宁主义的基本原理,与党的建设、苏维埃的建设,工人运动、历史、地理和自然科学常识,等等。

中央党校勤俭办学、艰苦创业,在战争形势下为苏区培养了大批人才和干部。据《瑞金革命文物志》记载:仅党校高级班学员就有来自红军团以上干部和地方少共主要领导干部。其中,青年组学员有肖锋、厥庭俊、王炳章、谭启龙等9人,年龄最小者14岁,最大者18岁;妇女组有李贞、邱会玉、沈秉烈、彭儒等8人;成年组有罗桂华、余立全、辛原林、王逸群等18人。《瑞金革命文物志》还记载了党校学员毕业的情况:"1933年6月14日,党校新苏区班学员举行毕业典礼;8月13日,又举行第二批学员毕业典礼,毕业学员计一百五十余名;12月12日,又举行高级班学员毕业典礼,由罗明主持仪式。"

二、思想建党的确立

1927年至1937年是毛泽东思想建党的形成期,其明确了思想建党的根本原则,形成了"农村包围城市,武装夺取政权"的有中国特色民主革命道路理论,阐述了实事求是、群众路线、独立自主的基本思想。

(一)"工农武装割据"思想

1927年9月9日,毛泽东领导发动秋收起义。在进攻长沙受挫后,以毛泽东为书记的前敌委员会当机立断,改变原定部署,决定到敌人力量比较薄弱的山区寻求立足点。9月14日晚,毛泽东率领秋收起义部队抵达上坪,召开了连以上干部会议,即"上坪会议"。会议作出三项重要决定:一是决定放弃攻打长沙的计划,并建议湖南省委停止16日的长沙暴动;二是先退往萍乡、安源再说;三是决定一、三团到排埠集合。① 由师团主要负责人参加的前委会议作出了"向萍乡退却"的决定。

1927年9月20日,秋收起义部队从文家市出发时,毛泽东充满信心地、十分形象地对全体指战员说道:"我们现在力量很小,好比是一

---

① 余伯流、陈钢:《井冈山革命根据地全史》,江西人民出版社1998年版,第51—53页。

块小石头,蒋介石好比是一口大水缸,总有一天,我们这块小石头,要打破蒋介石那口大水缸。大城市现在不是我们要去的地方,我们要到敌人统治比较薄弱的农村去,发动农民群众,实行土地革命。"①文家市退兵,这是中国共产党人坚持实事求是思想路线的典范,是我党革命斗争中心由城市转向乡村的关键。

  1927年10月3日,毛泽东率领工农革命军到达宁冈古城,召开了著名的古城会议。会议历时三天,会议主要内容,"一是总结了秋收起义的经验教训。二是讨论和确定了建立根据地。根据当时具备的条件认为湘赣边界的罗霄山脉中段建立根据地,要以井冈山为依托,以宁冈为中心来开展工作,要有建党、建军、建立革命根据地的思想。三是建立后方,放下担子,开始军事训练"②。这次会议明确了在湘赣边界开展工农武装割据的思想,为井冈山革命根据地的创建和实现工作重心转移奠定思想基础。10月7日,毛泽东率部到达江西宁冈县茅坪,开始了创建井冈山革命根据地的斗争。

  1928年4月下旬,朱德、陈毅率领的部队抵达井冈山,与毛泽东领导的秋收起义部队胜利会师,组成工农革命军第四军。从进攻大城市到向农村进军、从湘赣边秋收起义到井冈山革命根据地创建的伟大战略转变,是中国革命历史中具有决定意义的新起点,彰显了探索中国特色的革命思想的新变化,形成了中国特色的革命道路。"这条道路,代表着中国革命和革命战争发展的正确方向。"③1928年10月5日,毛泽东同志写了《中国的红色政权为什么能够存在》的文章,为中共湘赣边界第二次代表大会起草的《政治问题和边界党的任务》决议的一部分,指明了在反动统治薄弱的农村积聚力量,实行工农武装割据、农

---

① 中共中央文献研究室编:《毛泽东年谱(1893—1949)》(上卷),人民出版社、中央文献出版社1993年版,第218页。
② 罗章龙、何长工等:《亲历秋收起义》,江西人民出版社2007年版,第15—16页。
③ 中国工农红军第一方面军史编审委员会:《中国工农红军第一方面军史》,解放军出版社1992年版,第32页。

村包围城市夺取全国政权的道路。这是毛泽东思想开始形成的一个标志,是马克思主义中国化的里程碑。

1928年10月25日,毛泽东在《湘赣边界各县党的第二次代表大会决议案》中就提出了"应完全站在无产阶级的观点上……坚决与过去党的小资产阶级自由、独立、散漫、犹豫思想作斗争""每个党员都须加以党的基本理论的训练""应竭力铲除一般同志的机会主义思想和封建小资产阶级思想,确立无产阶级革命的人生观"[①]等加强党的思想建设的措施。这充分体现了毛泽东一切从实际出发而不是从上级命令或苏联经验出发的实事求是的思想路线,这是我们党的历史上第一次明确提出思想建党的精辟论点,客观上开启了中国共产党思想建党的萌芽。

大革命失败以后,党的工作重点由城市转入农村,革命暂时进入低潮,毛泽东同志领导建立了第一个农村革命根据地——井冈山根据地。但是,当时党内有"左"倾思想的人,仍幻想以大城市为中心举行武装起义;而以林彪为代表的一些人,在强敌进攻面前,怀疑革命根据地发展的前途,提出了"红旗到底能打多久"的疑问。他们不相信革命高潮很快就要到来,不愿经过艰苦奋斗创建农村革命根据地,主张用轻便的流动游击方式去扩大政治影响,等到全国各地争取群众的工作做好了,再来一场全国武装起义。1930年,毛泽东给林彪写了一封信,即《星星之火,可以燎原》,进一步阐述了农村包围城市、武装夺取政权理论。

(二) 掌握无产阶级的思想领导权

在偏僻封闭、小农经济占主导地位的井冈山革命根据地,存在一

---

① 转引自罗学渭、肖长春:《井冈山革命根据地党的建设史》,江西人民出版社2007年版,第97页。

种客观现象,这种现象对加强党的建设提出新的要求。在井冈山革命根据地,党员基本上都是农民,并且同姓的党员在一个支部,自然而然支部会议就成了家族会议,毛泽东同志在《井冈山的斗争》一文中指出"党在村落中的组织,因居住关系,许多是一姓的党员为一个支部,支部会议简直同时就是家族会议。在这种情形下,'斗争的布尔什维克党'的建设,真是难得很"①。面对时时刻刻受到家族观念、地方主义、小生产主义和小资产阶级思想的影响,毛泽东明确提出要掌握无产阶级的思想领导权。1928年11月,毛泽东在总结井冈山斗争的经验时指出"我们感觉无产阶级思想领导的问题,是一个非常重要的问题。边界各县的党,几乎完全是农民成分的党,若不给以无产阶级的思想领导,其趋向是会要错误的"②。这里毛泽东明确地提出了"无产阶级思想领导"的问题。同时在《井冈山的斗争》一文中,毛泽东同志针对投机分子的反水,明确指出,"支部和区委的负责人多属新党员,不能有好的党内教育"③。显而易见,毛泽东已经开始思考如何从思想教育方面建设党的问题,标志着出现了着重从思想上建党的萌芽。

据红四军1929年5月统计,全军党员1329人,其中工人成分占23.4%,农民成分占47%,小商成分占8%,学生成分占14%,其他占7.6%。据1930年赣西南根据地统计,党员中农民出身的占80%,知识分子、小商人出身的占10%,工人出身的占10%。④ 7月,在毛泽东指导下召开的中共闽西"一大"的政治决议案中,提出了"从工人及贫农中创造党的无产阶级基础""建立党的理论基础,加紧宣传教育工作,提高党员政治水平线""洗刷非无产阶级意识,如地方主义、个人主

---

① 《毛泽东选集》第一卷,人民出版社1991年版,第74页。
② 《毛泽东选集》第一卷,人民出版社1991年版,第77页。
③ 《毛泽东选集》第一卷,人民出版社1991年版,第75页。
④ 中共中央党史研究室:《中国共产党历史(1921—1949)》第一卷,中共党史出版社2002年版,第465页。

义、极端民主化等"①着重思想建党的要点,为着重思想建党原则充实了新的内容。

(三)思想建党原则的形成

1929年12月28日至29日,古田会议,即中国工农红军第四军第九次党的代表大会在福建省上杭县古田村召开。大会经过讨论,一致通过了毛泽东代表前敌委员会起草的约三万余字的八个决议案,其中最为核心的是《关于纠正党内的错误思想》②,该决议案体现中国共产党人如何把以农民为主要成分的党建设成为真正的共产党的成功经验,精辟地阐述了为什么从思想上建党及如何从思想上建党的重大问题,是思想建党的伟大纲领,标志着毛泽东着重思想建党原则的最终形成。毛泽东在《关于纠正党内的错误思想》中把红军第四军党内存在着各种非无产阶级的思想集中表述为8个方面。

1. 单纯军事观点思想。一般而言,建军思想单独存在,但是对于中国共产党而言,建军思想可以看作思想建党的重要内容,因为建军是建党的重要内容。枪杆子里面出政权,简言之,就是中国共产党是用军队获得国家权力的。

在决议案中毛泽东同志强调,单纯军事观点在红军一部分同志中有所发展,并且列举8条表现:

序号	表现
1	军事和政治二者是对立的,不承认军事只是完成政治任务的工具之一。甚至还有说"军事好,政治自然会好,军事不好,政治也不会好"的,则更进一步认为军事领导政治了。

---

① 江西省档案馆等编:《中央革命根据地史料选编》,江西人民出版社1982年版,第120页。
② 《毛泽东选集》,人民出版社1991年版,第85—96页。

续表

序号	表现
2	以为红军的任务也和白军相仿,只是单纯地打仗的。不知道中国的红军是一个执行革命的政治任务的武装集团。特别是现在,红军绝不是单纯地打仗的,它除打仗消灭敌人军事力量之外,还要负担宣传群众、组织群众、武装群众、帮助群众建立革命政权以至于建立共产党的组织等项重大的任务。
3	在组织上,把红军的政治工作机关隶属于军事工作机关,提出"司令部对外"的口号。这种思想如果发展下去,便有走到脱离群众、以军队控制政权、离开无产阶级领导的危险,如像国民党军队所走的军阀主义的道路一样。
4	在宣传工作上,忽视宣传队的重要性。在群众组织上,忽视军队士兵的组织和对地方工农群众的组织。结果,宣传和组织工作,都成了被取消的状态。
5	打胜仗就骄傲,打败仗就消极。
6	本位主义,一切只知道为四军打算,不知道武装地方群众是红军的重要任务之一。这是一种放大了的小团体主义。
7	有少数同志囿于四军的局部环境,以为除此就没有别的革命势力了。因此,保存实力、避免斗争的思想非常浓厚。这是机会主义的残余。
8	不顾主客观条件,犯着革命的急性病,不愿意艰苦地做细小严密的群众工作,只想大干,充满着幻想。这是盲动主义的残余。

一方面从四个方面分析了单纯军事观点的来源:

序号	单纯军事观点的来源
1	政治水平低。因此不认识军队中政治领导的作用,不认识红军和白军是根本不同的。
2	雇佣军队的思想。因为历次作战俘虏兵甚多,此种分子加入红军,带来了浓厚的雇佣军队的思想,使单纯军事观点有了下层基础。
3	因有以上两个原因,便发生第三个原因,就是过分相信军事力量,而不相信人民群众的力量。
4	党对于军事工作没有积极的注意和讨论,也是形成一部分同志的单纯军事观点的原因。

另一方面从五个方面提出纠正的方法：

序号	纠正的方法
1	从教育上提高党内的政治水平，肃清单纯军事观点的理论根源，认清红军和白军的根本区别。同时，还要肃清机会主义和盲动主义的残余，打破四军本位主义。
2	加紧官兵的政治训练，特别是对俘虏成分的教育要加紧。同时，尽可能由地方政权机关选派有斗争经验的工农分子，加入红军，从组织上削弱以至去掉单纯军事观点的根源。
3	发动地方党对红军党的批评和群众政权机关对红军的批评，以影响红军的党和红军的官兵。
4	党对于军事工作要有积极的注意和讨论。一切工作，在党的讨论和决议之后，再经过群众去执行。
5	编制红军法规，明白地规定红军的任务，军事工作系统和政治工作系统的关系，红军和人民群众的关系，士兵会的权能及其和军事政治机关的关系。

2. 极端民主化思想。红军第四军在接受中央指示之后，极端民主化现象减少了许多，但是极端民主化思想在许多同志当中依然存在，毛泽东举例：例如对于决议案的执行，表示种种勉强的态度，就是证据。那么如何解决思想问题？毛泽东从理论与组织两个层面进行深入剖析，并且明确了纠正的办法。

一是从理论上铲除极端民主化的根苗。

首先，要指出极端民主化的危险，在于损伤以至完全破坏党的组织，削弱以至完全毁灭党的战斗力，使党担负不起斗争的责任，由此造成革命的失败。

其次，要指出极端民主化的来源，在于小资产阶级的自由散漫性。这种自由散漫性带到党内，就成了政治上的和组织上的极端民主化的思想。这种思想是和无产阶级的斗争任务根本不相容的。

二是在组织上，厉行集中指导下的民主生活。其路线是：

序号	路线
1	党的领导机关要有正确的指导路线,遇事要拿出办法,以建立领导的中枢。
2	上级机关要明了下级机关的情况和群众生活的情况,成为正确指导的客观基础。
3	党的各级机关解决问题,不要太随便。一成决议,就须坚决执行。
4	上级机关的决议,凡属重要一点的,必须迅速地传达到下级机关和党员群众中去。其办法是开活动分子会,或开支部以至纵队的党员大会(须看环境的可能),派人出席作报告。
5	党的下级机关和党员群众对于上级机关的指示,要经过详尽的讨论,以求彻底地了解指示的意义,并决定对它的执行方法。

3. 非组织观点思想。毛泽东明确指出红军第四军党内存在着的非组织的观点,其表现如下:

非组织观点思想	表现	纠正方法
1. 少数不服从多数。	例如少数人的提议被否决,他们就不诚意地执行党的决议。	1. 开会时要使到会的人尽量发表意见。有争论的问题,要把是非弄明白,不要调和敷衍。一次不能解决的,二次再议(以不妨碍工作为条件),以期得到明晰的结论。 2. 党的纪律之一是少数服从多数。少数人在自己的意见被否决之后,必须拥护多数人所通过的决议。除必要时得在下一次会议再提出讨论外,不得在行动上有任何反对的表示。

续表

非组织观点思想	表现	纠正方法
2. 非组织的批评。	（1）党内批评是坚强党的组织、增加党的战斗力的武器。但是红军党内的批评有些不是这样，变成了攻击个人。其结果，不但毁坏了个人，也毁坏了党的组织。这是小资产阶级个人主义的表现。	在于使党员明白批评的目的是增加党的战斗力以达到阶级斗争的胜利，不应当利用批评去做攻击个人的工具。
	（2）许多党员不在党内批评而在党外去批评。这是因为一般党员还不懂得党的组织（会议等）的重要，以为批评在组织内或在组织外没有什么分别。	就是要教育党员懂得党的组织的重要性，对党委或同志有所批评应当在党的会议上提出。

4. 绝对平均主义思想。毛泽东指出，红军中的绝对平均主义，有一个时期发展得很厉害。其存在问题、来源和纠正方法如下：

平均主义存在问题	平均主义来源	纠正方法
例如：发给伤兵用费，反对分伤轻伤重，要求平均发给。官长骑马，不认为是工作需要，而认为是不平等制度。分物品要求极端平均，不愿意有特别情形的部分多分去一点。背米不问大人小孩体强体弱，要平均背。住房子要分得一样平，司令部住了一间大点的房子也要骂起来。派勤务要派得一样平，稍微多做一点就不肯。甚至在一副担架两个伤兵的情况，宁愿大家抬不成，不愿把一个人抬了去。这些都证明红军官兵中的绝对平均主义还很严重。	绝对平均主义的来源，和政治上的极端民主化一样，是手工业和小农经济的产物，不过一则见之于政治生活方面，一则见之于物质生活方面罢了。	应指出绝对平均主义不但在资本主义没有消灭的时期，只是农民小资产者的一种幻想；就是在社会主义时期，物质的分配也要按照"各尽所能，按劳取酬"的原则和工作的需要，绝无所谓绝对的平均。红军人员的物质分配，应该做到大体上的平均，例如官兵薪饷平等，因为这是现时斗争环境所需要的。但是必须反对不问一切理由的绝对平均主义，因为这不是斗争的需要，适得其反，是于斗争有妨碍的。

5. 主观主义思想。毛泽东明确指出主观主义的危害、表现和纠正方法。

主观主义的危害及表现	纠正方法
主观主义,在某些党员中浓厚地存在,这对分析政治形势和指导工作,都非常不利。因为对于政治形势的主观主义的分析和对于工作的主观主义的指导,其必然的结果,不是机会主义,就是盲动主义。至于党内的主观主义的批评,不要证据的乱说,或互相猜忌,往往酿成党内的无原则纠纷,破坏党的组织。 关于党内批评问题,还有一点要说及的,就是有些同志的批评不注意大的方面,只注意小的方面。他们不明白批评的主要任务,是指出政治上的错误和组织上的错误。至于个人缺点,如果不是与政治的和组织的错误有联系,则不必多所指摘,使同志们无所措手足。而且这种批评一发展,党内精神完全集中到小的缺点方面,人人变成了谨小慎微的君子,就会忘记党的政治任务,这是很大的危险。	主要是教育党员使党员的思想和党内的生活都政治化,科学化。要达到这个目的,就要: 1. 教育党员用马克思列宁主义的方法去作政治形势的分析和阶级势力的估量,以代替主观主义的分析和估量。 2. 使党员注意社会经济的调查和研究,由此来决定斗争的策略和工作的方法,使同志们知道离开了实际情况的调查,就要堕入空想和盲动的深坑。 3. 党内批评要防止主观武断和把批评庸俗化,说话要有证据,批评要注意政治。

6. 个人主义思想。毛泽东同志明确指出,红军党内的个人主义的倾向存在的各种表现和纠正的方法:

个人主义各种表现	纠正的方法
1. 报复主义。在党内受了士兵同志的批评,到党外找机会报复他,打骂就是报复的一种手段。在党内也寻报复;你在这次会议上说了我,我就在下次会议上找岔子报复你。这种报复主义,完全从个人观点出发,不知有阶级的利益和整个党的利益。它的目标不在敌对阶级,而在自己队伍里的别的个人。这是一种削弱组织、削弱战斗力的销蚀剂。 2. 小团体主义。只注意自己小团体的利益,不注意整体的利益,表面上不是为个人,实际上包含了极狭隘的个人主义,同样地具有很大的销蚀作用和离心作用。红军中历来小团体风气很盛,经过批评现在是好些了,但其残余依然存在,还须努力克服。 3. 雇佣思想。不认识党和红军都是执行革命任务的工具,而自己是其中的一员。不认识自己是革命的主体,以为自己仅仅对长官个人负责任,不是对革命负责任。这种消极的雇佣革命的思想,也是一种个人主义的表现。这种雇佣革命的思想,是无条件努力的积极活动分子所以不很多的原因。雇佣思想不肃清,积极活动分子便无由增加,革命的重担便始终放在少数人的肩上,于斗争极为不利。 4. 享乐主义。个人主义见于享乐方面的,在红军中也有不少的人。他们总是希望队伍开到大城市去。他们要到大城市不是为了去工作,而是为了去享乐。他们最不乐意的是在生活艰难的红色区域里工作。 5. 消极怠工。稍不遂意,就消极起来,不做工作。其原因主要是缺乏教育,但也有是领导者处理问题、分配工作或执行纪律不适当。 6. 离队思想。在红军工作的人要求脱离队伍调地方工作的与日俱增。其原因,也不完全是个人的,尚有(1)红军物质生活过差;(2)长期斗争,感觉疲劳;(3)领导者处理问题、分配工作或执行纪律不适当等项原因。	主要是加强教育,从思想上纠正个人主义。再则处理问题、分配工作,执行纪律要得当。并要设法改善红军的物质生活,利用一切可能时机休息整理,以改善物质条件。个人主义的社会来源是小资产阶级和资产阶级的思想在党内的反映,当进行教育的时候必须说明这一点。

7. 流寇思想。毛泽东明确指出了在红军中产生的流寇主义政治思想的表现及其纠正的方法:

流寇主义政治思想的表现	纠正的方法
由于红军中游民成分占了很大的数量和全国特别是南方各省有广大游民群众的存在，就在红军中产生了流寇主义的政治思想。这种思想表现在：一是不愿意做艰苦工作建立根据地，建立人民群众的政权，并由此去扩大政治影响，而只想用流动游击的方法，去扩大政治影响。二是扩大红军，不走由扩大地方赤卫队、地方红军到扩大主力红军的路线，而要走"招兵买马""招降纳叛"的路线。三是不耐烦和群众在一块作艰苦的斗争，只希望跑到大城市去大吃大喝。凡此一切流寇思想的表现，极大地妨碍着红军去执行正确的任务，故肃清流寇思想，实为红军党内思想斗争的一个重要目标。应当认识，历史上黄巢、李闯式的流寇主义，已为今日的环境所不许可。	1. 加紧教育，批评不正确思想，肃清流寇主义。 2. 对现有红军基本队伍和新来的俘虏兵，加紧反流氓意识的教育。 3. 争取有斗争经验的工农积极分子加入红军队伍，改变红军的成分。 4. 从斗争的工农群众中创造出新的红军部队。

8. 盲动主义思想。毛泽东明确指出红军中盲动主义思想的残余存在表现及其纠正的方法：

盲动主义思想表现	纠正的方法
1. 不顾主观和客观条件地盲干。 2. 城市政策执行得不充分，不坚决。 3. 军纪松懈，特别是打败仗时。 4. 还有某些部队有烧屋行为。 5. 枪毙逃兵的制度和肉刑制度，也是带着盲动主义性质的。盲动主义的社会来源是流氓无产者的思想和小资产阶级的思想的综合。	1. 从思想上肃清盲动主义。 2. 从制度上和政策上纠正盲动的行为。

古田会议决议关于纠正党内错误思想的办法，并不是采取强制的或简单的组织手段，而是思想教育，用教育方法提升每一位党员的马列主义思想修养。这在毛泽东思想体系中占有特别重要的地位，是毛泽东思想建党理论的集中体现。

《党内教育问题》也是古田会议决议的重要内容，不但阐明了党内教育的重要性，而且列举了加强党内教育的材料，还提出了加强党内教育的方法论。

党内教育的重要性	加强党内教育的材料	加强党内教育的方法论
《党内教育问题》指出,"红军党内最迫切的问题,要算是教育的问题。为了红军的健全与扩大,为了斗争任务之能够负荷,都要从党内教育做起"①。	《党内教育问题》提出的十项教育材料是:政治分析、上级指导机关的通告讨论、组织常识、红军党内八个错误思想的纠正、反机会主义及托洛茨基主义及反对派问题的讨论、群众工作的策略和技术、游击区域社会经济的调查和研究、马克思列宁主义的研究、社会经济科学的研究、革命的目前阶段和它的前途问题。② 这十项材料,包括马列基本理论教育、党的基本理论和基本知识的教育,时事政治和党的方针政策教育和纠正各种错误思想的教育,内容比较全面系统与科学,并且具有理论联系实际的内容。	《党内教育问题》指出十八种教育方法,包括党报、政治简报、编制各种教育同志的小册子、训练班、有组织地分配看书、对不认字党员读书报、个别谈话、批评、召开各种会议、适当地分配党员参加实际工作等等,形成了一整套适合不同文化水平、不同职务的党员和各级党组织的思想教育方法。

(四)"思想路线"的提出

为了反对当时红军中的教条主义,1930年毛泽东写了《反对本本主义》这篇重要著作。《反对本本主义》内涵丰富,第一次明确提出党的思想路线,标志着毛泽东思想活的灵魂的萌芽。思想路线是相对于保守路线而言的,毛泽东指出:"只要遵守既定办法就无往而不胜利。这些想法是完全错误的,完全不是共产党人从斗争中创造新局面的思想路线,完全是一种保守路线。这种保守路线如不根本丢掉,将会给革命造成很大损失,也会害了这些同志自己。"③其主要内容集中表现为如下方面:

---

① 《毛泽东文集》第一卷,人民出版社1993年版,第94页。
② 《毛泽东文集》第一卷,人民出版社1993年版,第94—95页。
③ 《毛泽东选集》第一卷,人民出版社1991年版,第115—116页。

1. 调查研究。"没有调查,没有发言权",这既是《反对本本主义》的核心思想,也是思想建党的重要观点。首先,毛泽东从反对瞎说的角度明确提出:"你对于某个问题没有调查,就停止你对于某个问题的发言权。这不太野蛮了吗?一点也不野蛮。你对那个问题的现实情况和历史情况既然没有调查,不知底里,对于那个问题的发言便一定是瞎说一顿。瞎说一顿之不能解决问题是大家明了的,那末,停止你的发言权有什么不公道呢?许多的同志都成天地闭着眼睛在那里瞎说,这是共产党员的耻辱,岂有共产党员而可以闭着眼睛瞎说一顿的吗?要不得!要不得!注重调查!反对瞎说!"①这鲜明表达了毛泽东实事求是的立场和作风。其次,毛泽东用形象的比方强调"调查"的重要性。即,"调查就像'十月怀胎',解决问题就像'一朝分娩'。调查就是解决问题"②。具体而言,毛泽东强调:"一切结论产生于调查情况的末尾,而不是在它的先头。只有蠢人,才是他一个人,或者邀集一堆人,不作调查,而只是冥思苦索地'想办法','打主意'。须知这是一定不能想出什么好办法,打出什么好主意的。换一句话说,他一定要产生错办法和错主意。……迈开你的两脚,到你的工作范围的各部分各地方去走走,学个孔夫子的'每事问',任凭什么才力小也能解决问题,因为你未出门时脑子是空的,归来时脑子已经不是空的了,已经载来了解决问题的各种必要材料,问题就是这样子解决了。一定要出门吗?也不一定,可以召集那些明了情况的人来开个调查会,把你所谓困难问题的'来源'找到手,'现状'弄明白,你的这个困难问题也就容易解决了。"③"离开实际调查就要产生唯心的阶级估量和唯心的工作指导,那末,它的结果,不是机会主义,便是盲动主义。"④

---

① 《毛泽东选集》第一卷,人民出版社1991年版,第109页。
② 《毛泽东选集》第一卷,人民出版社1991年版,第110—111页。
③ 《毛泽东选集》第一卷,人民出版社1991年版,第110页。
④ 《毛泽东选集》第一卷,人民出版社1991年版,第112页。

2. 反对本本主义。毛泽东明确本本主义的危害,更加明确了反对本本主义的重要性。"为什么党的策略路线总是不能深入群众,就是这种形式主义在那里作怪。盲目地表面上完全无异议地执行上级的指示,这不是真正在执行上级的指示,这是反对上级指示或者对上级指示怠工的最妙方法。本本主义的社会科学研究法也同样是最危险的,甚至可能走上反革命的道路,中国有许多专门从书本上讨生活的从事社会科学研究的共产党员,不是一批一批地成了反革命吗?就是明显的证据。我们说马克思主义是对的,决不是因为马克思这个人是什么'先哲',而是因为他的理论,在我们的实践中,在我们的斗争中,证明了是对的。我们的斗争需要马克思主义。我们欢迎这个理论,丝毫不存什么'先哲'一类的形式的甚至神秘的念头在里面。读过马克思主义'本本'的许多人,成了革命叛徒,那些不识字的工人常常能够很好地掌握马克思主义。马克思主义的'本本'是要学习的,但是必须同我国的实际情况相结合。我们需要'本本',但是一定要纠正脱离实际情况的本本主义。"①这就更加明确了从实际出发,实事求是的重要性。

3. 调查研究方法。毛泽东强调:"共产党的正确而不动摇的斗争策略,决不是少数人坐在房子里能够产生的,它是要在群众的斗争过程中才能产生的,这就是说要在实际经验中才能产生。因此,我们需要时时了解社会情况,时时进行实际调查。"②"红军中显然有一部分同志是安于现状,不求甚解,空洞乐观,提倡所谓'无产阶级就是这样'的错误思想,饱食终日,坐在机关里面打瞌睡,从不肯伸只脚到社会群众中去调查调查。对人讲话一向是那几句老生常谈,使人厌听。我们要大声疾呼,唤醒这些同志:速速改变保守思想!换取共产党人的进步的斗争思想!到斗争中去!到群众中作实际调查去!"③

---

① 《毛泽东选集》第一卷,人民出版社 1991 年版,第 111—112 页。
② 《毛泽东选集》第一卷,人民出版社 1991 年版,第 115 页。
③ 《毛泽东选集》第一卷,人民出版社 1991 年版,第 116 页。

毛泽东多次强调到群众中实际调查。怎么样调查？毛泽东明确7条内容：

1.要开调查会作讨论式的调查	只有这样才能近于正确，才能抽出结论。那种不开调查会，不作讨论式的调查，只凭一个人讲他的经验的方法，是容易犯错误的。那种只随便问一下子，不提出中心问题在会议席上经过辩论的方法，是不能抽出近于正确的结论的。
2.调查会到些什么人	要是能深切明了社会经济情况的人。以年龄说，老年人最好，因为他们有丰富的经验，不但懂得现状，而且明白因果。有斗争经验的青年人也要，因为他们有进步的思想，有锐利的观察。以职业说，工人也要，农民也要，商人也要，知识分子也要，有时兵士也要，流氓也要。自然，调查某个问题时，和那个问题无关的人不必在座，如调查商业时，工农学各业不必在座。
3.开调查会人多好还是人少好	看调查人的指挥能力。那种善于指挥的，可以多到十几个人或者二十几个人。人多有人多的好处，就是在做统计时（如征询贫农占农民总数的百分之几），在做结论时（如征询土地分配平均分好还是差别好），能得到比较正确的回答。自然人多也有人多的坏处，指挥能力欠缺的人会无法使会场得到安静。究竟人多人少，要依调查人的情况决定。但是至少需要三人，不然会囿于见闻，不符合真实情况。
4.要定调查纲目	纲目要事先准备，调查人按照纲目发问，会众口头说。不明了的，有疑义的，提起辩论。所谓"调查纲目"，要有大纲，还要有细目，如"商业"是个大纲，"布匹""粮食""杂货""药材"都是细目，布匹下再分"洋布""土布""绸缎"各项细目。
5.要亲身出马	凡担负指导工作的人，从乡政府主席到全国中央政府主席，从大队长到总司令，从支部书记到总书记，一定都要亲身从事社会经济的实际调查，不能单靠书面报告，因为二者是两回事。
6.要深入	初次从事调查工作的人，要作一两回深入的调查工作，就是要了解一处地方（例如一个农村、一个城市），或者一个问题（例如粮食问题、货币问题）的底里。深切地了解一处地方或者一个问题了，往后调查别处地方、别个问题，便容易找到门路了。
7.要自己做记录	调查不但要自己当主席，适当地指挥调查会的到会人，而且要自己做记录，把调查的结果记下来。假手于人是不行的。

(五) 思想建党的基本方针

1935年12月召开的瓦窑堡会议，再次强调了从思想上建党的方针，系统论述了思想建党的基本原则和基本方法。这次会议通过的《中央关于目前政治形势与党的任务决议》强调"应该使党变为一个共产主义的熔炉,把许多愿意为共产党主张而奋斗的新党员,锻练〔炼〕成为有最高阶级觉悟的布尔什维克的战士。党内两条战线的斗争,与共产主义的教育,就是达到这一目的的方法。党在思想上的布尔什维克的一致,是党的坚强的无产阶级领导之具体表现。不从积极的战斗需要出发,而从恐惧观念出发的组织问题上的关门主义,必须澈底的击破。民族革命与土地革命的伟大战斗,已经涌出和正在涌出无数的积极的分子与群众领袖,党的组织应以热烈欢迎的态度,向他们开门。党不惧怕某些投机分子的侵入,党用布尔什维克的政治路线与铁的纪律,去保证党的组织的巩固。党不惧怕非无产阶级党员政治水平的不一致,党用共产主义教育去保证提高他们到先锋队地位"[①]。可见,开展共产主义教育是解决党员政治水平不一致问题的重要方法,也是着力从思想上建党的基本原则和基本方法。

培养干部就要进行思想教育。毛泽东强调,"必须大数量的培养干部。党要有成千成万的新干部,一批又一批的送到各方面的战线上去。不是把领导才能每条都教好了才给干部以工作,而是放这些干部到斗争中去,使他们从斗争中去学习。不是以如同使用机械一样的态度,去使用干部与党员,而是爱护他们,信任他们,分配他们以适当工作,充分发挥他们的天才与自动性。不是以官僚主义的态度去对付干部与党员,而是以对于任务的解释说服,对于工作的具体指示,把党的领导机关,同他们活泼有生气的联系起来。对于干部与党员在思想上与工作上的错误,不是轻易的给以打击,加上机会主义帽子,以及轻易的处罚他们,而是给以耐心的一次又一次的说服教育。思想上与工作上的错误,是免不了的,错误是可以改正的,列宁主义的学习精神,与从斗争中求锻炼,是改正错误的最好方法。党内斗争的火力,应该向着那些坚持错误观点,不愿学习锻练〔炼〕,不受指导教育的同志。一

[①]《中共中央文件选集》第十册,中共中央党校出版社1991年版,第621页。

定限度的组织上的结论,也仅仅对于那些错误严重与无法说服的同志才是必要的。但一切必要的党内斗争与组织结论,仍然是带着对于本人与全党的教育性质。只有对于那些有一贯错误路线的机会主义者,党才不应该因为他们的一时表现改正,而轻易给他们以重要的工作"①。这既明确了如何在斗争中学习教育,也明确了从斗争中求锻炼是在思想教育中改正错误的最好方法。

三、巩固思想上的一致性

抗日战争时期,党员人数从抗战爆发时期的4万多人迅速增长到中共七大时期的121万多人,其中绝大多数都没有系统地接受党的理论和基本知识的教育,所以党员的思想政治教育显得尤为迫切和必要。

1. 没有革命的理论就没有革命的成功。

1938年,毛泽东在《中国共产党在民族战争中的地位》中指出:"十七年来,我们的党,一般地已经学会了使用马克思列宁主义的思想斗争的武器,从两方面反对党内的错误思想,一方面反对右倾机会主义,又一方面反对'左'倾机会主义。"②"这些教训和成功,给了我们今后团结全党,巩固思想上、政治上和组织上的一致,胜利地进行抗日战争的必要的前提。"③这既明确了"思想斗争的武器"这个概念,表达了思想建党具有的革命性;也明确了思想建党达到"思想一致"的这个目标,表达了思想建党达到思想一致对于抗战胜利的重要性。从党的历

---

① 《中共中央文件选集》第十册,人民出版社1991年版,第621—622页。
② 《毛泽东选集》第二卷,人民出版社1991年版,第530页。
③ 《毛泽东选集》第二卷,人民出版社1991年版,第531—532页。

史视角来看,党的历史也是一部思想建党史。如何巩固思想上的一致? 巩固思想的一致,必须具有革命的理论。对此,毛泽东同志指出,"一般地说,一切有相当研究能力的共产党员,都要研究马克思、恩格斯、列宁、斯大林的理论,都要研究我们民族的历史,都要研究当前运动的情况和趋势;并经过他们去教育那些文化水准较低的党员。特殊地说,干部应当着重地研究这些,中央委员和高级干部尤其应当加紧研究。指导一个伟大的革命运动的政党,如果没有革命理论,没有历史知识,没有对于实际运动的深刻的了解,要取得胜利是不可能的"①。"在担负主要领导责任的观点上说,如果我们党有一百个至二百个系统地而不是零碎地、实际地而不是空洞地学会了马克思列宁主义的同志,就会大大地提高我们党的战斗力量,并加速我们战胜日本帝国主义的工作。"②

2. 科学的行动指南。

理论很重要,那么怎样学习理论和巩固思想上的统一? 毛泽东明确指出,"马克思、恩格斯、列宁、斯大林的理论,是'放之四海而皆准'的理论。不应当把他们的理论当作教条看待,而应当看作行动的指南。不应当只是学习马克思列宁主义的词句,而应当把它当成革命的科学来学习。不但应当了解马克思、恩格斯、列宁、斯大林他们研究广泛的真实生活和革命经验所得出的关于一般规律的结论,而且应当学习他们观察问题和解决问题的立场和方法"③。同时,毛泽东又结合当时面临的问题,明确提出普遍地深入地研究马克思列宁主义理论的问题,并且指出在全党开展学习竞赛的要求,具体而言,毛泽东指出"我们党的马克思列宁主义的修养,现在已较过去有了一些进步,但是还很不普遍,很不深入。我们的任务,是领导一个几万万人口的大民族,

---

① 《毛泽东选集》第二卷,人民出版社 1991 年版,第 532—533 页。
② 《毛泽东选集》第二卷,人民出版社 1991 年版,第 533 页。
③ 《毛泽东选集》第二卷,人民出版社 1991 年版,第 533 页。

进行空前的伟大的斗争。所以,普遍地深入地研究马克思列宁主义的理论的任务,对于我们,是一个亟待解决并须着重地致力才能解决的大问题。我希望从我们这次中央全会之后,来一个全党的学习竞赛,看谁真正地学到了一点东西,看谁学的更多一点,更好一点"①。

3. 马克思主义在中国具体化。

怎么样推进思想建党,毛泽东同志明确指出"马克思主义在中国具体化"的理念。毛泽东指出,"共产党员是国际主义的马克思主义者,但是马克思主义必须和我国的具体特点相结合并通过一定的民族形式才能实现。马克思列宁主义的伟大力量,就在于它是和各个国家具体的革命实践相联系的。对于中国共产党说来,就是要学会把马克思列宁主义的理论应用于中国的具体的环境。成为伟大中华民族的一部分而和这个民族血肉相联的共产党员,离开中国特点来谈马克思主义,只是抽象的空洞的马克思主义。因此,使马克思主义在中国具体化,使之在其每一表现中带着必须有的中国的特性,即是说,按照中国的特点去应用它,成为全党亟待了解并亟须解决的问题。洋八股必须废止,空洞抽象的调头必须少唱,教条主义必须休息,而代之以新鲜活泼的、为中国老百姓所喜闻乐见的中国作风和中国气派。把国际主义的内容和民族形式分离起来,是一点也不懂国际主义的人们的做法,我们则要把二者紧密地结合起来。在这个问题上,我们队伍中存在着的一些严重的错误,是应该认真地克服的"②。

4. 党员教育的重要教材。

为了加强对党员的培训教育,提高党员素质,在党内广泛开展学习竞赛,掀起学习的热潮,中共中央于1940年把每年的5月5日——马克思诞辰日定为"干部学习节",同时加强对党员尤其是在职干部思

---

① 《毛泽东选集》第二卷,人民出版社1991年版,第533页。
② 《毛泽东选集》第二卷,人民出版社1991年版,第534页。

想政治教育。思想政治教育以理想信念、遵守纪律和团结精神为主要内容。

1939年5月30日，中共中央组织部部长陈云撰写了《怎样做一个共产党员》的文章。7月，刘少奇在延安马列学院作《论共产党员的修养》的演说。9月起，张闻天连续发表《共产党员的权利与义务》等六篇文章。《怎样做一个共产党员》《论共产党员的修养》等这些论著为党员教育提供了重要教材，在党的建设中发挥了重要的作用。

比如，《怎样做一个共产党员》是陈云同志对思想建党的贡献。政党是由党员组成的政治组织，党员的质量直接决定政党的质量，所以加强党的建设必须增强党员质量。为了把我党建设成思想上、政治上、组织上都巩固的无产阶级化的党，克服在发展党员中存在的关门主义和忽视质量的问题，陈云写了《怎样做一个共产党员》。该文章明确提出了共产党员应具备的六条标准，为增强党员质量提供了重要遵循，这其中一条就是学习。

陈云同志从革命事业的艰巨性明确了共产党员学习的原因。陈云同志强调，革命事业是一种伟大的艰巨的工作，特别是中国革命的环境和革命运动更是万分复杂，变化多端，而领导革命的共产党，它之所以能在变化的、复杂的环境中把握一切伟大的革命运动，并且指导各个运动使之走向胜利，是因为有革命理论的指导。共产党员有了革命的理论，才能从复杂万分的事情中弄出一个头绪，从不断变化的运动中找出一个方向来，才能把革命的工作做好。不然，就会在复杂的、不断变化的革命环境中，迷失道路，找不到方向，不能独立工作，也不能正确地实现党的任务和决定。所以每个共产党员要随时随地在工作中学习理论和文化，努力提高自己的政治水平和文化水平，增进革命知识，培养政治远见。

陈云同志分别从五个方面明确了我们应该学习的内容。一是我们要学习马克思、恩格斯、列宁、斯大林的理论，才能把自己培养成为一个真正有能力的有坚强党性的共产党员。我们的学习是学习马克思列宁主义的精神，学习他们观察问题的立场、观点和方法，而不是背诵教条。二是要研究中国的历史和时事政治的情况，不然也就不能规定当前的革命工作的任务和方法。三是要学习军事知识和军事技术，特别是游击战争。在当时，"党员军事化"已成为全党的战斗口号。四是文化程度低的党员，要长期地进行识字和读书读报的工作，以提高自己的文化水平，只有文化程度的提高，才能求得政治上的更加进步。五是每个共产党员要随时随地地在实际工作中学习，向群众学习。一切实际工作中的和群众斗争中的经验教训，是我们最好的学习的课本。

陈云同志明确指出学习的方式方法，强调要自我批评、反对自我满足、响应党的六中全会精神。比如，自我批评是共产党员学习的宝贵的武器，虚心地接受党的批评是一个党员进步的必要条件。好的共产党员，对党的每个批评都必须以诚恳的态度、愉快的态度去接受和了解，以改正自己的错误。比如，学习的敌人，是自己的满足，或者不愿学习。我们反对那种"自高自大""自称高明"的倾向，反对那种不愿学习或者对学习没有信心的现象。一个共产党员是难得机会长时期在课堂上学习的，因此，必须善于在繁忙的实际工作中，自己争取时间去学习，这一点必须有坚持的精神才能做到。比如，共产党员的口号是"学习，学习，再学习"。全党应该热烈地响应党的六中全会提出的"对自己，'学而不厌'，对人家，'诲人不倦'"的口号。陈云同志通过不同的学习方式推进中国共产党思想建党步入新阶段，巩固了思想上的一致，推进马克思主义中国化取得新成效。

比如，《论共产党员的修养》是刘少奇同志思想建党的贡献。《论共产党员的修养》是1939年7月刘少奇同志在延安马列学院和中央党校的讲课稿，随后被整理成书。这部著作被称为"培养合格的成熟的共产党员的教科书"，哺育了一代又一代中国共产党人。该著作第一次系统地阐明共产党员的党性锻炼和修养的问题，明确地提出了共产党员增强党性的基本要求，指明了共产党员在思想上入党的必由之路，是一篇闪耀着马克思主义理论光芒的著名文献，是中国共产党对党员进行思想教育和提高党员政治觉悟的思想建党史上的重要文献。邓小平在评价刘少奇对党的建设理论和实践的杰出贡献时说："刘少奇同志为把我们党建设成为马克思列宁主义的党，为捍卫党在思想上和组织上的纯洁，为巩固和发展党的队伍，为维护党的团结和统一，为确立党的生活的基本准则，为加强党和群众的联系，付出了毕生的精力……他的《论共产党员的修养》一书和其他关于党的建设的著作，教育了全党的广大党员，是我们党的宝贵的精神财富。"[1]

刘少奇同志阐释了以下几方面的主要内容。

一是共产党员为什么要进行修养。刘少奇同志从三个方面进行了解释，第一个方面是社会发展客观规律决定的。刘少奇指出："我们应该把自己看作是需要而且可能改造的。不要把自己看作是不变的、完美的、神圣的，不需要改造的、不可能改造的。我们提出在社会斗争中改造自己的任务，这不是侮辱自己，而是社会发展的客观规律的要求。如果不这样做，我们就不能进步，就不能实现改造社会的任务。"[2] 第二个方面是共产党要取得革命战争的胜利。刘少奇同志指出：共产党员要在同反革命进行各方面的斗争中来改造自己，这就是说，要在这种斗争中求得自己的进步，提高自我革命的品质和能力。由一个幼稚的革命者，变成一个成熟的、老练的、能够"运用自如"地掌握革命规律的革命家，"要经过一个很长的革命的锻炼和修养的过程，一个长期改造的过程"。第三个方面是革命胜利以后，为了防止党内腐化、堕落现象的发生。刘少奇同志认为，我们的党员，不但要在艰苦的、困难的

---

[1] 邓小平：《在刘少奇同志追悼大会上致的悼词》，《人民日报》1980年5月18日。
[2] 《刘少奇选集》上卷，人民出版社1981年版，第98页。

以至失败的革命实践中来锻炼自己,加紧自己的修养,而且要在顺利的、成功的、胜利的革命实践中来锻炼自己,加紧自己的修养。有些党员受不起成功和胜利的鼓励,在胜利中昏头昏脑,因而放肆、骄傲、官僚化,以至动摇、腐化和堕落,完全失去他原有的革命性。这在我们共产党员中,是个别的常见的事。

二是共产党员加强修养的主要内容。刘少奇同志强调,我们要做马克思列宁主义创始人最忠实、最好的学生,就需要在无产阶级和一切群众的长期而伟大的革命斗争中进行各方面的修养,要有马克思列宁主义理论的修养;要有运用马克思列宁主义的立场、观点和方法去研究和处理各种问题的修养;要有无产阶级的革命战略、战术的修养;要有无产阶级的思想意识和道德品质的修养;要有坚持党内团结、进行批评和自我批评、遵守纪律的修养;要有艰苦奋斗的工作作风的修养;要有联系群众的修养,以及各种科学知识的修养等。我们都是共产党员,所以我们大家都无例外地需要进行上述各方面的修养。

三是共产党员加强修养的基本途径和方法。刘少奇同志指出:要在革命的实践中修养和锻炼,而这种修养和锻炼的唯一目的又是为了人民,为了革命的实践。他又进一步指出:我们要使马克思列宁主义的普遍真理和具体的革命实践相结合。这应该是我们共产党员修养的方法。刘少奇同志在谈到修养的途径和目的时,指出:我们一定要学习理论,但是学习到的就必须做到,而且是为了用才去学习的,为了党、为了人民、为了革命的胜利才去学习的。

四是坚定共产主义理想信念。刘少奇同志鲜明地指出:我们共产党员最基本的责任是什么呢?就是要实现共产主义。基于对共产主义事业的科学判断,刘少奇同志指出:我们的责任,就是要遵循人类社会发展的规律,推动社会主义和共产主义事业不断前进,使社会主义和共产主义社会更快地实现。这就是我们的理想。但是"共产主义事业的胜利,必须经过一个长期的、艰苦的斗争过程。没有这种斗争,就没有共产主义事业的胜利"①。他进一步指出:我们共产党员,应该有最伟大的气魄和革命的决心。……我们清楚地看到共产主义事业实现过程中的困难,同时,我们又清楚地了解这种困难是一定能够在千百万群众的革命发动中完全克服的,绝不为困难所吓倒。我们有广大的人民群众作依靠,完全有信心在我们这一代完成共产主义事业中一段大工程,同时也完全相信我们的后代能够完满地完成这个伟大事业的全部工程。

《论共产党员的修养》公开发表后,引起了强烈反响,迅速得到了全党同志的高度评价和充分肯定。《解放》周刊编辑部很快收到了许多读者来信,纷纷要求出单行本,中宣部采纳了这个意见,1939年11月7日(一说11月2日),在延安由新华书店首次出版发行了《论共产党员的修养》单行本,并很快出了三版,仍供不应求,各抗日根据地也先后予以转载或出版单行本,大量印发到党员干部手中,作为党课教材阅读学习。延安整风运动中,该文被列为整风的必学文件,1943年又被编入解放出版社出版的《整风文献》,对当时加强党员干部的思想政治教育,加强党的思想理论建设,提高党员的党性修养起到了重大作用。

《论共产党员的修养》一直是中国共产党对党员进行思想教育,提高党员政治觉悟的重要文献。这一经典著作多次出版,历经几十年,经久不衰,先后印刷数十次,总印数以千万计,其中仅1962年9月到12月,修订再版的《论共产党员的修养》单行本就发行近500万册。1981年又被编入中共中央文献编辑委员会出版的《刘少奇选集》上卷。同时,该书的英文、日文、捷文、荷文、西班牙文等多种译本也先后在几十个国家发行,影响巨大。②

---

① 《刘少奇选集》上卷,人民出版社1981年版,第123页。
② 石耘:《〈论共产党员的修养〉缘起》,《中国纪检监察报》,2014年12月19日。

四、开展延安整风运动

作风是思想的外显,整风是思想建党的方法。延安整风运动是无产阶级政党建设史上的伟大创举,是马克思主义建党学说的重要贡献,是思想建党深入发展的新阶段。整风运动的方针是:"惩前毖后""治病救人"。它是一次全党范围内的普遍的马克思主义教育运动和思想革命运动,也是一次克服教条主义束缚的思想解放运动,在全党确立了一条实事求是的辩证唯物主义的思想路线,为夺取抗战最后胜利和人民民主革命在全国的胜利奠定了思想基础,增强了干部的思想觉悟,使党达到了空前的团结。延安整风以1941年5月毛泽东同志在延安高级干部会议上作《改造我们的学习》报告为开始,书写了延安整风时期思想建党的宣言书。

(一)《改造我们的学习》报告

1. 思想改造是思想建党的重要任务。

1941年5月19日,毛泽东在延安高级干部会议上作《改造我们的学习》报告,提出改造全党学习方法和学习制度的任务,批判了理论和实际脱离的主观主义,对于端正当时全党的学风,确立马克思主义实事求是的思想路线,起到了关键性、决定性的作用。

该报告作为思想建党的重要内容,主要讲述的是将中国共产党的学习方法和学习制度改造一下,让马克思主义思想入脑入心。报告明确指出,马克思列宁主义的理论联系实际的基本原则是党的指导思想,是党的一切工作的指针;把理论和实际统一的问题同党性问题联系起来;并规定了在全党贯彻理论联系实际的原则,克服主观主义的基本措施。报告对"实事求是"的学习态度作了著名的论述,对党的高级干部的整风学习和路线学习起了推动作用,给全党的整风学习指出了明确的方向,是思想建党的典范。

1941年7月,根据毛泽东《改造我们的学习》报告精神,延安马列学院改组为马列研究院(9月8日又改名为中央研究院),毛泽东出席成立大会,并作题为《实事求是》的报告,要求大家一定要以马列主义基本原理为指导,以研究中国革命实际问题为中心,调查研究敌、友、我三方面的历史和现状[①]。报告后来发表在1942年3月27日《解放日报》,是整风学习必读文件之一。

2. 马克思主义中国化是思想建党的根本所在。

思想建党的问题集中表现在怎样对待马克思列宁主义,怎样使马克思列宁主义基本原理和中国革命实际相结合。这是《改造我们的学习》着力要解决的时代问题。

毛泽东指出,中国共产党的20年,就是马克思列宁主义的普遍真理和中国革命的具体实践日益结合的20年。毛泽东把马克思列宁主义这个最好的真理,作为民族解放、人民幸福的最好的武器。毛泽东肯定把马克思列宁主义的普遍真理和中国革命的具体实践相结合,推进马克思主义中国化的成就,并且指出马克思列宁主义的普遍真理一经和中国革命的具体实践相结合,就使中国革命的面目为之一新。特别是抗日战争以来,中国共产党根据马克思列宁主义的普遍真理研究抗日战争的具体实践,把马克思主义的立场、观点、方法运用到抗日战争中,指导抗日战争取得重大胜利。

延安整风告诉中国共产党人要科学对待马克思主义就要把马克思列宁主义的普遍真理和中国革命的具体实践相结合,把马克思主义与中国具体实际相结合,把马克思主义中国化。这既是党的建设的行

---

① 《毛泽东年谱》中卷,中央文献出版社2013年版,第315—316页。

动指南,也是思想建党的根本遵循。

3. 问题导向是思想建党的重要方法。

任何思想解放都是奔着问题来的。问题总是客观存在的,解放的思想总要解决现实的问题。革命中的矛盾和问题需要思想创新,推进思想建党走向高度。革命的现实需要加强思想建党,进行延安整风。

具体而言,为什么进行延安整风? 中国共产党曾经发生过"左"倾、右倾错误,给党的革命事业造成了巨大损失。其根源在于没有从中国革命的具体情况出发,没有把马克思列宁主义理论同中国革命的实际相结合,而是从主观臆断出发,教条主义地对待马克思列宁主义理论。一方面,虽然遵义会议后对"左"、右倾的错误进行了纠正,但是对"左"、右倾错误思想的根源一直没来得及进行清算,机会主义和教条主义思想的影响在党内还存在着,对执行党的正确路线有很大干扰。另一方面,抗日战争爆发后,新党员大量增加,其中许多党员出身于小资产阶级,思想还没有彻底转变,对党的思想作风产生了一定的不良作用。

为了清除革命道路上"左"、右倾机会主义的思想影响,纯洁党的作风,提高党的生命力、战斗力,从加强思想教育出发,发动了著名的延安整风运动,对全党和全体干部进行一次深刻的马列主义教育。延安整风作为思想建党的重要特点在于毛泽东同志作了《改造我们的学习》的报告,并且作为整风的指导文献。为了深入推进思想建党,毛泽东同志指出,"不注重研究现状,不注重研究历史,不注重马克思列宁主义的应用。这些都是极坏的作风。这种作风传播出去,害了我们的许多同志"。①

从研究现状来看,存在碎片化问题。毛泽东同志指出,像我党这样一个大政党,虽则对于国内和国际的现状的研究有了某些成绩,但

---

① 《毛泽东选集》第三卷,人民出版社 1991 年版,第 797 页。

是对于国内和国际的各方面,对于国内和国际的政治、军事、经济、文化的任何一方面,我们所收集的材料还是零碎的,我们的研究工作还是没有系统的。20年来,一般地说,我们并没有对于上述各方面作过系统的周密的收集材料加以研究的工作,缺乏调查研究客观实际状况的浓厚空气。"闭塞眼睛捉麻雀","瞎子摸鱼",粗枝大叶,夸夸其谈,满足于一知半解,这种极坏的作风,这种完全违反马克思列宁主义基本精神的作风,还在我党许多同志中继续存在着。马克思、恩格斯、列宁、斯大林教导我们认真地研究情况,从客观的真实的情况出发,而不是从主观的愿望出发;我们的许多同志却直接违反这一真理。毛泽东同志直面研究问题,极大推进思想再解放。

从研究历史来看,存在淡化问题。毛泽东同志指出,"虽则有少数党员和少数党的同情者曾经进行了这一工作,但是不曾有组织地进行过。不论是近百年的和古代的中国史,在许多党员的心目中还是漆黑一团。许多马克思列宁主义的学者也是言必称希腊,对于自己的祖宗,则对不住,忘记了。认真地研究现状的空气是不浓厚的,认真地研究历史的空气也是不浓厚的"。①

从学习国际革命经验来看,存在片面化问题。毛泽东同志指出,"许多同志的学习马克思列宁主义似乎并不是为了革命实践的需要,而是为了单纯的学习。所以虽然读了,但是消化不了。只会片面地引用马克思、恩格斯、列宁、斯大林的个别词句,而不会运用他们的立场、观点和方法,来具体地研究中国的现状和中国的历史,具体地分析中国革命问题和解决中国革命问题。这种对待马克思列宁主义的态度是非常有害的,特别是对于中级以上的干部,害处更大"。②

从马克思主义实践来看,存在理论和实际分离问题。毛泽东强

---

① 《毛泽东选集》第三卷,人民出版社1991年版,第797页。
② 《毛泽东选集》第三卷,人民出版社1991年版,第797页。

调,"我们学的是马克思主义,但是我们中的许多人,他们学马克思主义的方法是直接违反马克思主义的。这就是说,他们违背了马克思、恩格斯、列宁、斯大林所谆谆告诫人们的一条基本原则:理论和实际统一。他们既然违背了这条原则,于是就自己造出了一条相反的原则:理论和实际分离"。① 并且毛泽东从不同侧面举例,比如,在学校的教育中,在在职干部的教育中,教哲学的不引导学生研究中国革命的逻辑,教经济学的不引导学生研究中国经济的特点,教政治学的不引导学生研究中国革命的策略,教军事学的不引导学生研究适合中国特点的战略和战术,诸如此类。其结果,谬种流传,误人不浅。在延安学了,到富县就不能应用。经济学教授不能解释边币和法币,当然学生也不能解释。这样一来,就在许多学生中造成了一种反常的心理,对中国问题反而无兴趣,对党的指示反而不重视,他们一心向往的,就是从先生那里学来的据说是万古不变的教条。当然,上面我所说的是我们党里的极坏的典型,不是说普遍如此。但是确实存在着这种典型,而且为数相当多,危害相当大,不可等闲视之的。

4. 主观主义是思想建党的大敌。

毛泽东同志在思想建党的论述中明确了一个让人深思的理念,即主观主义是思想建党的大敌。毛泽东用三个"在这种态度下",明确指出主观主义的表现,即在这种态度下,就是对周围环境不作系统的周密的研究,单凭主观热情去工作,对于中国今天的面目若明若暗;在这种态度下,就是割断历史,只懂得希腊,不懂得中国,对于中国昨天和前天的面目漆黑一团;在这种态度下,就是抽象地无目的地去研究马克思列宁主义的理论。

为了更加明确指出主观主义的表现,毛泽东同志用了两个"不是,而是",即"不是为了要解决中国革命的理论问题、策略问题而到马克

---

① 《毛泽东选集》第三卷,人民出版社1991年版,第798页。

思、恩格斯、列宁、斯大林那里找立场,找观点,找方法,而是为了单纯地学理论而去学理论。不是有的放矢,而是无的放矢"①。

毛泽东又深入分析了导致主观主义的原因,明确指出"要像马克思所说的详细地占有材料,加以科学的分析和综合的研究"②。毛泽东同志指出,马克思、恩格斯、列宁、斯大林教导我们说:应当从客观存在着的实际事物出发,从其中引出规律,作为我们行动的向导。为此目的,就要像马克思所说的详细地占有材料,加以科学的分析和综合的研究。我们的许多人却是相反,不去这样做。为了更加有力说明问题,毛泽东同志详细分析了做研究工作和做实际工作的"两种人",指出许多做研究工作的人对于研究今天的中国和昨天的中国一概无兴趣,只把兴趣放在脱离实际的空洞的"理论"研究上。许多做实际工作的人不注意客观情况的研究,往往单凭热情,把感想当政策。

在此基础上,他又分析了这两种人的实质,即"这两种人都凭主观,忽视客观实际事物的存在"。其表现为"或作讲演,则甲乙丙丁、一二三四的一大串;或做文章,则夸夸其谈的一大篇。无实事求是之意,有哗众取宠之心。华而不实,脆而不坚。自以为是,老子天下第一,'钦差大臣'满天飞"。这种表现作为一种作风具有十分的危害性。毛泽东同志指出"这种作风,拿了律己,则害了自己;拿了教人,则害了别人;拿了指导革命,则害了革命"。③

在此基础上,毛泽东同志作出结论:反科学的反马克思列宁主义的主观主义的方法,是共产党的大敌,是工人阶级的大敌,是人民的大敌,是民族的大敌,是党性不纯的一种表现。毛泽东从党性高度分析主观主义,指出"只有打倒了主观主义,马克思列宁主义的真理才会抬头,党性才会巩固,革命才会胜利。我们应当说,没有科学的态度,即

---

① 《毛泽东选集》第三卷,人民出版社 1991 年版,第 799 页。
② 《毛泽东选集》第三卷,人民出版社 1991 年版,第 799 页。
③ 《毛泽东选集》第三卷,人民出版社 1991 年版,第 800 页。

没有马克思列宁主义的理论和实践统一的态度,就叫做没有党性,或叫做党性不完全"。① 通过一副对联"墙上芦苇,头重脚轻根底浅;山间竹笋,嘴尖皮厚腹中空"强调马克思列宁主义是科学,科学是老老实实的学问,任何一点调皮都是不行的。

5. 马克思列宁主义是思想建党的基因。

基因是内在,是马克思主义中国化的根和魂,发挥结构性功能和作用,决定思想建党的特征和成效。毛泽东同志把马列主义作为一种态度,用三个"在这种态度下"描绘了在思想建党中对马列主义的本质认识。

一是在这种态度下,就是应用马克思列宁主义的理论和方法,对周围环境作系统的周密的调查和研究。不是单凭热情去工作,而是如同斯大林所说的那样:把革命气概和实际精神结合起来。

二是在这种态度下,就是不要割断历史。不单是懂得希腊就行了,还要懂得中国;不但要懂得外国革命史,还要懂得中国革命史;不但要懂得中国的今天,还要懂得中国的昨天和前天。

三是在这种态度下,就是要有目的地去研究马克思列宁主义的理论,要使马克思列宁主义的理论和中国革命的实际运动结合起来,是为着解决中国革命的理论问题和策略问题而去从它找立场,找观点,找方法的。

对此毛泽东提出马克思列宁主义的两种认识态度:有的放矢的态度、实事求是的态度。

毛泽东同志指出:这种态度,就是有的放矢的态度。"的"就是中国革命,"矢"就是马克思列宁主义。我们中国共产党人所以要找这根"矢",就是为了要射中国革命和东方革命这个"的"的。

毛泽东同志指出:这种态度,就是实事求是的态度。"实事"就是

---

① 《毛泽东选集》第三卷,人民出版社1991年版,第800页。

客观存在着的一切事物,"是"就是客观事物的内部联系,即规律性,"求"就是我们去研究。我们要从国内外、省内外、县内外、区内外的实际情况出发,从其中引出其固有的而不是臆造的规律性,即找出周围事变的内部联系,作为我们行动的向导。而要这样做,就须不凭主观想象,不凭一时的热情,不凭死的书本,而凭客观存在的事实,详细地占有材料,在马克思列宁主义一般原理的指导下,从这些材料中引出正确的结论。这种结论,不是甲乙丙丁的现象罗列,也不是夸夸其谈的滥调文章,而是科学的结论。这种态度,有实事求是之意,无哗众取宠之心。

毛泽东同志把这种实事求是态度上升为党性的表现,明确指出,"这种态度,就是党性的表现,就是理论和实际统一的马克思列宁主义的作风。这是一个共产党员起码应该具备的态度。如果有了这种态度,那就既不是'头重脚轻根底浅',也不是'嘴尖皮厚腹中空'了"[1]。实事求是的态度是党性的表现,也是思想建党的内在要求。

6. 改造学习之路是思想建党之路。

毛泽东同志以改造学习的方法明确思想建党的三项任务。

一是毛泽东强调调查研究,并且向全党提出系统地周密地研究周围环境的任务。毛泽东指出,"依据马克思列宁主义的理论和方法,对敌友我三方的经济、财政、政治、军事、文化、党务各方面的动态进行详细的调查和研究的工作,然后引出应有的和必要的结论。为此目的,就要引导同志们的眼光向着这种实际事物的调查和研究。就要使同志们懂得,共产党领导机关的基本任务,就在于了解情况和掌握政策两件大事,前一件事就是所谓认识世界,后一件事就是所谓改造世界。就要使同志们懂得,没有调查就没有发言权,夸夸其谈地乱说一顿和一二三四的现象罗列,都是无用的。例如关于宣传工作,如果不了解

---

[1] 《毛泽东选集》第三卷,人民出版社1991年版,第801页。

敌友我三方的宣传状况,我们就无法正确地决定我们的宣传政策。任何一个部门的工作,都必须先有情况的了解,然后才会有好的处理。在全党推行调查研究的计划,是转变党的作风的基础一环"①。可见,实践观点是毛泽东思想建党的重要内容。

二是毛泽东强调对历史的研究。毛泽东指出,"对于近百年的中国史,应聚集人才,分工合作地去做,克服无组织的状态。应先作经济史、政治史、军事史、文化史几个部门的分析的研究,然后才有可能作综合的研究"②。

三是毛泽东强调系统的研究。这种系统性表现为国内国际相结合,既表现在对中国革命实际问题的研究,也表现在对学习国际革命经验的研究。毛泽东明确指出,"对于在职干部的教育和干部学校的教育,应确立以研究中国革命实际问题为中心,以马克思列宁主义基本原则为指导的方针,废除静止地孤立地研究马克思列宁主义的方法。研究马克思列宁主义,又应以《苏联共产党(布)历史简要读本》为中心的材料。《苏联共产党(布)历史简要读本》是一百年来全世界共产主义运动的最高的综合和总结,是理论和实际结合的典型,在全世界还只有这一个完全的典型。我们看列宁、斯大林他们是如何把马克思主义的普遍真理和苏联革命的具体实践互相结合又从而发展马克思主义的,就可以知道我们在中国是应该如何地工作了"③。

(二)《整顿党的作风》报告

1942年2月1日,毛泽东在中共中央党校开学典礼上作《整顿学风党风文风》的报告(新中国成立后编入《毛泽东选集》第三卷时,题目改为《整顿党的作风》)。《整顿党的作风》重点批判了党内的主观

---

① 《毛泽东选集》第三卷,人民出版社1991年版,第802页。
② 《毛泽东选集》第三卷,人民出版社1991年版,第802页。
③ 《毛泽东选集》第三卷,人民出版社1991年版,第802—803页。

主义和宗派主义错误倾向,是指导延安整风运动的重要文献,是思想建党的动员令。党的历史表明,宗派主义对党和人民的事业会带来严重危害,全党对宗派主义要时刻保持警惕,要思想解放,整顿党的作风。

1. 为什么反对主观主义。

思想建党的过程也是反对主观主义的过程。毛泽东同志在《整顿党的作风》中指出,主观主义是一种不正派的学风,它是反对马克思列宁主义的,它是和共产党不能并存的。所以要反对主观主义,反对主观主义是实事求是,是加强思想建党的过程。

毛泽东明确指出反对主观主义的原因,即许多人思想存在模糊观念,"现在有些糊涂观念,在许多人中间流行着,例如关于什么是理论家,什么是知识分子,什么是理论和实际联系等等问题的糊涂观念"①。

毛泽东明确指出,"确实,我们的理论水平是比较过去高了一些。但是按照中国革命运动的丰富内容来说,理论战线就非常之不相称,二者比较起来,理论方面就显得非常之落后。一般地说来,我们的理论还不能够和革命实践相平行,更不去说理论应该跑到实践的前面去。我们还没有把丰富的实际提高到应有的理论程度。我们还没有对革命实践的一切问题,或重大问题,加以考察,使之上升到理论的阶段"②。

并且毛泽东举例说明,"你们看,中国的经济、政治、军事、文化,我们究有多少人创造了可以称为理论的理论,算得科学形态的、周密的而不是粗枝大叶的理论呢? 特别是在经济理论方面,中国资本主义的发展,从鸦片战争到现在,已经一百年了,但是还没有产生一本合乎中国经济发展的实际的、真正科学的理论书。像在中国经济问题方面,

---

① 《毛泽东选集》第三卷,人民出版社 1991 年版,第 813 页。
② 《毛泽东选集》第三卷,人民出版社 1991 年版,第 813 页。

能不能说理论水平已经高了呢？能不能说我党已经有了像样的经济理论家呢？实在不能说。我们读了许多马克思列宁主义的书籍，能不能就算是有了理论家呢？不能这样说。因为马克思列宁主义是马克思、恩格斯、列宁、斯大林他们根据实际创造出来的理论，从历史实际和革命实际中抽出来的总结论"①。

毛泽东又分析了马克思主义理论水平不高的原因，"我们如果仅仅读了他们的著作，但是没有进一步地根据他们的理论来研究中国的历史实际和革命实际，没有企图在理论上来思考中国的革命实践，我们就不能妄称为马克思主义的理论家。如果我们身为中国共产党员，却对于中国问题熟视无睹，只能记诵马克思主义书本上的个别的结论和个别的原理，那末，我们在理论战线上的成绩就未免太坏了。如果一个人只知背诵马克思主义的经济学或哲学，从第一章到第十章都背得烂熟了，但是完全不能应用，这样是不是就算得一个马克思主义的理论家呢？这还是不能算理论家的"②。

2. 培养理论家。

毛泽东同志明确了我们需要的理论家的标准，"我们所要的理论家是什么样的人呢？是要这样的理论家，他们能够依据马克思列宁主义的立场、观点和方法，正确地解释历史中和革命中所发生的实际问题，能够在中国的经济、政治、军事、文化种种问题上给予科学的解释，给予理论的说明。我们要的是这样的理论家"③。

怎么样培养理论家？毛泽东指出，"假如要作这样的理论家，那就要能够真正领会马克思列宁主义的实质，真正领会马克思列宁主义的立场、观点和方法，真正领会列宁斯大林关于殖民地革命和中国革命的学说，并且应用了它去深刻地、科学地分析中国的实际问题，找出它

---

① 《毛泽东选集》第三卷，人民出版社1991年版，第813页。
② 《毛泽东选集》第三卷，人民出版社1991年版，第814页。
③ 《毛泽东选集》第三卷，人民出版社1991年版，第814页。

的发展规律,这样才是我们真正需要的理论家"①。理论家要善于应用马克思主义的理论,这就为中国共产党思想建党指明了正确方向。

毛泽东同志指出,"我们党校的同志不应当把马克思主义的理论当成死的教条。对于马克思主义的理论,要能够精通它、应用它,精通的目的全在于应用。如果你能应用马克思列宁主义的观点,说明一个两个实际问题,那就要受到称赞,就算有了几分成绩。被你说明的东西越多,越普遍,越深刻,你的成绩就越大。现在我们的党校也要定这个规矩,看一个学生学了马克思列宁主义以后怎样看中国问题,有看得清楚的,有看不清楚的,有会看的,有不会看的,这样来分优劣,分好坏"②。

反对主观主义需要知识分子掌握理论工作的系统方法,即理论工作的真谛在于从实际中来,到实际中去。毛泽东同志在对知识分子的阐释中指出,"马克思在实际斗争中进行了详细的调查研究,概括了各种东西,得到的结论又拿到实际斗争中去加以证明,这样的工作就叫做理论工作","真正的理论在世界上只有一种,就是从客观实际抽出来又在客观实际中得到了证明的理论,没有任何别的东西可以称得起我们所讲的理论","马克思列宁主义是从客观实际产生出来又在客观实际中获得了证明的最正确最科学最革命的真理"。③

3. 反对理论与实际脱离的问题。

毛泽东指出在许多同志中间"理论和实际联系",也是一个糊涂观念。他们天天讲"联系",实际上却是讲"隔离",因为他们并不去联系。马克思列宁主义理论和中国革命实际,怎样互相联系呢？拿一句通俗的话来讲,就是"有的放矢"。"矢"就是箭,"的"就是靶,放箭要对准靶。马克思列宁主义和中国革命的关系,就是箭和靶的关系。有

---

① 《毛泽东选集》第三卷,人民出版社 1991 年版,第 814 页。
② 《毛泽东选集》第三卷,人民出版社 1991 年版,第 815 页。
③ 《毛泽东选集》第三卷,人民出版社 1991 年版,第 817 页。

些同志却在那里"无的放矢",乱放一通,这样的人就容易把革命弄坏。有些同志则仅仅把箭拿在手里搓来搓去,连声赞曰:"好箭!好箭!"却老是不愿意放出去。这样的人就是古董鉴赏家,几乎和革命不发生关系。马克思列宁主义之箭,必须用了去射中国革命之的。这个问题不讲明白,我们党的理论水平永远不会提高,中国革命也永远不会胜利。

在毛泽东同志看来,反对主观主义就是要反对教条主义和经验主义。毛泽东指出,我们党内的主观主义有两种:一种是教条主义,一种是经验主义。他们都是只看到片面,没有看到全面。如果不注意,如果不知道这种片面性的缺点,并且力求改正,那就容易走上错误的道路。反对主观主义,必须攻破教条主义的主观性和片面性。毛泽东指出,"直到现在,还有不少的人,把马克思列宁主义书本上的某些个别字句看作现成的灵丹圣药,似乎只要得了它,就可以不费气力地包医百病。这是一种幼稚者的蒙昧,我们对这些人应该作启蒙运动。那些将马克思列宁主义当宗教教条看待的人,就是这种蒙昧无知的人。对于这种人,应该老实地对他说,你的教条一点什么用处也没有。马克思、恩格斯、列宁、斯大林曾经反复地讲,我们的学说不是教条而是行动的指南。这些人偏偏忘记这句最重要最重要的话。中国共产党人只有在他们善于应用马克思列宁主义的立场、观点和方法,善于应用列宁斯大林关于中国革命的学说,进一步地从中国的历史实际和革命实际的认真研究中,在各方面作出合乎中国需要的理论性的创造,才叫做理论和实际相联系。如果只是口头上讲联系,行动上又不实行联系,那末,讲一百年也还是无益的。我们反对主观地片面地看问题,必须攻破教条主义的主观性和片面性"[①]。

4. 反对宗派主义。

共产党员必须反对宗派主义,促进思想解放。毛泽东指出,"由于

---

① 《毛泽东选集》第三卷,人民出版社1991年版,第820页。

二十年的锻炼,现在我们党内并没有占统治地位的宗派主义了。但是宗派主义的残余是还存在的,有对党内的宗派主义残余,也有对党外的宗派主义残余。对内的宗派主义倾向产生排内性,妨碍党内的统一和团结;对外的宗派主义倾向产生排外性,妨碍党团结全国人民的事业。铲除这两方面的祸根,才能使党在团结全党同志和团结全国人民的伟大事业中畅行无阻"[1]。这就极大解放了人们的思想,有利于人们克服宗派主义。

毛泽东认为闹独立性是党内宗派主义的残余。闹独立性,即"一部分同志,只看见局部利益,不看见全体利益,他们总是不适当地特别强调他们自己所管的局部工作,总希望使全体利益去服从他们的局部利益。他们不懂得党的民主集中制,他们不知道共产党不但要民主,尤其要集中。他们忘记了少数服从多数,下级服从上级,局部服从全体,全党服从中央的民主集中制"[2]。毛泽东强调,闹这类独立性的人,常常跟他们的个人第一主义分不开,他们在个人和党的关系问题上,往往是不正确的。他们在口头上虽然也说尊重党,但他们在实际上却把个人放在第一位,把党放在第二位。对此,毛泽东同志指出,"这种现象必须预防,必须将各种不统一的现象完全除去。要提倡顾全大局。每一个党员,每一种局部工作,每一项言论或行动,都必须以全党利益为出发点,绝对不许可违反这个原则"[3]。

搞好外来干部和本地干部的团结,反对宗派主义倾向。毛泽东同志强调,"我们的同志必须懂得,在这种条件下,只有外来干部和本地干部完全团结一致,只有本地干部大批地生长了,并提拔起来了,根据地才能巩固,我党在根据地内才能生根,否则是不可能的。外来干部和本地干部各有长处,也各有短处,必须互相取长补短,才能有进步。

---

[1] 《毛泽东选集》第三卷,人民出版社 1991 年版,第 821 页。
[2] 《毛泽东选集》第三卷,人民出版社 1991 年版,第 821 页。
[3] 《毛泽东选集》第三卷,人民出版社 1991 年版,第 821 页。

外来干部比较本地干部,对于熟悉情况和联系群众这些方面,总要差些","就一般情形说来,凡属外来干部负领导责任的地方,如果和本地干部的关系弄得不好,那末,这个责任主要地应该放在外来干部的身上。担负主要领导责任的同志,其责任就更大些。现在各地对这个问题的注意还很不够,有些人轻视本地干部,讥笑本地干部","一切外来干部一定要爱护本地干部,经常帮助他们,而不许可讥笑他们,打击他们。自然,本地干部也必须学习外来干部的长处,必须去掉那些不适当的狭隘的观点,以求和外来干部完全不分彼此,打成一片,而避免宗派主义倾向"。①

搞好军队工作干部和地方工作干部完全团结一致的问题,反对宗派主义的倾向。毛泽东指出,"军队干部必须帮助地方干部,地方干部也必须帮助军队干部。如有纠纷,应该双方互相原谅,而各对自己作正确的自我批评。在军队干部事实上居于领导地位的地方,在一般的情形之下,如果和地方干部的关系弄不好,那末,主要的责任应该放在军队干部的身上。必须使军队干部首先懂得自己的责任,以谦虚的态度对待地方干部,才能使根据地的战争工作和建设工作得到顺利进行的条件"②。

5. 搞好老干部和新干部的关系问题。

毛泽东指出,党的事业需要新干部与老干部,强调"我们党如果没有广大的新干部同老干部一致合作,我们的事业就会中断。所以一切老干部应该以极大的热忱欢迎新干部,关心新干部"③。新干部有缺点,但是可以改正。毛泽东强调新干部的可塑性,指出"不错,新干部是有缺点的,他们参加革命还不久,还缺乏经验,他们中的有些人还不免带来旧社会不良思想的尾巴,这就是小资产阶级个人主义思想的残

---

① 《毛泽东选集》第三卷,人民出版社1991年版,第822—823页。
② 《毛泽东选集》第三卷,人民出版社1991年版,第823—824页。
③ 《毛泽东选集》第三卷,人民出版社1991年版,第824页。

余。但是这些缺点是可以从教育中从革命锻炼中逐渐地去掉的"[1]。新干部还具有老干部不具备的长处,毛泽东指出"他们的长处,正如斯大林说过的,是对于新鲜事物有锐敏的感觉,因而有高度的热情和积极性,而在这一点上,有些老干部则正是缺乏的"[2]。怎么处理好两者关系?毛泽东给出了答案,即"新老干部应该是彼此尊重,互相学习,取长补短,以便团结一致,进行共同的事业,而防止宗派主义的倾向。在老干部负主要领导责任的地方,在一般情形之下,如果老干部和新干部的关系弄得不好,那末,老干部就应该负主要的责任"[3]。

6. 反对主观主义,就要宣传唯物主义,就要宣传辩证法。

毛泽东对如何反对主观主义提出明确要求,即"我们要反对主观主义,就要宣传唯物主义,就要宣传辩证法"。毛泽东进一步强调,为什么要宣传唯物主义和辩证法。原因在于"我们党内还有许多同志,他们并不注重宣传唯物主义,也不注重宣传辩证法。有些同志听凭别人宣传主观主义,也安之若素。这些同志自以为相信马克思主义,但是,他们却不努力宣传唯物主义,听了或看了主观主义的东西也不想一想,也不发议论。这种态度不是共产党员的态度。这使得我们许多同志蒙受了主观主义思想的毒害,发生麻木的现象。所以我们要在党内发动一个启蒙运动,使我们同志的精神从主观主义、教条主义的蒙蔽中间解放出来,号召同志们对于主观主义、宗派主义、党八股加以抵制"。毛泽东指出,要像抵制日货一样抵制主观主义。"这些东西好像日货,因为只有我们的敌人愿意我们保存这些坏东西,使我们继续受蒙蔽,所以我们应该提倡抵制,就像抵制日货一样。一切主观主义、宗派主义、党八股的货色,我们都要抵制,使它们在市场上销售困难,不要让它们利用党内理论水平低,出卖自己那一套"。毛泽东给我们找

---

[1] 《毛泽东选集》第三卷,人民出版社1991年版,第824页。
[2] 《毛泽东选集》第三卷,人民出版社1991年版,第824页。
[3] 《毛泽东选集》第三卷,人民出版社1991年版,第824—825页。

到了反对主观主义的方法,即"为此目的,就要同志们提高嗅觉,就要同志们对于任何东西都用鼻子嗅一嗅,鉴别其好坏,然后才决定欢迎它,或者抵制它。共产党员对任何事情都要问一个为什么,都要经过自己头脑的周密思考,想一想它是否合乎实际,是否真有道理,绝对不应盲从,绝对不应提倡奴隶主义"。①

(三)《在延安文艺座谈会上的讲话》报告

1942 年,中国共产党开展了整风运动,同时也发动了文艺整风运动。5 月,毛泽东和凯丰联名邀请在延安的作家、艺术家举行座谈会,应邀出席者约百人。在 5 月 2 日的第一次大会上,毛泽东发表《引言》。在 5 月 23 日第三次大会上,毛泽东作了《结论》。《引言》和《结论》,合称《在延安文艺座谈会上的讲话》。1943 年 10 月 19 日《在延安文艺座谈会上的讲话》在延安《解放日报》正式发表,1953 年编入《毛泽东选集》第三卷。

1.《引言》以革命文艺的形式解放思想,推进思想建党。

毛泽东在《引言》中首先明确座谈会的目的,以解决思想问题促进思想建党。毛泽东同志指出,"同志们!今天邀集大家来开座谈会,目的是要和大家交换意见,研究文艺工作和一般革命工作的关系,求得革命文艺的正确发展,求得革命文艺对其他革命工作的更好的协助,借以打倒我们民族的敌人,完成民族解放的任务"②。毛泽东通过交换意见的方式解决思想建党的问题,明确了革命文艺的重要性,提高了党员群众的思想觉悟和行为自觉。

问题导向是解放思想、实事求是的根本。思想建党首先要有问题意识,为了使文艺很好地成为整个革命机器的一个组成部分,作为团

---

① 《毛泽东选集》第三卷,人民出版社 1991 年版,第 827 页。
② 《毛泽东选集》第三卷,人民出版社 1991 年版,第 847 页。

结人民、教育人民、打击敌人、消灭敌人的有力的武器，帮助人民同心同德地和敌人做斗争，毛泽东明确指出要解决"文艺工作者的立场问题，态度问题，工作对象问题，工作问题和学习问题"。

为什么要提出问题，毛泽东同志基于文武两个战线作了说明。在毛泽东同志看来，文化战线和军事战线是文武两个战线。这两个战线有机统一，才能战胜敌人。毛泽东指出："我们要战胜敌人，首先要依靠手里拿枪的军队。但是仅仅有这种军队是不够的，我们还要有文化的军队，这是团结自己、战胜敌人必不可少的一支军队。"①毛泽东不仅从思想层面教育全党文艺的重要性，而且从历史的视角明确指出文化军队的重要性。毛泽东指出，"'五四'以来，这支文化军队就在中国形成，帮助了中国革命，使中国的封建文化和适应帝国主义侵略的买办文化的地盘逐渐缩小，其力量逐渐削弱"②。毛泽东诸多论述表明文艺的重要性，但是在实际工作中还存在文学与艺术隔离的现象。毛泽东指出"革命的文学艺术运动，在十年内战时期有了大的发展。这个运动和当时的革命战争，在总的方向上是一致的，但在实际工作上却没有互相结合起来，这是因为当时的反动派把这两支兄弟军队从中隔断了的缘故"③。要解决隔离问题，需要文学与艺术完全结合起来。毛泽东强调"抗日战争爆发以后，革命的文艺工作者来到延安和各个抗日根据地的多起来了，这是很好的事。但是到了根据地，并不是说就已经和根据地的人民群众完全结合了。我们要把革命工作向前推进，就要使这两者完全结合起来"④。如何做到结合，需要解决问题。对此毛泽东指出应该解决立场、态度、工作对象、工作和学习等五个问题。

在立场问题方面。毛泽东同志既明确了我们的立场是群众的立

---

① 《毛泽东选集》第三卷，人民出版社1991年版，第847页。
② 《毛泽东选集》第三卷，人民出版社1991年版，第847页。
③ 《毛泽东选集》第三卷，人民出版社1991年版，第847—848页。
④ 《毛泽东选集》第三卷，人民出版社1991年版，第848页。

场和党的立场。毛泽东说:"我们是站在无产阶级的和人民大众的立场。对于共产党员来说,也就是要站在党的立场,站在党性和党的政策的立场。"①也明确了文艺工作者存在的认识不正确或者认识不明确的问题,毛泽东指出,许多同志常常失掉了自己的正确的立场。

在态度问题方面。毛泽东同志提出"三种人,三种态度"。毛泽东指出,"有三种人,一种是敌人,一种是统一战线中的同盟者,一种是自己人,这第三种人就是人民群众及其先锋队。对于这三种人需要有三种态度。对于敌人,对于日本帝国主义和一切人民的敌人,革命文艺工作者的任务是在暴露他们的残暴和欺骗,并指出他们必然要失败的趋势,鼓励抗日军民同心同德,坚决地打倒他们。对于统一战线中各种不同的同盟者,我们的态度应该是有联合,有批评,有各种不同的联合,有各种不同的批评。他们的抗战,我们是赞成的;如果有成绩,我们也是赞扬的。但是如果抗战不积极,我们就应该批评。如果有人要反共反人民,要一天一天走上反动的道路,那我们就要坚决反对。至于对人民群众,对人民的劳动和斗争,对人民的军队,人民的政党,我们当然应该赞扬。人民也有缺点的。无产阶级中还有许多人保留着小资产阶级的思想,农民和城市小资产阶级都有落后的思想,这些就是他们在斗争中的负担。我们应该长期地耐心地教育他们,帮助他们摆脱背上的包袱,同自己的缺点错误作斗争,使他们能够大踏步地前进。他们在斗争中已经改造或正在改造自己,我们的文艺应该描写他们的这个改造过程。只要不是坚持错误的人,我们就不应该只看到片面就去错误地讥笑他们,甚至敌视他们。我们所写的东西,应该是使他们团结,使他们进步,使他们同心同德,向前奋斗,去掉落后的东西,发扬革命的东西,而决不是相反"。②

---

① 《毛泽东选集》第三卷,人民出版社1991年版,第848页。
② 《毛泽东选集》第三卷,人民出版社1991年版,第848—849页。

在工作对象问题方面。毛泽东同志强调指出,"工作对象问题,就是文艺作品给谁看的问题"。并且,毛泽东明确指出工作对象的差异性,比如工作对象,在根据地与国统区不同。也正是在不同工作对象基础上,毛泽东明确了文艺工作的对象是"工农兵以及革命的干部"的新思想。毛泽东指出,"在陕甘宁边区,在华北华中各抗日根据地,这个问题和在国民党统治区不同,和在抗战以前的上海更不同。在上海时期,革命文艺作品的接受者是以一部分学生、职员、店员为主。在抗战以后的国民党统治区,范围曾有过一些扩大,但基本上也还是以这些人为主,因为那里的政府把工农兵和革命文艺互相隔绝了。在我们的根据地就完全不同。文艺作品在根据地的接受者,是工农兵以及革命的干部"①。

接着毛泽东明确了为什么工农兵以及革命的干部是工作对象的问题。毛泽东指出"各种干部,部队的战士,工厂的工人,农村的农民,他们识了字,就要看书、看报,不识字的,也要看戏、看画、唱歌、听音乐,他们就是我们文艺作品的接受者。即拿干部说,你们不要以为这部分人数目少,这比在国民党统治区出一本书的读者多得多。在那里,一本书一版平常只有两千册,三版也才六千册;但是根据地的干部,单是在延安能看书的就有一万多。而且这些干部许多都是久经锻炼的革命家,他们是从全国各地来的,他们也要到各地去工作,所以对于这些人做教育工作,是有重大意义的。我们的文艺工作者,应该向他们好好做工作"②。

随后,毛泽东指出文艺工作者了解、熟悉工农兵及其干部的问题,并且把这种了解和熟悉作为第一位的工作。毛泽东指出,"我们的文艺工作者需要做自己的文艺工作,但是这个了解人熟悉人的工作却是

---

① 《毛泽东选集》第三卷,人民出版社1991年版,第849—850页。
② 《毛泽东选集》第三卷,人民出版社1991年版,第850页。

第一位的工作"。毛泽东分析了文艺工作者以前不熟、不懂的问题。毛泽东指出,"什么是不熟？人不熟。文艺工作者同自己的描写对象和作品接受者不熟,或者简直生疏得很。我们的文艺工作者不熟悉工人,不熟悉农民,不熟悉士兵,也不熟悉他们的干部。什么是不懂？语言不懂,就是说,对于人民群众的丰富的生动的语言,缺乏充分的知识。许多文艺工作者由于自己脱离群众、生活空虚,当然也就不熟悉人民的语言,因此他们的作品不但显得语言无味,而且里面常常夹着一些生造出来的和人民的语言相对立的不三不四的词句"①。

为了解决这种不熟、不懂的问题,毛泽东同志明确提出大众化的问题,以此来解决"英雄无用武之地"的困境,丰富了思想建党的内涵。毛泽东指出,"许多同志爱说'大众化',但是什么叫做大众化呢？就是我们的文艺工作者的思想感情和工农兵大众的思想感情打成一片。而要打成一片,就应当认真学习群众的语言。如果连群众的语言都有许多不懂,还讲什么文艺创造呢？英雄无用武之地,就是说,你的一套大道理,群众不赏识。在群众面前把你的资格摆得越老,越像个'英雄',越要出卖这一套,群众就越不买你的账。你要群众了解你,你要和群众打成一片,就得下决心,经过长期的甚至是痛苦的磨练"②。

毛泽东特别强调思想感情的改造,要对工农兵及其干部充满感情。毛泽东指出,"我们知识分子出身的文艺工作者,要使自己的作品为群众所欢迎,就得把自己的思想感情来一个变化,来一番改造。没有这个变化,没有这个改造,什么事情都是做不好的,都是格格不入的"③。这种变化就是要由过去的冷漠变为热情。这既是个体的思想改造,也是政党的思想创建。

在学习问题方面,毛泽东同志明确指出,学习就是学习马克思列

---

① 《毛泽东选集》第三卷,人民出版社1991年版,第850—851页。
② 《毛泽东选集》第三卷,人民出版社1991年版,第851页。
③ 《毛泽东选集》第三卷,人民出版社1991年版,第851—852页。

宁主义和学习社会。在文艺工作中的党员作家要有马克思主义的知识,毛泽东指出,"一个自命为马克思主义的革命作家,尤其是党员作家,必须有马克思列宁主义的知识"①。为什么要强调学习,因为有些同志缺少马克思主义的基本观点。毛泽东举例:"比如说,马克思主义的一个基本观点,就是存在决定意识,就是阶级斗争和民族斗争的客观现实决定我们的思想感情。但是我们有些同志却把这个问题弄颠倒了,说什么一切应该从'爱'出发。就说爱吧,在阶级社会里,也只有阶级的爱,但是这些同志却要追求什么超阶级的爱,抽象的爱,以及抽象的自由、抽象的真理、抽象的人性等等。这是表明这些同志是受了资产阶级的很深的影响。应该很彻底地清算这种影响,很虚心地学习马克思列宁主义。文艺工作者应该学习文艺创作,这是对的,但是马克思列宁主义是一切革命者都应该学习的科学,文艺工作者不能是例外。"②同时,毛泽东强调文艺工作者要学习社会,"这就是说,要研究社会上的各个阶级,研究它们的相互关系和各自状况,研究它们的面貌和它们的心理。只有把这些弄清楚了,我们的文艺才能有丰富的内容和正确的方向"③。

2.《结论》以实事求是的理念解放思想,推进思想建党。

从实际出发,而不从定义出发。毛泽东明确指出,"我们讨论问题,应当从实际出发,不是从定义出发"。毛泽东科学阐释了从实际出发,而不从定义出发的问题。毛泽东认为,"如果我们按照教科书,找到什么是文学、什么是艺术的定义,然后按照它们来规定今天文艺运动的方针,来评判今天所发生的各种见解和争论,这种方法是不正确的。我们是马克思主义者,马克思主义叫我们看问题不要从抽象的定义出发,而要从客观存在的事实出发,从分析这些事实中找出方针、政

---

① 《毛泽东选集》第三卷,人民出版社1991年版,第852页。
② 《毛泽东选集》第三卷,人民出版社1991年版,第852页。
③ 《毛泽东选集》第三卷,人民出版社1991年版,第852页。

策、办法来。我们现在讨论文艺工作,也应该这样做"①。这为文艺工作提供根本遵循。

毛泽东同志运用实事求是的思想路线,科学分析当时的形势。毛泽东逻辑性地指出"现在的事实是什么"。既然文艺工作要实事求是,那么事实是什么呢?这是解决思想路线的首要问题。毛泽东详细描述了当时的事实,即"中国的已经进行了五年的抗日战争;全世界的反法西斯战争;中国大地主大资产阶级在抗日战争中的动摇和对于人民的高压政策;'五四'以来的革命文艺运动——这个运动在二十三年中对于革命的伟大贡献以及它的许多缺点;八路军新四军的抗日民主根据地,在这些根据地里面大批文艺工作者和八路军新四军以及工人农民的结合;根据地的文艺工作者和国民党统治区的文艺工作者的环境和任务的区别;目前在延安和各抗日根据地的文艺工作中已经发生的争论问题"②。

为群众的问题和如何为群众的问题。毛泽东明确指出了实际存在的不可否认的事实,并且强调"我们就要在这些事实的基础上考虑我们的问题",对此,明确指出问题的中心:"我们的问题基本上是一个为群众的问题和一个如何为群众的问题。"这两个问题包含是什么和怎么样的逻辑关系。毛泽东明确指出解决这两个问题的重要性,并且把此作为中心问题,强调"不解决这两个问题,或这两个问题解决得不适当,就会使得我们的文艺工作者和自己的环境、任务不协调,就使得我们的文艺工作者从外部从内部碰到一连串的问题"③。对此,毛泽东详细分析这两个问题,积极推进马克思主义中国化。

为什么人的问题是一个根本性的首要问题,也是思想建党的核心性问题。毛泽东旗帜鲜明地提出,"第一个问题:我们的文艺是为什么

---

① 《毛泽东选集》第三卷,人民出版社1991年版,第853页。
② 《毛泽东选集》第三卷,人民出版社1991年版,第853页。
③ 《毛泽东选集》第三卷,人民出版社1991年版,第853—854页。

人的?"毛泽东强调,这是一个早已解决的老问题,但是依然存在问题。毛泽东在文章中指出,"这个问题,本来是马克思主义者特别是列宁所早已解决了的。列宁还在一九〇五年就已着重指出过,我们的文艺应当'为千千万万劳动人民服务'。在我们各个抗日根据地从事文学艺术工作的同志中,这个问题似乎是已经解决了,不需要再讲的了。其实不然。很多同志对这个问题并没有得到明确的解决。因此,在他们的情绪中,在他们的作品中,在他们的行动中,在他们对于文艺方针问题的意见中,就不免或多或少地发生和群众的需要不相符合,和实际斗争的需要不相符合的情形"①。

  同时,毛泽东也指出我们的文艺工作取得很大成绩,比如,"现在和共产党、八路军、新四军在一起从事于伟大解放斗争的大批的文化人、文学家、艺术家以及一般文艺工作者,虽然其中也可能有些人是暂时的投机分子,但是绝大多数却都是在为着共同事业努力工作着。依靠这些同志,我们的整个文学工作,戏剧工作,音乐工作,美术工作,都有了很大的成绩。这些文艺工作者,有许多是抗战以后开始工作的;有许多在抗战以前就做了多时的革命工作,经历过许多辛苦,并用他们的工作和作品影响了广大群众的"②。虽然文艺工作者取得重要成就,但是有的文艺工作者在"为什么人"方面存在思想误区,有的主张革命文艺不是为着人民大众而是为着剥削者压迫者,这也进一步表明加强思想教育的重要性。

  毛泽东指出,"诚然,为着剥削者压迫者的文艺是有的。文艺是为地主阶级的,这是封建主义的文艺。中国封建时代统治阶级的文学艺术,就是这种东西。直到今天,这种文艺在中国还有颇大的势力。文艺是为资产阶级的,这是资产阶级的文艺"③。毛泽东作出批判之后,

---

① 《毛泽东选集》第三卷,人民出版社1991年版,第854页。
② 《毛泽东选集》第三卷,人民出版社1991年版,第854页。
③ 《毛泽东选集》第三卷,人民出版社1991年版,第855页。

明确指出文艺工作的人民性,"在我们,文艺不是为上述种种人,而是为人民的。我们曾说,现阶段的中国新文化,是无产阶级领导的人民大众的反帝反封建的文化。真正人民大众的东西,现在一定是无产阶级领导的。资产阶级领导的东西,不可能属于人民大众。新文化中的新文学新艺术,自然也是这样。对于中国和外国过去时代所遗留下来的丰富的文学艺术遗产和优良的文学艺术传统,我们是要继承的,但是目的仍然是为了人民大众"①。

文艺工作者要为人民大众。那么,什么是人民大众呢?在毛泽东看来,人民大众包含四种人。毛泽东指出,"最广大的人民,占全人口百分之九十以上的人民,是工人、农民、兵士和城市小资产阶级。所以我们的文艺,第一是为工人的,这是领导革命的阶级。第二是为农民的,他们是革命中最广大最坚决的同盟军。第三是为武装起来了的工人农民即八路军、新四军和其他人民武装队伍的,这是革命战争的主力。第四是为城市小资产阶级劳动群众和知识分子的,他们也是革命的同盟者,他们是能够长期地和我们合作的。这四种人,就是中华民族的最大部分,就是最广大的人民大众"②。

不是说在理论上,而是落实在行动上。那么,怎么样为人民大众服务?毛泽东指出,"我们要为这四种人服务,就必须站在无产阶级的立场上,而不能站在小资产阶级的立场上"。毛泽东从马克思主义政党的高度明确了无产阶级的立场,并且从实践的视角指出小资产阶级的作家不可能真正地为革命的工农兵群众服务。毛泽东指出,"在今天,坚持个人主义的小资产阶级立场的作家是不可能真正地为革命的工农兵群众服务的,他们的兴趣,主要是放在少数小资产阶级知识分子上面。而我们现在有一部分同志对于文艺为什么人的问题不能正

---

① 《毛泽东选集》第三卷,人民出版社1991年版,第855页。
② 《毛泽东选集》第三卷,人民出版社1991年版,第855—856页。

确解决的关键,正在这里。我这样说,不是说在理论上。在理论上,或者说在口头上,我们队伍中没有一个人把工农兵群众看得比小资产阶级知识分子还不重要的。我是说在实际上,在行动上。在实际上,在行动上,他们是否对小资产阶级知识分子比对工农兵还更看得重要些呢?我以为是这样"。①

毛泽东深入形象剖析了许多同志的灵魂深处还是一个小资产阶级知识分子的王国的现象,比如"有许多同志比较地注重研究小资产阶级知识分子,分析他们的心理,着重地去表现他们,原谅并辩护他们的缺点,而不是引导他们和自己一道去接近工农兵群众,去参加工农兵群众的实际斗争,去表现工农兵群众,去教育工农兵群众。有许多同志,因为他们自己是从小资产阶级出身,自己是知识分子,于是就只在知识分子的队伍中找朋友,把自己的注意力放在研究和描写知识分子上面。这种研究和描写如果是站在无产阶级立场上的,那是应该的。但他们并不是,或者不完全是。他们是站在小资产阶级立场,他们是把自己的作品当作小资产阶级的自我表现来创作的,我们在相当多的文学艺术作品中看见这种东西。他们在许多时候,对于小资产阶级出身的知识分子寄予满腔的同情,连他们的缺点也给以同情甚至鼓吹。对于工农兵群众,则缺乏接近,缺乏了解,缺乏研究,缺乏知心朋友,不善于描写他们;倘若描写,也是衣服是劳动人民,面孔却是小资产阶级知识分子。他们在某些方面也爱工农兵,也爱工农兵出身的干部,但有些时候不爱,有些地方不爱,不爱他们的感情,不爱他们的姿态,不爱他们的萌芽状态的文艺(墙报、壁画、民歌、民间故事等)。他们有时也爱这些东西,那是为着猎奇,为着装饰自己的作品,甚至是为着追求其中落后的东西而爱的。有时就公开地鄙弃它们,而偏爱小资

---

① 《毛泽东选集》第三卷,人民出版社 1991 年版,第 856 页。

产阶级知识分子的乃至资产阶级的东西"①。毛泽东深入探究根源,强调指出,"这些同志的立足点还是在小资产阶级知识分子方面,或者换句文雅的话说,他们的灵魂深处还是一个小资产阶级知识分子的王国"。

为什么人的问题,是一个长期性的思想问题。毛泽东指出,"为什么人的问题他们就还是没有解决,或者没有明确地解决。这不光是讲初来延安不久的人,就是到过前方,在根据地、八路军、新四军做过几年工作的人,也有许多是没有彻底解决的。要彻底地解决这个问题,非有十年八年的长时间不可"②。这就明确了思想建党的长期性、艰巨性,同时也是明确了解决问题的积极性、坚决性。毛泽东指出,"但是时间无论怎样长,我们却必须解决它,必须明确地彻底地解决它。我们的文艺工作者一定要完成这个任务,一定要把立足点移过来,一定要在深入工农兵群众、深入实际斗争的过程中,在学习马克思主义和学习社会的过程中,逐渐地移过来,移到工农兵这方面来,移到无产阶级这方面来。只有这样,我们才能有真正为工农兵的文艺,真正无产阶级的文艺"③。

为什么人的问题,是一个根本性的原则问题。共产党人必须站在无产阶级立场上分析、解决问题,这是原则。毛泽东强调,"过去有些同志间存在的争论、分歧、对立和不团结,并不是在这个根本的原则的问题上,而是在一些比较次要的甚至是无原则的问题上。而对于这个原则问题,争论的双方倒是没有什么分歧,倒是几乎一致的,都有某种程度的轻视工农兵、脱离群众的倾向"④。毛泽东指出,"因为一般地说,这些同志的轻视工农兵、脱离群众,和国民党的轻视工农兵、脱离

---

① 《毛泽东选集》第三卷,人民出版社1991年版,第856—857页。
② 《毛泽东选集》第三卷,人民出版社1991年版,第857页。
③ 《毛泽东选集》第三卷,人民出版社1991年版,第857页。
④ 《毛泽东选集》第三卷,人民出版社1991年版,第857—858页。

群众,是不同的;但是无论如何,这个倾向是有的。这个根本问题不解决,其他许多问题也就不易解决"[1]。

把口头上的马克思主义变成为实际生活里的马克思主义。如何真正解决轻视工农兵、脱离群众的问题,毛泽东从如何对待马克思主义的视角明确了答案,即"我们鼓励革命文艺家积极地亲近工农兵,给他们以到群众中去的完全自由,给他们以创作真正革命文艺的完全自由。所以这个问题在我们这里,是接近于解决的了。接近于解决不等于完全的彻底的解决;我们说要学习马克思主义和学习社会,就是为着完全地彻底地解决这个问题。我们说的马克思主义,是要在群众生活群众斗争里实际发生作用的活的马克思主义,不是口头上的马克思主义。把口头上的马克思主义变成为实际生活里的马克思主义,就不会有宗派主义了。不但宗派主义的问题可以解决,其他的许多问题也都可以解决了"[2]。可见,活的马克思主义是思想建党的鲜明表达,也是《结论》中的思想精髓。

如何去服务问题是一个核心问题,也是思想建党的本质性问题。毛泽东在科学回答了为什么人服务的问题之后,接着回答了如何去服务的问题。服务是关系党的根本宗旨的问题,是思想建党的本质性问题。

毛泽东从数量与质量的辩证视角,提出普及与提高的关系,明确只有从工农兵出发,才能找到普及和提高的正确关系的思想。毛泽东明确指出:"有些同志,在过去,是相当地或是严重地轻视了和忽视了普及,他们不适当地太强调了提高。提高是应该强调的,但是片面地孤立地强调提高,强调到不适当的程度,那就错了。我在前面说的没有明确地解决为什么人的问题的事实,在这一点上也表现出来了。并

---

[1] 《毛泽东选集》第三卷,人民出版社1991年版,第858页。
[2] 《毛泽东选集》第三卷,人民出版社1991年版,第858页。

且，因为没有弄清楚为什么人，他们所说的普及和提高就都没有正确的标准，当然更找不到两者的正确关系。我们的文艺，既然基本上是为工农兵，那末所谓普及，也就是向工农兵普及，所谓提高，也就是从工农兵提高。用什么东西向他们普及呢？用封建地主阶级所需要、所便于接受的东西吗？用资产阶级所需要、所便于接受的东西吗？用小资产阶级知识分子所需要、所便于接受的东西吗？都不行，只有用工农兵自己所需要、所便于接受的东西。因此在教育工农兵的任务之前，就先有一个学习工农兵的任务。提高的问题更是如此。提高要有一个基础。比如一桶水，不是从地上去提高，难道是从空中去提高吗？那末所谓文艺的提高，是从什么基础上去提高呢？从封建阶级的基础吗？从资产阶级的基础吗？从小资产阶级知识分子的基础吗？都不是，只能是从工农兵群众的基础上去提高。也不是把工农兵提到封建阶级、资产阶级、小资产阶级知识分子的'高度'去，而是沿着工农兵自己前进的方向去提高，沿着无产阶级前进的方向去提高。而这里也就提出了学习工农兵的任务。只有从工农兵出发，我们对于普及和提高才能有正确的了解，也才能找到普及和提高的正确关系。"[1]

毛泽东明确了艺术源于生活的思想。毛泽东提出疑问：一切种类的文学艺术的源泉究竟是从何而来的呢？随后毛泽东明确回答了这个疑问，指出"作为观念形态的文艺作品，都是一定的社会生活在人类头脑中的反映的产物。革命的文艺，则是人民生活在革命作家头脑中的反映的产物"[2]。

在毛泽东看来，人民生活是宝藏，是源泉。毛泽东指出，"人民生活中本来存在着文学艺术原料的矿藏，这是自然形态的东西，是粗糙的东西，但也是最生动、最丰富、最基本的东西；在这点上说，它们使一

---

[1] 《毛泽东选集》第三卷，人民出版社1991年版，第859—860页。
[2] 《毛泽东选集》第三卷，人民出版社1991年版，第860页。

切文学艺术相形见绌，它们是一切文学艺术的取之不尽、用之不竭的唯一的源泉。这是唯一的源泉，因为只能有这样的源泉，此外不能有第二个源泉"[1]。

毛泽东明确了文艺作品是流不是源，对于优秀文艺作品要继承和借鉴，反对毫无批判的硬搬和模仿。毛泽东同志指出，"有人说，书本上的文艺作品，古代的和外国的文艺作品，不也是源泉吗？实际上，过去的文艺作品不是源而是流，是古人和外国人根据他们彼时彼地所得到的人民生活中的文学艺术原料创造出来的东西。我们必须继承一切优秀的文学艺术遗产，批判地吸收其中一切有益的东西，作为我们从此时此地的人民生活中的文学艺术原料创造作品时候的借鉴。有这个借鉴和没有这个借鉴是不同的，这里有文野之分，粗细之分，高低之分，快慢之分。所以我们决不可拒绝继承和借鉴古人和外国人，哪怕是封建阶级和资产阶级的东西。但是继承和借鉴决不可以变成替代自己的创造，这是决不能替代的。文学艺术中对于古人和外国人的毫无批判的硬搬和模仿，乃是最没有出息的最害人的文学教条主义和艺术教条主义"[2]。

毛泽东同志明确了做有出息的文艺家的出路，即，到群众中去，避免做空头文艺家。毛泽东指出，"中国的革命的文学家艺术家，有出息的文学家艺术家，必须到群众中去，必须长期地无条件地全心全意地到工农兵群众中去，到火热的斗争中去，到唯一的最广大最丰富的源泉中去，观察、体验、研究、分析一切人，一切阶级，一切群众，一切生动的生活形式和斗争形式，一切文学和艺术的原始材料，然后才有可能进入创作过程。否则你的劳动就没有对象，你就只能做鲁迅在他的遗嘱里所谆谆嘱咐他的儿子万不可做的那种空头文学家，或空头艺术

---

[1] 《毛泽东选集》第三卷，人民出版社1991年版，第860页。
[2] 《毛泽东选集》第三卷，人民出版社1991年版，第860页。

家"①。

毛泽东回答了人民不满足于社会生活,而追求文学艺术的缘由,进一步解放了思想。毛泽东指出:"人类的社会生活虽是文学艺术的唯一源泉,虽是较之后者有不可比拟的生动丰富的内容,但是人民还是不满足于前者而要求后者。这是为什么呢?因为虽然两者都是美,但是文艺作品中反映出来的生活却可以而且应该比普通的实际生活更高,更强烈,更有集中性,更典型,更理想,因此就更带普遍性。革命的文艺,应当根据实际生活创造出各种各样的人物来,帮助群众推动历史的前进。……文学作品或艺术作品,就能使人民群众惊醒起来,感奋起来,推动人民群众走向团结和斗争,实行改造自己的环境。"②

毛泽东明确了文艺工作中的普及和提高的关系,认为"普及是人民的普及,提高也是人民的提高。而这种提高,不是从空中提高,不是关门提高,而是在普及基础上的提高。这种提高,为普及所决定,同时又给普及以指导。就中国范围来说,革命和革命文化的发展不是平衡的,而是逐渐推广的。一处普及了,并且在普及的基础上提高了,别处还没有开始普及。因此一处由普及而提高的好经验可以应用于别处,使别处的普及工作和提高工作得到指导,少走许多弯路。就国际范围来说,外国的好经验,尤其是苏联的经验,也有指导我们的作用。所以,我们的提高,是在普及基础上的提高;我们的普及,是在提高指导下的普及。正因为这样,我们所说的普及工作不但不是妨碍提高,而且是给目前的范围有限的提高工作以基础,也是给将来的范围大为广阔的提高工作准备必要的条件"③。

从提高的对象而言,毛泽东还强调干部的提高,认为"除了直接为群众所需要的提高以外,还有一种间接为群众所需要的提高,这就是

---

① 《毛泽东选集》第三卷,人民出版社 1991 年版,第 860—861 页。
② 《毛泽东选集》第三卷,人民出版社 1991 年版,第 861 页。
③ 《毛泽东选集》第三卷,人民出版社 1991 年版,第 862—863 页。

干部所需要的提高"。为什么要强调干部的提高呢？毛泽东认为"干部是群众中的先进分子，他们所受的教育一般都比群众所受的多些；比较高级的文学艺术，对于他们是完全必要的，忽视这一点是错误的。为干部，也完全是为群众，因为只有经过干部才能去教育群众、指导群众。如果违背了这个目的，如果我们给予干部的并不能帮助干部去教育群众、指导群众，那末，我们的提高工作就是无的放矢，就是离开了为人民大众的根本原则"，因为"无论高级的或初级的，我们的文学艺术都是为人民大众的，首先是为工农兵的，为工农兵而创作，为工农兵所利用的"。①

毛泽东同志还提出，"专门家主要地还是为了群众""只有做群众的学生才能做群众的先生"的群众观。毛泽东指出，"我们的专门家不但是为了干部，主要地还是为了群众。我们的文学专门家应该注意群众的墙报，注意军队和农村中的通讯文学。我们的戏剧专门家应该注意军队和农村中的小剧团。我们的音乐专门家应该注意群众的歌唱。我们的美术专门家应该注意群众的美术。一切这些同志都应该和在群众中做文艺普及工作的同志们发生密切的联系，一方面帮助他们，指导他们，一方面又向他们学习，从他们吸收由群众中来的养料，把自己充实起来，丰富起来，使自己的专门不致成为脱离群众、脱离实际、毫无内容、毫无生气的空中楼阁。我们应该尊重专门家，专门家对于我们的事业是很可宝贵的。但是我们应该告诉他们说，一切革命的文学家艺术家只有联系群众，表现群众，把自己当作群众的忠实的代言人，他们的工作才有意义。只有代表群众才能教育群众，只有做群众的学生才能做群众的先生。如果把自己看作群众的主人，看作高踞于'下等人'头上的贵族，那末，不管他们有多大的才能，也是群众所不需

---

① 《毛泽东选集》第三卷，人民出版社 1991 年版，第 863 页。

要的,他们的工作是没有前途的"①。

　　同时,毛泽东还提出无产阶级的革命的功利主义者的思想。在毛泽东同志看来,"唯物主义者并不一般地反对功利主义,但是反对封建阶级的、资产阶级的、小资产阶级的功利主义,反对那种口头上反对功利主义、实际上抱着最自私最短视的功利主义的伪善者"。毛泽东认为,"世界上没有什么超功利主义,在阶级社会里,不是这一阶级的功利主义,就是那一阶级的功利主义。我们是无产阶级的革命的功利主义者,我们是以占全人口百分之九十以上的最广大群众的目前利益和将来利益的统一为出发点的,所以我们是以最广和最远为目标的革命的功利主义者,而不是只看到局部和目前的狭隘的功利主义者"。② 毛泽东站在群众立场,明确提高与普及的统一问题。毛泽东指出,"任何一种东西,必须能使人民群众得到真实的利益,才是好的东西。就算你的是'阳春白雪'吧,这暂时既然是少数人享用的东西,群众还是在那里唱'下里巴人',那末,你不去提高它,只顾骂人,那就怎样骂也是空的。现在是'阳春白雪'和'下里巴人'统一的问题,是提高和普及统一的问题。不统一,任何专门家的最高级的艺术也不免成为最狭隘的功利主义;要说这也是清高,那只是自封为清高,群众是不会批准的"③。

　　毛泽东在文艺人民性基础之上深入分析了两个问题:一个是党内关系问题,另一个是党外关系问题。在毛泽东看来,"我们的文艺既然是为人民大众的,那末,我们就可以进而讨论一个党内关系问题,党的文艺工作和党的整个工作的关系问题,和另一个党外关系的问题,党的文艺工作和非党的文艺工作的关系问题——文艺界统一战线问

---

① 《毛泽东选集》第三卷,人民出版社 1991 年版,第 863—864 页。
② 《毛泽东选集》第三卷,人民出版社 1991 年版,第 864 页。
③ 《毛泽东选集》第三卷,人民出版社 1991 年版,第 864—865 页。

题"①。

一方面毛泽东提出"无产阶级的文学艺术是无产阶级整个革命事业的一部分"的思想。毛泽东指出,"一切文化或文学艺术都是属于一定的阶级,属于一定的政治路线的。为艺术的艺术,超阶级的艺术,和政治并行或互相独立的艺术,实际上是不存在的。无产阶级的文学艺术是无产阶级整个革命事业的一部分,如同列宁所说,是整个革命机器中的'齿轮和螺丝钉'。……革命文艺是整个革命事业的一部分,是齿轮和螺丝钉,和别的更重要的部分比较起来,自然有轻重缓急第一第二之分,但它是对于整个机器不可缺少的齿轮和螺丝钉,对于整个革命事业不可缺少的一部分。如果连最广义最普通的文学艺术也没有,那革命运动就不能进行,就不能胜利"②。

文艺是从属于政治的,但又反转来给予伟大的影响于政治,这是毛泽东在文章中明确的思想。毛泽东指出,"我们所说的文艺服从于政治,这政治是指阶级的政治、群众的政治,不是所谓少数政治家的政治。政治,不论革命的和反革命的,都是阶级对阶级的斗争,不是少数个人的行为。革命的思想斗争和艺术斗争,必须服从于政治的斗争,因为只有经过政治,阶级和群众的需要才能集中地表现出来。革命的政治家们,懂得革命的政治科学或政治艺术的政治专门家们,他们只是千千万万的群众政治家的领袖,他们的任务在于把群众政治家的意见集中起来,加以提炼,再使之回到群众中去,为群众所接受,所实践,而不是闭门造车,自作聪明,只此一家,别无分店的那种贵族式的所谓'政治家',——这是无产阶级政治家同腐朽了的资产阶级政治家的原则区别。正因为这样,我们的文艺的政治性和真实性才能够完全一致。不认识这一点,把无产阶级的政治和政治家

---

① 《毛泽东选集》第三卷,人民出版社1991年版,第865页。
② 《毛泽东选集》第三卷,人民出版社1991年版,第865—866页。

庸俗化,是不对的"①。

另一方面是文艺界的统一战线问题。毛泽东同志回答了为什么要组建文艺界统一战线。首先是政治的需要,毛泽东指出,"文艺服从于政治,今天中国政治的第一个根本问题是抗日,因此党的文艺工作者首先应该在抗日这一点上和党外的一切文学家艺术家(从党的同情分子、小资产阶级的文艺家到一切赞成抗日的资产阶级地主阶级的文艺家)团结起来"②。毛泽东还指出,应该在民主一点上团结起来;应该在文艺界的特殊问题——艺术方法艺术作风一点上团结起来。

毛泽东还指出团结与斗争统一性的问题。毛泽东强调,"在一个问题上有团结,在另一个问题上就有斗争,有批评。各个问题是彼此分开而又联系着的,因而就在产生团结的问题比如抗日的问题上也同时有斗争,有批评。在一个统一战线里面,只有团结而无斗争,或者只有斗争而无团结,实行如过去某些同志所实行过的右倾的投降主义、尾巴主义,或者'左'倾的排外主义、宗派主义,都是错误的政策。政治上如此,艺术上也是如此"③。在文艺界统一战线的各种力量里面,毛泽东指出小资产阶级文艺家在中国是一个重要的力量。原因在于虽然小资产阶级文艺家的思想和作品都有很多缺点,但是他们比较地倾向于革命,比较地接近于劳动人民。因此,毛泽东把"帮助他们克服缺点,争取他们到为劳动人民服务的战线上来"作为一个特别重要的任务。

文艺批评是文艺界的主要的斗争方法之一,毛泽东同志着重谈了文艺批评的两个标准,一个是政治标准,一个是艺术标准。

从政治标准来看,毛泽东指出,"一切利于抗日和团结的,鼓励群众同心同德的,反对倒退、促成进步的东西,便都是好的;而一切不利

---

① 《毛泽东选集》第三卷,人民出版社 1991 年版,第 866—867 页。
② 《毛泽东选集》第三卷,人民出版社 1991 年版,第 867 页。
③ 《毛泽东选集》第三卷,人民出版社 1991 年版,第 867 页。

于抗日和团结的,鼓动群众离心离德的,反对进步、拉着人们倒退的东西,便都是坏的。这里所说的好坏,究竟是看动机(主观愿望),还是看效果(社会实践)呢？唯心论者是强调动机否认效果的,机械唯物论者是强调效果否认动机的,我们和这两者相反,我们是辩证唯物主义的动机和效果的统一论者"①。在毛泽东看来,检验一个作家的主观愿望即其动机是否正确,是否善良,不是看他的宣言,而是看他的行为(主要是作品)在社会大众中产生的效果。毛泽东同志用辩证唯物主义理论明确指出,社会实践及其效果是检验主观愿望或动机的标准。毛泽东强调,文艺批评不要宗派主义,而要坚持原则立场。毛泽东指出,"我们的文艺批评是不要宗派主义的,在团结抗日的大原则下,我们应该容许包含各种各色政治态度的文艺作品的存在。但是我们的批评又是坚持原则立场的,对于一切包含反民族、反科学、反大众和反共的观点的文艺作品必须给以严格的批判和驳斥；因为这些所谓文艺,其动机,其效果,都是破坏团结抗日的"②。

从艺术标准来看,毛泽东指出,"一切艺术性较高的,是好的,或较好的；艺术性较低的,则是坏的,或较坏的。这种分别,当然也要看社会效果。文艺家几乎没有不以为自己的作品是美的,我们的批评,也应该容许各种各色艺术品的自由竞争；但是按照艺术科学的标准给以正确的批判,使较低级的艺术逐渐提高成为较高级的艺术,使不适合广大群众斗争要求的艺术改变到适合广大群众斗争要求的艺术,也是完全必要的"③。毛泽东又深刻阐释了政治标准与艺术标准的关系。毛泽东指出,"政治并不等于艺术,一般的宇宙观也并不等于艺术创作和艺术批评的方法。我们不但否认抽象的绝对不变的政治标准,也否认抽象的绝对不变的艺术标准,各个阶级社会中的各个阶级都有不同

---

① 《毛泽东选集》第三卷,人民出版社1991年版,第868页。
② 《毛泽东选集》第三卷,人民出版社1991年版,第868—869页。
③ 《毛泽东选集》第三卷,人民出版社1991年版,第869页。

的政治标准和不同的艺术标准。但是任何阶级社会中的任何阶级,总是以政治标准放在第一位,以艺术标准放在第二位的。……我们的要求则是政治和艺术的统一,内容和形式的统一,革命的政治内容和尽可能完美的艺术形式的统一。缺乏艺术性的艺术品,无论政治上怎样进步,也是没有力量的。因此,我们既反对政治观点错误的艺术品,也反对只有正确的政治观点而没有艺术力量的所谓'标语口号式'的倾向。我们应该进行文艺问题上的两条战线斗争"①。

毛泽东明确指出了在我们的许多同志的思想中存在着两种倾向。一是许多同志有忽视艺术的倾向。二是有些同志缺乏基本的政治常识,所以发生了各种糊涂观念。

观点	评析
"人性论"	毛泽东认为,只有具体的人性,没有抽象的人性。在阶级社会里就是只有带着阶级性的人性,而没有什么超阶级的人性。我们主张无产阶级的人性,人民大众的人性,而地主阶级资产阶级则主张地主阶级资产阶级的人性,不过他们口头上不这样说,却说成为唯一的人性。有些小资产阶级知识分子所鼓吹的人性,也是脱离人民大众或者反对人民大众的,他们的所谓人性实质上不过是资产阶级的个人主义,因此在他们眼中,无产阶级的人性就不合于人性。对此,毛泽东指出,现在延安有些人主张的作为所谓文艺理论基础的"人性论",就是这样讲,这是完全错误的。

---

① 《毛泽东选集》第三卷,人民出版社1991年版,第869—870页。

续表

观点	评析
"文艺的基本出发点是爱,是人类之爱。"	在毛泽东看来,爱可以是出发点,但是还有一个基本出发点。爱是观念的东西,是客观实践的产物。毛泽东强调了客观上实践的基本性,具体表现为我们根本上不是从观念出发,而是从客观实践出发。我们的知识分子出身的文艺工作者爱无产阶级,是社会使他们感觉到和无产阶级有共同的命运的结果。我们恨日本帝国主义,是日本帝国主义压迫我们的结果。世上绝没有无缘无故的爱,也没有无缘无故的恨。毛泽东指出至于所谓"人类之爱",自从人类分化成为阶级以后,就没有过这种统一的爱。过去的一切统治阶级喜欢提倡这个东西,许多所谓圣人贤人也喜欢提倡这个东西,但是无论谁都没有真正实行过,因为它在阶级社会里是不可能实行的。真正的人类之爱是会有的,那是在全世界消灭了阶级之后。阶级使社会分化为许多对立体,阶级消灭后,那时就有了整个的人类之爱,但是现在还没有。毛泽东指出,我们不能爱敌人,不能爱社会的丑恶现象,我们的目的是消灭这些东西。这是人们的常识,难道我们的文艺工作者还有不懂得的吗?进而表达"文艺的基本出发点是爱,是人类之爱"观念的糊涂。
"从来的文艺作品都是写光明和黑暗并重,一半对一半。"	毛泽东指出,文艺作品并不是从来都这样。从小资产阶级作家视角而言,毛泽东指出,许多小资产阶级作家并没有找到过光明,他们的作品就只是暴露黑暗,被称为"暴露文学",还有简直是专门宣传悲观厌世的。相反地,苏联在社会主义建设时期的文学就是以写光明为主。他们也写工作中的缺点,也写反面的人物,但是这种描写只能成为整个光明的陪衬,并不是所谓"一半对一半"。从反动时期的资产阶级文艺家角度而言,毛泽东指出,反动时期的资产阶级文艺家把革命群众写成暴徒,把他们自己写成神圣,所谓光明和黑暗是颠倒的。只有真正革命的文艺家才能正确地解决歌颂和暴露的问题。一切危害人民群众的黑暗势力必须暴露之,一切人民群众的革命斗争必须歌颂之,这就是革命文艺家的基本任务。

续表

观点	评析
"从来文艺的任务就在于暴露。"	毛泽东明确指出,这种讲法和前一种一样,都是缺乏历史科学知识的见解。从来的文艺并不单在于暴露,前面已经讲过。对于革命的文艺家,暴露的对象,只能是侵略者、剥削者、压迫者及其在人民中所遗留的恶劣影响,而不能是人民大众。人民大众也是有缺点的,这些缺点应当用人民内部的批评和自我批评来克服,而进行这种批评和自我批评也是文艺的最重要任务之一。但这不应该说是什么"暴露人民"。对于人民,基本上是一个教育和提高他们的问题。除非是反革命文艺家,才有所谓人民是"天生愚蠢的",革命群众是"专制暴徒"之类的描写。
"还是杂文时代,还要鲁迅笔法。"	毛泽东指出,鲁迅处在黑暗势力统治下面,没有言论自由,所以用冷嘲热讽的杂文形式作战,鲁迅是完全正确的。我们也需要尖锐地嘲笑法西斯主义、中国的反动派和一切危害人民的事物,但在给革命文艺家以充分民主自由、仅仅不给反革命分子以民主自由的陕甘宁边区和敌后的各抗日根据地,杂文形式就不应该简单地和鲁迅的一样。对此毛泽东鲜明指出,我们可以大声疾呼,而不要隐晦曲折,使人民大众不易看懂。杂文的文艺工作的工具,要服务于革命对象,并且根据对象不同做出调适。对此,毛泽东明确指出,如果不是对于人民的敌人,而是对于人民自己,那么,"杂文时代"的鲁迅,也不曾嘲笑和攻击革命人民和革命政党,杂文的写法也和对于敌人的完全两样。对于人民的缺点是需要批评的,我们在前面已经说过了,但必须是真正站在人民的立场上,用保护人民、教育人民的满腔热情来说话。如果把同志当作敌人来对待,就是使自己站在敌人的立场上去了。我们是否废除讽刺? 不是的,讽刺是永远需要的。毛泽东明确指出讽刺的不同形式:有对付敌人的,有对付同盟者的,有对付自己队伍的,并且强调,"我们并不一般地反对讽刺,但是必须废除讽刺的乱用"。

续表

观点	评析
"我是不歌功颂德的;歌颂光明者其作品未必伟大,刻画黑暗者其作品未必渺小。"	毛泽东从歌颂的阶级性视角深刻分析这个观念,明确阶级立场决定性的理念。毛泽东指出,"你是资产阶级文艺家,你就不歌颂无产阶级而歌颂资产阶级;你是无产阶级文艺家,你就不歌颂资产阶级而歌颂无产阶级和劳动人民:二者必居其一"。同时明确指出歌颂伟大与渺小的根本在于其背后的阶级性和人民性。毛泽东指出,"歌颂资产阶级光明者其作品未必伟大,刻画资产阶级黑暗者其作品未必渺小,歌颂无产阶级光明者其作品未必不伟大,刻画无产阶级所谓'黑暗'者其作品必定渺小,这难道不是文艺史上的事实吗?对于人民,这个人类世界历史的创造者,为什么不应该歌颂呢?无产阶级,共产党,新民主主义,社会主义,为什么不应该歌颂呢?"同时,毛泽东也评判了小资产阶级的个人主义者,因为这种人不疲倦地歌颂的只有他自己,革命人民实在不需要这样的人。对此,毛泽东指出"也有这样的一种人,他们对于人民的事业并无热情,对于无产阶级及其先锋队的战斗和胜利,抱着冷眼旁观的态度,他们所感到兴趣而要不疲倦地歌颂的只有他自己,或者加上他所经营的小集团里的几个角色。这种小资产阶级的个人主义者,当然不愿意歌颂革命人民的功德,鼓舞革命人民的斗争勇气和胜利信心。这样的人不过是革命队伍中的蠹虫,革命人民实在不需要这样的'歌者'"。
"不是立场问题;立场是对的,心是好的,意思是懂得的,只是表现不好,结果反而起了坏作用。"	毛泽东从动机和效果的辩证唯物主义视角,提出一个问题:效果问题是不是立场问题?一个人做事只凭动机,不问效果,等于一个医生只顾开药方,病人吃死了多少他是不管的。又如一个党,只顾发宣言,实行不实行是不管的。试问这种立场也是正确的吗?这样的心,也是好的吗?事前顾及事后的效果,当然可能发生错误,但是已经有了事实证明效果坏,还是照老样子做,这样的心也是好的吗?我们判断一个党、一个医生,要看实践,要看效果;判断一个作家,也是这样。毛泽东明确了实践的重要性,这也是毛泽东的立场理论。对此,毛泽东同志还回答了好心与效果的关系,毛泽东指出,"真正的好心,必须顾及效果,总结经验,研究方法,在创作上就叫做表现的手法。真正的好心,必须对于自己工作的缺点错误有完全诚意的自我批评,决心改正这些缺点错误"。进而肯定了共产党人的自我批评方法,并且明确指出,只有这种立场,才是正确的立场。

续表

观点	评析
"提倡学习马克思主义就是重复辩证唯物论的创作方法的错误,就要妨害创作情绪。"	毛泽东对此观念的剖析为我们明确了科学的马克思主义观。毛泽东指出,学习马克思主义,是要我们用辩证唯物论和历史唯物论的观点去观察世界,观察社会,观察文学艺术,并不是要我们在文学艺术作品中写哲学讲义。马克思主义只能包括而不能代替文艺创作中的现实主义,正如它只能包括而不能代替物理科学中的原子论、电子论一样。空洞干燥的教条公式是要破坏创作情绪的,但是它不但破坏创作情绪,而且首先破坏了马克思主义。毛泽东指出不要教条式学习马克思主义,他强调教条主义的"马克思主义"并不是马克思主义,而是反马克思主义的。毛泽东指出马克思主义要破坏那些封建的、资产阶级的、小资产阶级的、自由主义的、个人主义的、虚无主义的、为艺术而艺术的、贵族式的、颓废的、悲观的以及其他种种非人民大众非无产阶级的创作情绪。同时毛泽东强调无产阶级文艺家,应该彻底地破坏它们,而在破坏的同时,就可以建设起新东西来。

毛泽东对糊涂观念的辨析为共产党人明晰了党建发展新思想,深入地推进了思想建党,丰富了马克思主义政党理论。

问题倒逼整风。毛泽东同志鲜明指出,我们延安文艺界中存在着上述种种问题,说明这样一个事实,就是文艺界中还严重地存在着作风不正的东西,同志们中间还有很多的唯心论、教条主义、空想、空谈、轻视实践、脱离群众等等的缺点,需要有一个切实的严肃的整风运动。

只能依照无产阶级先锋队的面貌改造党,改造世界。毛泽东明确了开展整风的现实原因,根源在于有些党员群众存在小资产阶级思想,所以要消灭小资产阶级思想就要进行整党。毛泽东通过无产阶级和小资产阶级的区别,形象指出,"有许多党员,在组织上入了党,思想上并没有完全入党,甚至完全没有入党。这种思想上没有入党的人,头脑里还装着许多剥削阶级的脏东西,根本不知道什么是无产阶级思想,什么是共产主义,什么是党。他们想:什么无产阶级思想,还不是那一套?他们哪里知道要得到这一套并不容易,有些人就是一辈子也没有共产党员的气味,只有离开党完事。因此我们的党,我们的队伍,虽然其中的大部分是纯洁的,但是为要领导革命运动更好地发展,更快地完成,就必须从思想上组织上认真地整顿一番。而为要从组织上整顿,首先需要在思想上整顿,需要展开一个无产阶级对非无产阶级的思想斗争"①。这就为延安整风提供了思想理论基础,表达了开展思想斗争的必要性。毛泽东从现实性指出,"小资产阶级出身的人们总是经过种种方法,也经过文学艺术的方法,顽强地表现他们自己,宣传他们自己的主张,要求人们按照小资产阶级知识分子的面貌来改造党,改造世界"②。接着毛泽东同志从亡党亡国危险的高度指出,"在这种情形下,我们的工作,就是要向他们大喝一声,说:'同志'们,你们那一套是不行的,无产阶级是不能迁就你们的,依了你们,实际上就是依了大地主大资产阶级,就有亡党亡国的危险"③。通过无产阶级与小资产阶级的区别,毛泽东得出结论:只能依照无产阶级先锋队的面貌改造党,改造世界。毛泽东从思想建党与组织强党的角度强调指出"我们希望文艺界的同志们认识这一场大论战的严重性,积极起来参加这个斗争,使每个同志都健全起来,使我们的整个队伍在思想上和组织上都真正统一起来,巩固起来"④。

必须和新的群众的时代相结合,不能有任何迟疑。毛泽东同志从实际出发,客观分析了为什么不能有任何迟疑地必须和新的群众的时代相结合。在毛泽东看来,我们有许多同志因为思想上有许多问题,也就不大能真正区别革命根据地和国民党统治区,并由此弄出许多错误。毛泽东指出,"同志们很多是从上海亭子间来的;从亭子间到革命根据地,不但是经历了两种地区,而且是经历了两个历史时代。一个是大地主大资产阶级统治的半封建半殖民地的社会,一个是无产阶级

---

① 《毛泽东选集》第三卷,人民出版社1991年版,第875页。
② 《毛泽东选集》第三卷,人民出版社1991年版,第875页。
③ 《毛泽东选集》第三卷,人民出版社1991年版,第875—876页。
④ 《毛泽东选集》第三卷,人民出版社1991年版,第876页。

领导的革命的新民主主义的社会。到了革命根据地,就是到了中国历史几千年来空前未有的人民大众当权的时代。我们周围的人物,我们宣传的对象,完全不同了。过去的时代,已经一去不复返了。因此,我们必须和新的群众相结合,不能有任何迟疑"①。

毛泽东从和新的群众相结合的视角,分析了为革命根据地的群众而写的作品具有全国意义。首先,毛泽东分析了同志们可能存在的困难。毛泽东指出,"如果同志们在新的群众中间,还是像我上次说的'不熟,不懂,英雄无用武之地',那末,不但下乡要发生困难,不下乡,就在延安,也要发生困难的"。②其次,毛泽东从发展的观点出发,明确群众需要知晓新的人物、新的世界。"有的同志想:我还是为'大后方'的读者写作吧,又熟悉,又有'全国意义'。这个想法,是完全不正确的。'大后方'也是要变的,'大后方'的读者,不需要从革命根据地的作家听那些早已听厌了的老故事,他们希望革命根据地的作家告诉他们新的人物,新的世界。所以愈是为革命根据地的群众而写的作品,才愈有全国意义。"③毛泽东从思想的高度进行理论提升,明确同志们在整风中间,首先要认识这一个根本问题:中国是向前的,不是向后的,领导中国前进的是革命的根据地,不是任何落后倒退的地方。

彻底解决个人和群众的关系问题。毛泽东同志强调,既然必须和新的群众的时代相结合,就必须彻底解决个人和群众的关系问题。毛泽东同志指出,"一切共产党员,一切革命家,一切革命的文艺工作者,都应该学鲁迅的榜样,做无产阶级和人民大众的'牛',鞠躬尽瘁,死而后已。知识分子要和群众结合,要为群众服务,需要一个互相认识的过程。这个过程可能而且一定会发生许多痛苦,许多磨擦,但是只要

---

① 《毛泽东选集》第三卷,人民出版社1991年版,第876页。
② 《毛泽东选集》第三卷,人民出版社1991年版,第876页。
③ 《毛泽东选集》第三卷,人民出版社1991年版,第876页。

大家有决心,这些要求是能够达到的"①。

(四)《学习和时局》报告、《关于若干历史问题的决议》

中国共产党中央领导机关和高级干部在1941年到1944年间,对于党的历史特别是党在1931年年初到1934年年底这个时期的历史所进行的讨论,大大地帮助了党内思想在马克思列宁主义基础上的统一。1944年4月12日,毛泽东作了《学习和时局》的讲话,对讨论作了总结,提高了党的干部的马克思列宁主义思想水平。

在讲话中,毛泽东同志历数了我党历史上曾经有四次因为骄傲而失败或遭遇挫折的例子:"第一次是在一九二七年上半年。那时北伐军到了武汉,一些同志骄傲起来,自以为了不得,忘记了国民党将要袭击我们。结果犯了陈独秀路线的错误,使这次革命归于失败。第二次是在一九三〇年。红军利用蒋冯阎大战的条件,打了一些胜仗,又有一些同志骄傲起来,自以为了不得。结果犯了李立三路线的错误,也使革命力量遭到一些损失。第三次是在一九三一年。红军打破了第三次'围剿',接着全国人民在日本进攻面前发动了轰轰烈烈的抗日运动,又有一些同志骄傲起来,自以为了不得。结果犯了更严重的路线错误,使辛苦地聚集起来的革命力量损失了百分之九十左右。第四次是在一九三八年。抗战起来了,统一战线建立了,又有一些同志骄傲起来,自以为了不得,结果犯了和陈独秀路线有某些相似的错误。这一次,又使得受这些同志的错误思想影响最大的那些地方的革命工作,遭到了很大的损失。"②毛泽东同志告诫:"全党同志对于这几次骄傲,几次错误,都要引为鉴戒。……不要重犯胜利时骄傲的错误。"③为什么出现这些挫折?原因在于思想建党不到位,没有做到马克思主义

---

① 《毛泽东选集》第三卷,人民出版社1991年版,第877页。
② 《毛泽东选集》第三卷,人民出版社1991年版,第947—948页。
③ 《毛泽东选集》第三卷,人民出版社1991年版,第948页。

中国化,没有科学运用马克思主义的立场、观点和方法指导工作,没有开动机器、善于使用思想器官。

思想建党就是用无产阶级政党思想武装全党,用马克思主义指导工作,让党员干部运用马克思主义立场、观点、方法分析问题、解决问题。思想建党有其作战图,就是要开动机器、善于使用思想器官。毛泽东指出,"所谓开动机器,就是说,要善于使用思想器官。有些人背上虽然没有包袱,有联系群众的长处,但是不善于思索,不愿用脑筋多想苦想,结果仍然做不成事业。再有一些人则因为自己背上有了包袱,就不肯使用脑筋,他们的聪明被包袱压缩了。列宁斯大林经常劝人要善于思索,我们也要这样劝人。脑筋这个机器的作用,是专门思想的。孟子说:'心之官则思。'他对脑筋的作用下了正确的定义。凡事应该用脑筋好好想一想。俗话说:'眉头一皱,计上心来。'就是说多想出智慧。要去掉我们党内浓厚的盲目性,必须提倡思索,学会分析事物的方法,养成分析的习惯。这种习惯,在我们党内是太不够了。如果我们既放下了包袱,又开动了机器,既是轻装,又会思索,那我们就会胜利"①。1944年毛泽东同志在修改《谭政报告》中提出了"在一定物质基础之上,思想掌握一切,思想改变一切"的著名论断。

1944年5月21日至1945年4月20日在延安召开党的六届七中全会,这次会议通过了《关于若干历史问题的决议》。决议明确指出:"党在奋斗的过程中产生了自己的领袖毛泽东同志。毛泽东同志代表中国无产阶级和中国人民,将人类最高智慧——马克思列宁主义的科学理论,创造地应用于中国这样的以农民为主要群众、以反帝反封建为直接任务而又地广人众、情况极复杂、斗争极困难的半封建半殖民的大国,光辉地发展了列宁斯大林关于殖民地半殖民地问题的学说和

---

① 《毛泽东选集》第三卷,人民出版社1991年版,第948—949页。

斯大林关于中国革命问题的学说。"①决议为了使同志们进一步了解各次尤其是第三次"左"倾路线的错误,"惩前毖后",不在今后工作上重犯这类错误,在思想层面强调指出:"一切政治路线、军事路线和组织路线之正确或错误,其思想根源都在于它们是否从马克思列宁主义的辩证唯物论和历史唯物论出发,是否从中国革命的客观实际和中国人民的客观需要出发。"②决议对过往的失败进行全面总结,并明确指出"一切政治上、军事上和组织上的错误,都是从思想上违背马克思列宁主义的辩证唯物论和历史唯物论而来,都是从主观主义和形式主义、教条主义和经验主义而来"③。

决议在剖析产生"左"倾路线的错误根源时强调,"在现阶段上,无产阶级及其先进部队——中国共产党,对于党外的小资产阶级群众,应该在坚决地广泛地联合他们的基础上,一方面给以宽大的待遇,在不妨碍对敌斗争和共同的社会生活的条件下,容许其自由主义的思想和作风的存在;另一方面则给以适当的教育,以便巩固同他们的联合"④。并且找到了小资产阶级群众无产阶级化的路径,即思想教育。决议强调"由于他们本来和无产阶级相接近,又自愿地加入无产阶级政党,在党的马克思列宁主义教育和群众革命斗争的实际锻炼中,他们是可以逐渐在思想上无产阶级化,并给无产阶级队伍以重大利益的;而且在事实上,加入我党的小资产阶级出身的分子之绝大多数,也都为党和人民作了勇敢的奋斗和牺牲,他们的思想已经进步,很多人并已成为马克思列宁主义者了"⑤。同时,决议从反面指出,"带着小资产阶级革命性的党员,虽然在组织上入了党,但是在思想上却还没

---

① 《毛泽东选集》第三卷,人民出版社 1991 年版,第 952—953 页。
② 《毛泽东选集》第三卷,人民出版社 1991 年版,第 987 页。
③ 《毛泽东选集》第三卷,人民出版社 1991 年版,第 990 页。
④ 《毛泽东选集》第三卷,人民出版社 1991 年版,第 992 页。
⑤ 《毛泽东选集》第三卷,人民出版社 1991 年版,第 992—993 页。

有入党,或没有完全入党,他们往往是以马克思列宁主义者的面貌出现的自由主义者、改良主义者、无政府主义者、布朗基主义者等等;在这种情况下,他们不但不能引导中国将来的共产主义运动达到胜利,而且也不能引导中国今天的新民主主义运动达到胜利。如果无产阶级先进分子不以马克思列宁主义的思想和这些小资产阶级出身的党员的旧有思想坚决地分清界限,严肃地、但是恰当地和耐心地进行教育和斗争,则他们的小资产阶级思想不但不能克服,而且必然力图以他们自己的本来面貌来代替党的无产阶级先进部队的面貌,实行篡党,使党和人民的事业蒙受损失"[1]。决议分析了小资产阶级思想的三个方面,明确了小资产阶级与无产阶级的不同表现,指出克服党内小资产阶级思想的方法,强调"我们党内历次发生的思想上的主观主义,政治上的'左'、右倾,组织上的宗派主义等项现象,无论其是否形成了路线,掌握了领导,显然都是小资产阶级思想之反马克思列宁主义、反无产阶级的表现。为了党和人民的利益,采取教育方法,将党内的小资产阶级思想加以分析和克服,促进其无产阶级化,是完全必要的"[2]。决议重要贡献在于找到马克思列宁主义者克服党内错误的方法,即通过马克思主义教育加强思想建党。决议指出,"要克服错误的'左'倾思想或右倾思想,既不能草率从事,也不能操切从事,而必须深入马克思列宁主义的教育,提高全党对于无产阶级思想和小资产阶级思想的鉴别能力,并在党内发扬民主,展开批评和自我批评,进行耐心说服和教育的工作,具体地分析错误的内容及其危害,说明错误之历史的和思想的根源及其改正的办法。这是马克思列宁主义者克服党内错误的应有态度"[3]。决议总结党的历史斗争中的教训,认为今后进行一切党内思想斗争时,应该避免对犯错误的同志简单打击的现象,要坚决

---

[1] 《毛泽东选集》第三卷,人民出版社1991年版,第993页。
[2] 《毛泽东选集》第三卷,人民出版社1991年版,第996页。
[3] 《毛泽东选集》第三卷,人民出版社1991年版,第996页。

执行毛泽东同志的方针。决议指出,"任何过去犯过错误的同志,只要他已经了解和开始改正自己的错误,就应该不存成见地欢迎他,团结他为党工作。即使还没有很好地了解和改正错误,但已不坚持错误的同志,也应该以恳切的同志的态度,帮助他去了解和改正错误"[①]。进而明确了思想教育的原则,即从团结出发,而又达到团结。

决议鉴于党内小资产阶级思想的社会根源的存在以及党所处的长期分散的农村游击战争的环境,又鉴于教条主义和经验主义的思想残余还是存在着,尤其是对于经验主义还缺乏足够的批判,又鉴于党内严重的宗派主义虽然基本上已经被克服,而具有宗派主义倾向的山头主义则仍然相当普遍地存在着等项事实,强调指出"全党应该警觉:要使党内思想完全统一于马克思列宁主义,还需要一个长时期的继续克服错误思想的斗争过程。因此,扩大的六届七中全会决定:全党必须加强马克思列宁主义的思想教育,并着重联系中国革命的实践,以达到进一步地养成正确的党风,彻底地克服教条主义、经验主义、宗派主义、山头主义等项倾向之目的"[②]。思想建党并非单纯思想建党,而是党的建设的一个要素,思想建党促进党的作风建设,能够进一步地养成正确的党风,这既是思想建党的功能,也是党的建设范畴中思想与作风的互动。任何思想问题都通过作风形象来体现,任何作风问题都需要从思想方面来解决。

在毛泽东思想建党的成熟期,旗帜鲜明地提出从思想上入党的建党原则。这一原则通过同时期的反对主观主义、宗派主义和党八股的党内整风运动而得以很好地贯彻和充实。毛泽东还创造了在全党通过批评和自我批评进行马克思列宁主义思想教育的整风形式,为以无产阶级思想克服非无产阶级思想提供了有效的途径,是对马列主义建

---

① 《毛泽东选集》第三卷,人民出版社1991年版,第997页。
② 《毛泽东选集》第三卷,人民出版社1991年版,第998页。

党学说作出的独创性贡献。

延安整风运动实质上是一场"依照无产阶级先锋队的面貌改造党"的普遍深入的马克思主义教育运动。毛泽东说得很清楚:"两万五千共产党员发展到几十万,绝大多数是农民与小资产阶级,如果不整风党就变了性质,无产阶级其名,小资产阶级其实。"①在整风期间,中央政治局将"掌握思想教育"作为第一项业务,毛泽东决心运用这种"加强教育的更深刻的方法",解决党内存在的主观主义、宗派主义、形式主义以及自由主义等思想和作风上的突出问题,使广大党员不仅从组织上入党,而且在思想上入党。经过延安整风,全党的思想面貌焕然一新,在毛泽东思想的伟大旗帜下达到了高度的统一。事实证明,非工人成员占绝大多数的中国共产党,完全能够建设成一支名副其实的工人阶级先锋队,而其成功之道,就是"着重从思想上建设党",这也是思想建党的根本价值所在。

五、毛泽东思想确立为党的指导思想

(一) 毛泽东思想的确立

1945年4月23日至6月11日,中国共产党第七次全国代表大会在延安隆重召开。在延安杨家岭中央大礼堂,七大开幕式的主席台上,悬挂着毛泽东和朱德的巨幅画像,鲜艳的党旗挂在两边。一条引人注目的横幅,即"在毛泽东的旗帜下胜利前进",悬挂在主席台的正上方。会场后面两侧墙上张贴着"坚持真理""修正错误"等标语的墙上,挂着"同心同德"四个大字。靠墙"V"字形木座上插着24面红旗,

---

① 《毛泽东文集》第三卷,人民出版社1996年版,第284页。

象征着中国共产党24年奋斗的胜利历程。

出席七大的代表共755名,其中正式代表547名,候补代表208名,代表全党121万党员,分为中直(包括军直系统)、西北、晋绥、晋察冀、晋冀鲁豫、山东、华中和大后方8个代表团。在七大代表中,年龄最大的近70岁,最小的才20岁左右[①]。当毛泽东、朱德、刘少奇、周恩来、任弼时等人出现在主席台上的时候,全体代表起立,热烈鼓掌。在庄严的《国际歌》声中,大会秘书长任弼时宣布中国共产党第七次全国代表大会开幕,毛泽东致《两个中国之命运》的开幕词。他说:在中国人民面前摆着两条道路,光明的路和黑暗的路;有两种中国之命运,光明的中国之命运和黑暗的中国之命运。我们的任务不是别的,就是放手发动群众,壮大人民力量,团结全国一切可以团结的力量,在我们党领导之下,为着打败日本侵略者,建设一个光明的新中国,建设一个独立的、自由的、民主的、统一的、富强的新中国而奋斗。我们应当用全力去争取光明的前途和光明的命运。

毛泽东向大会提交了《论联合政府》的书面政治报告,并就报告中的一些问题以及其他问题作了长篇口头报告。刘少奇作《关于修改党章的报告》和关于讨论组织问题的结论,他在报告中对毛泽东思想的科学内涵和基本内容进行了全面系统概括。朱德作《论解放区战场》的军事报告和关于讨论军事问题的结论。周恩来作《论统一战线》的重要讲话。大会充分发扬民主,对重要报告进行了认真深入的讨论,尤其对毛泽东的政治报告,先后讨论修改达9次之多。党的七大原定会期较短,大会开始后,代表们纷纷要求延长,大会发言人数也突破了原定人数,先后在大会上发言的还有陈云、彭德怀、张闻天、李富春、陈毅、叶剑英、杨尚昆、刘伯承、彭真、聂荣臻、陆定一、乌兰夫、博古、高岗

---

① 《中国共产党第七次全国代表大会简介》,据中国共产党历次全国代表大会数据库:http://cpc.people.com.cn/GB/64162/64168/64559/4442093.html。

等,他们的发言受到大会的普遍欢迎。大会经过深入讨论,一致通过了关于政治、军事、组织方面的报告,通过了政治决议案、军事决议案和新的党章。

大会选举产生了新的中央委员会和中央领导机构。其中,中央委员44人,中央候补委员33人。随后召开的七届一中全会,选举毛泽东、朱德、刘少奇、周恩来、任弼时、陈云、康生、高岗、彭真、董必武、林伯渠、张闻天、彭德怀13人为中央政治局委员;选举毛泽东、朱德、刘少奇、周恩来、任弼时为中央书记处书记;选举毛泽东为中央委员会主席兼中央政治局、中央书记处主席。选举任弼时为中央秘书长,李富春为副秘书长。这是一个具有很高威信的、能够团结全党的坚强的中央领导集体。

1945年6月11日,大会举行隆重的闭幕式。毛泽东致闭幕词。他说,"我们开了一个很好的大会","我们开了一个胜利的大会,一个团结的大会"。他在闭幕词中向全党发出了鼓舞人心的号召:"下定决心,不怕牺牲,排除万难,去争取胜利。"[1]毛泽东的这篇闭幕词,会后经整理修改后,以《愚公移山》为题,收入《毛泽东选集》第三卷,成为毛泽东思想的经典之作。

党的七大的一个重大历史功绩就是第一次明确地把毛泽东思想确立为全党的指导思想,并庄严地写入党章,极大地丰富了思想建党的科学内涵。党的七大通过的党章明确规定:"中国共产党,以马克思列宁主义的理论与中国革命的实践统一的思想——毛泽东思想,作为自己一切工作的指针,反对任何教条主义的或经验主义的偏向。"

党的七大把毛泽东思想确立为指导思想,标志着马克思列宁主义同中国实际相结合形成了第一次伟大的历史性飞跃,标志着中国共产党在政治上、思想上和组织上达到了空前的团结、统一和成熟,标志着

---

[1]《毛泽东选集》第三卷,人民出版社1991年版,第1101页。

思想建党的新发展。从此,毛泽东思想便成为中国共产党和全国人民的一面旗帜,指导中国革命与建设事业不断从胜利走向胜利。

(二)毛泽东思想指导下的整风运动

1. "两个务必"思想。

"两个务必"的问题表面看是党的作风问题,其实是党的思想建设问题,是毛泽东思想在作风运动中的运用,即思想建党问题,因为它解决了新中国成立后中国共产党在长期执政过程中的防止权力变异的问题,指明了国家前进的正确方向。

不可否认,在辽沈战役、淮海战役和平津战役取得胜利之后,中国共产党取得全国性的革命胜利大局已定。在全面胜利到来前夕,1949年3月5日至13日,中国共产党在西柏坡召开了具有重大历史意义的七届二中全会,毛泽东主持会议并代表政治局作了重要报告。

恩格斯认为,"伟大的阶级,正如伟大的民族一样,无论从哪方面学习都不如从自己所犯错误的后果中学习来得快"[1]。中国共产党特别善于从历史中吸收营养,吸取经验教训为我所用。面对革命即将取得全国性胜利的局面,毛泽东等中国共产党人居安思危,未雨绸缪,提出了具有重大历史意义的"两个务必"的思想,即"在革命胜利后务必继续保持谦虚谨慎、不骄不躁的作风,务必继续保持艰苦奋斗的作风,警惕资产阶级'糖衣炮弹'的攻击"[2],为即将执政的中国共产党防止资产阶级糖衣炮弹敲响了警钟,指明了前进的正确方向,提出了我们党成为执政党后,如何继续坚持从思想上建设党、防止腐败堕落的重要课题。

---

[1] 《马克思恩格斯文集》第一卷,人民出版社2009年版,第379页。
[2] 中共中央党史研究室:《中国共产党简史》,中共党史出版社2001年版,第94页。

2. 全党全军开展整风运动。

党员干部作风出了问题根源在于思想出了问题,所以在全党开展整风运动和整党运动归根结底是要加强党的思想建设。中共中央于1950年5月1日发出《关于在全党全军开展整风运动的指示》。

为什么要在全党全军开展整风运动?《关于在全党全军开展整风运动的指示》从中国共产党执政方位新变化、党员人数新变化和党员素质新变化等方面作出阐释。从执政方位来看,中国共产党已夺取全国政权,由革命党变为执政党;从党员人数来看,2年多来新发展党员约200万人;从党员素质来看,其中很多人思想作风极为不纯,还没有来得及对其加以有计划的教育训练;同时亦由于老党员老干部中有很多人骄傲自满,发展了严重的命令主义作风,任意违反党与人民政府的政策,采取蛮横态度去完成工作任务,破坏党与人民政府的威信,引起人民群众不满,甚至有贪污腐化、政治上堕落颓废、违法乱纪等极端严重现象发生。

为此迫切地要求各地各级党委,领导全党全军,进行一次大规模的整风运动,严格地整顿全党作风,首先是整顿干部作风。此项整风运动的主要方式,是阅读某些指定的文件,总结工作,分析情况,展开批评与自我批评。此次整风运动,就全党来说,要求在1950年内完成。①

1950年6月,党的七届三中全会对全党整风工作作了具体部署:全党应在1950年的夏秋冬三季,进行一次大规模的整风运动。1950年6月30日,新华社发表社论《中共中央决定进行全党整风》,全国轰轰烈烈的整顿干部作风、整顿党员作风运动开始。具体情况如下:

---

① 《建国以来重要文献选编》第一册,中央文献出版社1992年版,第217—218页。

整风时间	从1950年下半年开始,经分批整训,于年底结束。
整风主要任务	提高干部和一般党员的思想水平和政治水平,克服工作中所犯的错误,克服以功臣自居的骄傲自满情绪,克服官僚主义和命令主义,改善党和人民的关系。
整风的步骤	首先在县以上领导干部中进行,采取逐级召开干部会议或举办短期训练班集中整风的办法,一般都是由主要领导人负责,总结报告工作,组织学习党的七届三中全会精神,结合本地区、本部门、本单位的实际情况和特点,讨论政策执行情况,检查思想和作风,发扬民主,评定工作,开展批评和自我批评,然后制定改进办法和建立健全必要的规章制度;其后,在一般党员和干部中普遍开展整风,主要采取集训的方式,加强思想教育,重在启发诱导,克服和纠正党内存在的不良作风,方针是"惩前毖后,治病救人"。
整风的成效	各地在整风中,将由上而下地整顿领导,同由下而上地检查工作相结合,有针对性地克服上级机关的官僚主义和中下级机关的命令主义,纠正干部、党员中的居功自傲情绪和"革命到头"思想,加强了党和人民群众的联系,为在广大新区进行土地改革作了组织上和干部上的准备。

(三)毛泽东思想指导下的1951—1954年整党运动

为了纯洁党的思想和组织,从整体上提高党员质量,1951年中共中央领导发动了夺取全国政权以来全党范围内的第一次整顿党的基层组织的工作,史称1951—1954年整党运动。

1951年2月18日,中共中央发出由毛泽东起草的《中共中央政治局扩大会议决议要点》,要求在中国革命胜利的新形势下,更加提高党员的条件,慎重进行城市及新区的建党工作,以更好地完成党的各项工作和任务。共八个要点,第六条为"整党及建党"。中央指出:第一,我们的党是伟大、光荣、正确的,这是主要方面,必须加以肯定,并向各级干部讲明白;但是存在着问题,必须加以整理,并对新区建党采取慎重态度,这方面也要讲明白。第二,整党、建党,均须由中央及各中央局实行严格的控制,下面不得自由行动。第三,整党,应以三年时间实现之。其步骤,应是以一年时间(1951年)普遍进行关于怎样做一个共产党员的教育,使所有党员明白做一个共产党员的标准,并训练组织工作人员。同时,进行典型试验。然后,根据经验进行整党,但城市可以在1951年进行整党。整党时,首先将"第四部分人"清洗出去。然后对"第二部分人""第三部分人"加以区别,对其中经过教育而仍确实不合党员条件者劝其退党,务使这些退党者自愿地退出,不要伤感情,不要重复1948年"搬石头"的经验。根据党组织现状,当时把党员分为四部分人:一是具备党员条件的;二是不完全具备党员条件,或者有较严重的毛病,必须加以改正提高的;三是不够党员条件的消极落后分子;四是混入党内的阶级异己分子、叛变分子、投机分子、蜕化变质分子等。第四,城市及新区建党必须采取慎重的方针。城市着重在产业工人中建立党的组织。乡村须在土改完毕始能吸收经过教育合于党员条件者建立党的支部,在头两年内乡村支部一般不要超过十个党员。无论在城市和乡村,均应对于愿意接受党的教育的积极分子,进行关于怎样做一个共产党员的教育,经过这种教育然后将其中确实合于党员条件者吸收入党。①

1951年3月28日至4月9日,中国共产党第一次全国组织工作会议在北京召开。刘少奇在会上作报告,分析了革命胜利后党的状况和存在的问题;闭幕当天,作了题为《为更高的共产党员的条件而斗争》的总结,强调在中国革命胜利的新形势下,作为工人阶级先锋队的共产党员的条件必须更加提高,提到尽可能的适当的高度,才能担负起比过去更伟大更艰苦的革命任务和经济文化建设任务。会议通过《关于整顿党的基层组织的决议》和《关于发展新党员的决议》,对整党及建党工作作了具体部署。

---

① 《中国共产党怎样解决作风建设问题》,中国共产党新闻网,http://www.theory.people.com.cn/n/2014/0603/c385524-25097430.html,访问日期:2011年9月25日。

根据中央政治局扩大会议的决议,整党工作从 1951 年下半年开始有步骤地展开,其主要步骤如下:

第一步	从 5 月起,首先用一年时间在党内普遍进行关于党纲党章和怎样做一个合格的共产党员的教育,使广大党员都能认真学习和清楚了解中央新近提出的关于共产党员的八项条件,并以此来认真衡量和考察每一个党员,同时也作为接受新党员所必须坚持的基本要求。
第二步	根据试点取得的实践经验,分期分批地进行整党,在学习的基础上认真进行党员登记。
第三步	党组织对每个党员进行考察并作出审查鉴定。
第四步	对犯有严重错误和不够党员条件的党员慎重地作出组织处理决定,同时把整党和城乡基层建党工作有机结合起来,抓紧抓好发展新党员和切实加强基层组织建设。

在总结各地整党准备工作的经验的基础上,1951 年 10 月,安子文作出了《关于整党典型试验的总结报告》,并于当月 28 日将此报告送刘少奇并报毛泽东审阅。报告强调,整党必须从对党员进行教育入手。在全体党员具有充分的思想自觉的基础上,进行登记、审查、处理。在对党员进行党员标准八项条件的教育时,其中"第一、第二两条虽然难讲,但很重要,必须讲清。讲得好,就提高了党员的思想觉悟,其他各条也就容易理解与接受;讲不好,就会发生偏差,起消极作用"。"经验证明:只要有课本,有较强的干部,不但可以讲通,而且是为党员所最欢迎的。"

1951 年 12 月,中共中央组织部发出《关于巩固整党成果的通报》,再次重申中共中央对于做好此次整党工作的各项具体要求,要求各地党委巩固对已整党的基层组织的领导,并在总结经验的基础上,领导当地整党工作的大规模展开。毛泽东亲自领导发动了"三反"斗争,集中反对党内的资本主义思想和官僚主义。

1951 年 12 月 1 日,毛泽东亲自修改和审定《关于实行精兵简政、增产节约、反对贪污、反对浪费和反对官僚主义的决定》。1951年12月26日,毛泽东以中共中央名义发出指示,要求各地仿照中共中央西南局的做法,即刻停止整党学习,全力转入"三反"运动。

1952年2月3日,中共中央正式发出了《关于"三反"运动和整党运动结合进行的指示》。指示指出,"整党工作必须与'三反'运动相结合,在'三反'运动的基础上,进行党员八项标准的教育,进行登记、审查和处理"。指示还指出:"三反"运动是了解干部、教育干部的一种最好的办法。在"三反"斗争中,各地各系统的领导机关,应对所属干部进行一次深刻的考察和了解,"必须毫不迟疑地开除一批丧失无产阶级立场的贪污蜕化分子出党,撤销一批严重的官僚主义分子和那些居功自傲、不求上进、消极疲沓、毫不称职的分子的领导职务(其中有些也应当开除出党),对于开除这些人出党和撤销这一些人的职务,不应当有可惜的观点,这是毫不可惜的,如果没有开除和撤销他们的决心则是错误的"。

1952年2月,中共中央发出了《关于县委书记、县长以上干部在三反运动中和每年年终作自我检讨的决定》,明确提出了在(机关)整党工作中,要围绕反对资本主义思想,重点整顿领导干部队伍的思想和组织。该决定指出:"事实证明:三反运动丰富了整党的内容,成为机关中的民主改革运动,又是了解干部、教育干部的一种最好的方法。"

1952年5月30日,中共中央发出《关于在"三反"运动的基础上进行整党建党工作的指示》,开始对农村地区的整党工作进行初步的部署和安排。主要解决了三大问题:对广大农村党员普遍、深入地进行了一次党员标准教育,显著提高了他们的思想政治觉悟,增强了党的观念;对混入党内的坏分子和不合格分子予以必要的和恰当的组织处理,纯洁了农村党员队伍,提高了党的威信;通过整党建党,全面加强了农村基层组织建设,使之更好地发挥了战斗堡垒作用,团结带领群众为完成党在过渡时期总路线所确立的各项任务而继续努力奋斗。1952年7月1日,《人民日报》正式发出了经刘少奇亲自修改和审定的《在三反五反胜利的基础上加强整党建党工作》文章。到1954年春,这次大规模的整党运动基本结束。

整风运动和整党运动是对党员的普遍教育,主要是使每一个党员清楚地了解关于共产党员标准的八项条件。其要点是:

序号	要点
1	中国共产党是中国工人阶级的党,是工人阶级的先进的有组织的部队。
2	党的最终目的,是要在中国实现共产主义制度。它现在为巩固新民主主义制度而斗争,将来要为转变到社会主义制度而斗争,最后要为实现共产主义制度而斗争。一切党员必须具有为彻底实现党的这些目的而坚持奋斗的决心。
3	必须下定决心,终身英勇地坚持革命斗争。
4	一切共产党员的斗争和工作,必须在党的统一领导下进行。
5	必须把人民群众的公共利益,即党的利益,摆在自己私人的利益之上,党员的私人利益必须服从人民的即党的公共利益。
6	经常地用批评与自我批评的方法,检讨自己工作中的错误和缺点,并及时地加以纠正。
7	必须全心全意地为人民群众服务,虚心地听取人民群众的要求和意见,及时地向党反映,并把党的政策向人民群众作宣传解释,使党与人民群众保持密切的联系,领导群众前进。
8	必须努力学习,使自己懂得更多的马克思列宁主义、毛泽东思想,使自己的觉悟更加提高。

上述各项内容,就是教育和考察全体共产党员,包括接收新党员所必须坚持的条件。这项教育特别是关于社会主义、共产主义前途的教育活动,在全党上下深入进行,对于执政党的党员坚定政治信念,明

确政治方向,树立全心全意为人民服务的思想,始终代表绝大多数人民的利益,具有深远的意义。

在整党期间,各地按照中央的要求,积极谨慎地发展新党员。在城市,着重在产业工人中建立党的组织;在新区农村,则在土地改革完成后吸收经过教育符合党员条件者建立党的支部。无论在城市和农村,均对愿意接受党的教育的积极分子,进行关于怎样做一个共产党员的教育,经过这种教育后将确实符合党员条件者吸收入党。

截至1953年6月底,全国共新建立8.2万个党支部,基层支部由1951年的24.6万个发展到32.8万个。在50个职工以上的厂矿企业、大专学校,一般都有了党的组织。在已完成整顿的基层组织中,平均约有90%的党员是符合或基本符合共产党员标准的,约有10%不符合党员标准。经过整党,共有32.8万人离开了党的组织。其中,属于混入党内的各种坏分子和蜕化变质分子的23.8万人被清除出党,9万余人不够党员条件自愿或被劝告退党。在三年多整党期间,全国共吸收107万名新党员,与清退出党者相抵,全国共产党员的总数由580万人增至636.9万人。在党员的分布上,工矿企业中的党员数量为66.6万人,与1950年年底相比,增加了108%,增长得最快;学校教职员和学生党员为14.3万人,增加了30%;农村中的党员有337.2万人,增加了8.7%。经过整顿和发展,党在组织成分和党员素质等方面都有了明显的改善和提高。

这一阶段既是在党执政前提下进行思想建党的大力实践,也为以后思想建党提供有益探索。1957年,针对官僚主义、宗派主义和主观主义又开展了一次整风运动,1959年开展了"反右倾"运动,1966年开展了"文化大革命",在被扭曲了的阶级斗争观点指导下,"政治挂帅""思想第一""阶级斗争"与实际脱节,党的思想建设发生异化。这一时期,党的思想建设方面开始是正确的,后来因思想建设的异化给我们党带来了惨痛的教训,但从反面为党探索思想建党提供了历史借鉴和深刻教训。不可置疑,历史充分彰显思想正确的重要性!

邓小平说:"没有'文化大革命'的教训,就不可能制定十一届三中全会以来的思想、政治、组织路线和一系列政策。"[①]所以,这段时期是思想建党的承上启下阶段,也是毛泽东思想建党的曲折发展期。

---

① 《邓小平文选》第三卷,人民出版社1993年版,第272页。

第四章
邓小平关于思想建党的理论与实践

在改革开放伟大实践中,邓小平从建设有中国特色社会主义的时代大局出发,把马克思列宁主义的基本原理与中国的具体实际相结合,创造性地发展了毛泽东从思想上建党的理论,为新时期党的思想建设作出了重大贡献。

一、重新确立和发展实事求是的思想路线

"实事求是"原本是彰显治学态度的中国格言,最早见于《汉书·河间献王传》,其原为"修学好古,实事求是"。"实事求是"是辩证唯物主义和历史唯物主义方法论的根本原则,是马克思主义思想路线的根本点。

党的实事求是的思想路线是毛泽东同志倡导确立的,但在进入社会主义建设时期以后,"这条思想路线,有一段时间被抛开了,给党的事业带来很大的危害,使国家遭到很大的灾难,使党和国家的形象受

到很大的损害"①。

在新的历史时期,邓小平继承了前人的理论成果,以非凡的无产阶级革命家的气魄和不懈创新的革命胆略,旗帜鲜明地批判了"两个凡是"的错误思想,客观评价了毛泽东及毛泽东思想,领导和支持了关于真理标准问题的大讨论,与长期占据统治地位的"左"的错误思想进行了针锋相对的斗争。

(一)旗帜鲜明地批判"两个凡是"的错误思想

1977年5月,邓小平从辩证唯物主义和历史唯物主义角度,鲜明指出"'两个凡是'不符合马克思主义"②。

邓小平与中央办公厅两位负责同志谈话时指出,"'两个凡是'不行"③,"马克思、恩格斯没有说过'凡是',列宁、斯大林没有说过'凡是',毛泽东同志自己也没有说过'凡是'"④。邓小平同志告诉中央办公厅两位同志,1977年4月10日他给中央写信,提出"我们必须世世代代地用准确的完整的毛泽东思想来指导我们全党、全军和全国人民,把党和社会主义的事业,把国际共产主义运动的事业,胜利地推向前进"⑤。邓小平同志高举毛泽东思想伟大旗帜,把毛泽东思想当作体系来看待,而不是把毛泽东思想庸俗化,批判了"两个凡是"的错误思想。

1977年8月,邓小平同志在科学和教育工作座谈会上讲到学风问题时,特别强调实事求是。比如,"培养好的风气,最主要的是走群众路线和实事求是这两条。特别是科学,它本身就是实事求是、老老实

---

① 《邓小平文选》第二卷,人民出版社1994年版,第278页。
② 《邓小平文选》第二卷,人民出版社1994年版,第38页。
③ 《邓小平文选》第二卷,人民出版社1994年版,第38页。
④ 《邓小平文选》第二卷,人民出版社1994年版,第39页。
⑤ 《邓小平文选》第二卷,人民出版社1994年版,第39页。

实的学问,是不允许弄虚作假的"①。邓小平明确了实事求是对科学的重要性,表达了培养好的风气必须实事求是。这就把党的实事求是思想融入社会教育当中,拓展了思想建党的空间,凸显了思想建党的功能。同时也指出在学风方面如何实事求是,即"我们要坚持百家争鸣的方针,允许争论。不同学派之间要互相尊重,取长补短。要提倡学术交流"②。这也是党内民主在学风领域的展现。

1977年12月,邓小平在中央军委全体会议上的讲话中把实事求是作为选配领导班子成员的要求,强调指出"我们今后配备领导班子的时候,要选用什么人呢?要选那些认真学习马列主义、毛泽东思想,在斗争中经得起考验的人;要选那些党性强,能团结人,不信邪的人;要选那些艰苦朴素,实事求是,说老实话,办老实事,做老实人,作风正派的人;要选那些努力工作,联系群众,关心群众疾苦,有魄力,有实际经验,能够办事的人"③。邓小平同志既明确了实事求是的原则,也表达了实事求是的思想,丰富了思想建党的内容。

1978年6月,邓小平在全军政治工作会议上讲了四个问题,其中第一个问题,讲的就是"实事求是"。邓小平同志结合现实条件对实事求是深入分析,强调指出"我们开会,作报告,作决议,以及做任何工作,都为的是解决问题。我们说的做的究竟能不能解决问题,问题解决得是不是正确,关键在于我们是否能够理论联系实际,是否善于总结经验,针对客观现实,采取实事求是的态度,一切从实际出发。我们只有这样做了,才有可能正确地或者比较正确地解决问题,而这样地解决问题,究竟是否正确或者完全正确,还需要今后的实践来检验。如果我们不这样做,那我们就一定什么问题也不可能解决,或者不可

---

① 《邓小平文选》第二卷,人民出版社1994年版,第57页。
② 《邓小平文选》第二卷,人民出版社1994年版,第57页。
③ 《邓小平文选》第二卷,人民出版社1994年版,第75页。

能正确地解决"①。这突出强调了实事求是就要解决问题。邓小平同时指出非实事求是的现象。比如,"我们也有一些同志天天讲毛泽东思想,却往往忘记、抛弃甚至反对毛泽东同志的实事求是、一切从实际出发、理论与实践相结合的这样一个马克思主义的根本观点,根本方法。不但如此,有的人还认为谁要是坚持实事求是,从实际出发,理论和实践相结合,谁就是犯了弥天大罪。他们的观点,实质上是主张只要照抄马克思、列宁、毛泽东同志的原话,照抄照转照搬就行了"②。所以,照抄照转照搬不是实事求是。邓小平批判了这种违反了马列主义、毛泽东思想,违反了中央精神的现象,并且强调这个问题不是小问题,而是涉及怎么看待马列主义、毛泽东思想的问题。"马列主义、毛泽东思想的基本原则,我们任何时候都不能违背,这是毫无疑义的。但是,一定要和实际相结合,要分析研究实际情况,解决实际问题。按照实际情况决定工作方针,这是一切共产党员所必须牢牢记住的最基本的思想方法、工作方法。实事求是,是毛泽东思想的出发点、根本点。这是唯物主义。不然,我们开会就只能讲空话,不能解决任何问题。"③邓小平明确指出实事求是就是坚持用马列主义的立场、观点、方法来提出问题,分析问题,解决问题。邓小平引用毛泽东的话强调指出"毛泽东同志讲过:我写文章,不大引马克思、列宁怎么说,报纸老引我的话,引来引去,我就不舒服。应该学会用自己的话来写文章。当然不是说不要引人家的话,是说不要处处都引。主要的是要用马克思主义的立场、观点、方法来分析问题,解决问题。马克思主义的活的灵魂,就是具体地分析具体情况。马列主义、毛泽东思想如果不同实际情况相结合,就没有生命力了。我们领导干部的责任,就是要把中央的指示、上级的指示同本单位的实际情况结合起来,分析问题,解决问

---

① 《邓小平文选》第二卷,人民出版社1994年版,第113—114页。
② 《邓小平文选》第二卷,人民出版社1994年版,第114页。
③ 《邓小平文选》第二卷,人民出版社1994年版,第114页。

题,不能当'收发室',简单地照抄照转"。① 邓小平同志鲜明表达一个执政党实事求是才能拥有生命,领导干部实事求是才能担当有为。

1978年9月,邓小平同志在听取中共吉林省委常委汇报工作时谈到"高举毛泽东思想旗帜,坚持实事求是的原则"。邓小平同志明确了"什么叫高举?怎么样高举?"的问题,指出解决这个问题要坚持实事求是的原则。"大家知道,有一种议论,叫做'两个凡是',不是很出名吗?凡是毛泽东同志圈阅的文件都不能动,凡是毛泽东同志做过的、说过的都不能动。这是不是叫高举毛泽东思想的旗帜呢?不是!这样搞下去,要损害毛泽东思想。"②邓小平同志进一步指出,"什么叫高举毛泽东思想的旗帜呢?就是从现在的实际出发,充分利用各种有利条件,实现毛泽东同志提出、周恩来同志宣布的四个现代化的目标。如果只是毛泽东同志讲过的才能做,那我们现在怎么办?马克思主义要发展嘛!毛泽东思想也要发展嘛!否则就会僵化嘛!"③"我们高举毛泽东思想的旗帜,就要在每一时期,处理各种方针政策问题时,都坚持从实际出发。"④可见,邓小平同志把实事求是作为"怎么样高举"毛泽东思想的路径,实事求是也成为改革开放以来思想建党的重要遵循。邓小平同志指出,"两个凡是"违反了毛泽东同志的实事求是的思想,违反了辩证唯物主义和历史唯物主义的原理,实际上是唯心主义和形而上学的反映。邓小平同志按照历史唯物主义观点指出,"正确的政治领导的成果,归根结底要表现在社会生产力的发展上,人民物质文化生活的改善上"⑤。这也是实事求是理解毛泽东思想的价值所在,彰显了邓小平同志思想建党的伟大力量。

---

① 《邓小平文选》第二卷,人民出版社1994年版,第118页。
② 《邓小平文选》第二卷,人民出版社1994年版,第126页。
③ 《邓小平文选》第二卷,人民出版社1994年版,第128页。
④ 《邓小平文选》第二卷,人民出版社1994年版,第127页。
⑤ 《邓小平文选》第二卷,人民出版社1994年版,第128页。

1978年12月,邓小平同志在中共中央工作会议闭幕会上发表主题为《解放思想,实事求是,团结一致向前看》的讲话,把实事求是直接作为题目,更加彰显实事求是的重要性。特别是在讲话中邓小平同志强调指出,"实事求是,是无产阶级世界观的基础,是马克思主义的思想基础。过去我们搞革命所取得的一切胜利,是靠实事求是;现在我们要实现四个现代化,同样要靠实事求是。不但中央、省委、地委、县委、公社党委,就是一个工厂、一个机关、一个学校、一个商店、一个生产队,也都要实事求是"①。可见,实事求是,既是一种理论,也是一种实践。

1979年,邓小平同志接见中共海军委员会常委扩大会议全体同志时明确指出,"我是不赞成'两个凡是'的。'两个凡是'不是马列主义、毛泽东思想"②。邓小平同志鲜明指出,"两个凡是"把毛泽东思想庸俗化,搞得支离破碎,不是让人们准确地完整地学习和运用毛泽东思想来思考问题、提出问题、解决问题。

1980年6月27日,邓小平谈对起草《关于建国以来党的若干历史问题的决议》的意见,在同中央负责同志的谈话中提到"两个凡是"时强调指出,"这中间还要批评'两个凡是'的观点。毛泽东同志的错误在于违反了他自己正确的东西。'两个凡是'的观点就是想原封不动地把毛泽东同志晚年的错误思想坚持下去"③。

1982年9月,邓小平同志陪同朝鲜劳动党中央委员会总书记金日成去四川访问途中谈话时指出,"粉碎'四人帮'后,当时主持中央工作的同志坚持'左'的政治路线,又提出了错误的思想路线,叫做'两个凡是'。我说过,如果毛主席在世,他也不会承认'两个凡是',因为

---

① 《邓小平文选》第二卷,人民出版社1994年版,第143页。
② 《邓小平文选》第二卷,人民出版社1994年版,第190页。
③ 《邓小平文选》第二卷,人民出版社1994年版,第297—298页。

那不是马列主义、毛泽东思想"①。

(二)客观评价毛泽东及毛泽东思想

1977年5月,邓小平同志同中央两位同志谈话中客观评价了毛泽东,邓小平同志指出,"按照'两个凡是',就说不通为我平反的问题,也说不通肯定一九七六年广大群众在天安门广场的活动'合乎情理'的问题。把毛泽东同志在这个问题上讲的移到另外的问题上,在这个地点讲的移到另外的地点,在这个时间讲的移到另外的时间,在这个条件下讲的移到另外的条件下,这样做,不行嘛!毛泽东同志自己多次说过,他有些话讲错了。他说,一个人只要做工作,没有不犯错误的。又说,马恩列斯都犯过错误,如果不犯错误,为什么他们的手稿常常改了又改呢?改了又改就是因为原来有些观点不完全正确,不那么完备、准确嘛。毛泽东同志说,他自己也犯过错误。一个人讲的每句话都对,一个人绝对正确,没有这回事情。他说:一个人能够'三七开'就很好了,很不错了,我死了,如果后人能够给我以'三七开'的估计,我就很高兴、很满意了"②。这其中的实质在于要实事求是地对待毛泽东的功过,全面准确地理解毛泽东思想。

1977年7月,邓小平同志在中共十届三中全会上的讲话明确指出要完整地准确地理解毛泽东思想。在邓小平看来,不能把毛泽东思想庸俗化,要完整地准确地理解毛泽东思想。邓小平同志明确指出完整地准确地理解毛泽东思想的重要意义。一方面,有利于运用毛泽东思想的体系来指导我们各项工作,"只有这样,才不至于割裂、歪曲毛泽东思想,损害毛泽东思想"③,另一方面有利于用毛泽东思想的体系来教育我们的党,引导我们前进,完善马克思主义党建学说,构建"六有"

---

① 《邓小平文选》第三卷,人民出版社1993年版,第9页。
② 《邓小平文选》第二卷,人民出版社1994年版,第38页。
③ 《邓小平文选》第二卷,人民出版社1994年版,第42页。

政治局面。第一,邓小平同志指出毛泽东同志的建党学说建立了一个生机勃勃、生动活泼、心情舒畅、团结一致的好党,增强了党的权威,营造了党的良好作风。邓小平指出,"毛主席、党中央的命令、号召,谁不听哪!谁不自觉地听哪!没有这样的党的风气,我们能够战胜比我们强得多的敌人吗?我们能够在建国以后,取得一个又一个的胜利吗?"①第二,邓小平同志明确实事求是是实现"六有"政治局面的重要方法。在实现良性政治局面中有诸多方法,比如,高度民主与高度集中相结合,正确区分和处理两类不同性质的矛盾,"团结—批评—团结"的公式,惩前毖后、治病救人的方法。比如,充分发扬民主,团结95%以上的干部和群众,走群众路线,信任群众,做老实人、说老实话、干老实事等。邓小平特别强调了群众路线和实事求是。在邓小平同志看来,"毛泽东同志倡导的作风,群众路线和实事求是这两条是最根本的东西。当然民主与集中的关系,自由和纪律的关系,都是很重要的。对我们党的现状来说,我个人觉得,群众路线和实事求是特别重要"②。可以看出实事求是是实现"六有"政治局面的重要方法。第三,邓小平明确指出"为什么说实事求是在目前重要"。邓小平同志从"文革"当中思考,认为是"四人帮"把我们党的风气搞坏了,改进党的作风必须实事求是。对此,邓小平强调"四人帮""弄得我们党内同志不敢讲话,尤其不敢讲老实话,弄虚作假。甚至于我们有些老同志也沾染了这些坏习气,这是不应该原谅的啊!我们只要充分信任群众,实事求是,发扬民主,把毛泽东同志的建党学说和党的一整套作风恢复起来,发扬起来,那末,毛泽东同志所说的那样一种政治局面,就一定会达到。有了那样一种政治局面,我们什么风险也能够经受得住"③。可见实事求是的重要性。实事求是可以通过营造政治生态攻

---

① 《邓小平文选》第二卷,人民出版社1994年版,第45页。
② 《邓小平文选》第二卷,人民出版社1994年版,第45页。
③ 《邓小平文选》第二卷,人民出版社1994年版,第46页。

坚克难。

1978年12月,邓小平同志在《解放思想,实事求是,团结一致向前看》文章中,强调指出国际国内都很关心对毛泽东同志的评价。邓小平同志从党的历史发展的视角进行了客观评价,认为毛泽东同志在长期革命斗争中立下的伟大功勋是永远不可磨灭的。邓小平同志毫不夸张地指出,"没有毛主席就没有新中国"。因为1927年革命失败以后,如果没有毛泽东同志的卓越领导,中国革命有极大的可能到现在还没有胜利,那样,中国各族人民就还处在帝国主义、封建主义、官僚资本主义的反动统治之下,我们党就还在黑暗中苦斗。邓小平同志毫不夸张地指出,没有毛泽东思想就没有今天的中国共产党,毛泽东思想永远是我们全党、全军、全国各族人民的最宝贵的精神财富。如何对待毛泽东思想?邓小平同志明确指出,"我们要完整地准确地理解和掌握毛泽东思想的科学原理,并在新的历史条件下加以发展。当然,毛泽东同志不是没有缺点、错误的,要求一个革命领袖没有缺点、错误,那不是马克思主义。我们要领导和教育全体党员、全军指战员、全国各族人民科学地历史地认识毛泽东同志的伟大功绩"[①]。

1979年3月,邓小平同志在党的理论工作务虚会上发表《坚持四项基本原则》重要讲话,强调指出在思想政治方面坚持的四项基本原则,其中第四项就是必须坚持马列主义、毛泽东思想,并且从规律性的视角客观评价了毛泽东和毛泽东思想。邓小平同志指出,"我们破除了林彪和'四人帮'所制造的精神枷锁,坚持领袖是人不是神;坚持完整地准确地掌握马列主义、毛泽东思想的科学体系;坚持从实际出发,实事求是。这就恢复了毛泽东思想的本来面目,维护了毛泽东同志作为一个伟大革命家在中国革命史和世界革命史上应当享有的崇高地

[①] 《邓小平文选》第二卷,人民出版社1994年版,第149页。

位"①。坚持毛泽东思想必须同伪造、篡改、割裂马列主义、毛泽东思想者做斗争。我们必须反对各种错误思想,坚持毛泽东思想。邓小平同志指出,"我们同林彪、'四人帮'斗争的中心内容之一,就是反对他们伪造、篡改、割裂马列主义、毛泽东思想。我们粉碎了'四人帮',使马列主义、毛泽东思想重新恢复了它的科学面目,成为我们行动的指南。……有极少数人不这样想。他们或者公然反对马列主义的基本原理,或者口头上拥护马列主义,但是反对马列主义普遍真理与中国革命实践相结合而产生的毛泽东思想。我们必须反对所有这些错误的思潮。有些同志说,我们只拥护'正确的毛泽东思想',而不拥护'错误的毛泽东思想'。这种说法也是错误的。我们坚持的和要当作行动指南的是马列主义、毛泽东思想的基本原理,或者说是由这些基本原理构成的科学体系"②。随后,邓小平同志客观性评价了毛泽东同志,肯定了毛泽东同志成绩大于错误,永远高举毛泽东思想的旗帜前进。邓小平同志指出,"毛泽东同志同任何别人一样,也有他的缺点和错误。但是,在他的伟大的一生中的这些错误,怎么能够同他对人民的不朽贡献相比拟呢?在分析他的缺点和错误的时候,我们当然要承认个人的责任,但是更重要的是要分析历史的复杂的背景。只有这样,我们才是公正地、科学地,也就是马克思主义地对待历史,对待历史人物。……毛泽东思想过去是中国革命的旗帜,今后将永远是中国社会主义事业和反霸权主义事业的旗帜,我们将永远高举毛泽东思想的旗帜前进。毛泽东同志的事业和思想,都不只是他个人的事业和思想,同时是他的战友、是党、是人民的事业和思想,是半个多世纪中国人民革命斗争经验的结晶。这正如马克思的情况一样"③。

1980年2月,邓小平同志在中共十一届五中全会第三次会议上发

---

① 《邓小平文选》第二卷,人民出版社1994年版,第165页。
② 《邓小平文选》第二卷,人民出版社1994年版,第171页。
③ 《邓小平文选》第二卷,人民出版社1994年版,第172页。

表《坚持党的路线,改进工作方法》的讲话,强调指出,"我们提倡的实事求是,是马列主义、毛泽东思想的一个基本组成部分,因此提倡实事求是决不能离开马列主义、毛泽东思想的基本原理,决不能忽视毛泽东同志在这个问题上的伟大功绩。我们任何时候都不能损害毛泽东同志在整个中国革命史上的光辉形象,不能动摇高举毛泽东思想旗帜的原则。我们要有这个觉悟,要有这个认识。这不但是中国共产党的利益所在,中华民族的利益所在,而且是国际共产主义运动的利益所在"①。

1980年3月—1981年6月,邓小平多次谈过对起草《关于建国以来党的若干历史问题的决议》的意见,其中1980年3月19日,在同中央负责同志的谈话中明确了起草意见的中心意思第一条就是:确立毛泽东同志的历史地位,坚持和发展毛泽东思想。邓小平同志强调,"对毛泽东同志、毛泽东思想的评价问题,党内党外和国内国外都很关心,不但全党同志,而且各方面的朋友都在注意我们怎么说。……要正确地评价毛泽东思想,科学地确立毛泽东思想的指导地位,就要把毛泽东思想的主要内容,特别是今后还要继续贯彻执行的内容,用比较概括的语言写出来。'文化大革命'的十年,毛泽东同志是犯了错误的。在讲到毛泽东同志、毛泽东思想的时候,要对这一时期的错误进行实事求是的分析"②。

1980年4月1日,在同中央负责同志的谈话中,邓小平同志明确指出,"讲错误,不应该只讲毛泽东同志,中央许多负责同志都有错误。'大跃进',毛泽东同志头脑发热,我们不发热?刘少奇同志、周恩来同志和我都没有反对,陈云同志没有说话。在这些问题上要公正,不要造成一种印象,别的人都正确,只有一个人犯错误。这不符合事实。

---

① 《邓小平文选》第二卷,人民出版社1994年版,第278—279页。
② 《邓小平文选》第二卷,人民出版社1994年版,第291—292页。

中央犯错误,不是一个人负责,是集体负责。在这些方面,要运用马列主义结合我们的实际进行分析,有所贡献,有所发展"。谈话最后强调,"决议中最核心、最根本的问题,还是坚持和发展毛泽东思想"。①

1980年6月27日,在同中央负责同志的谈话中,邓小平同志明确指出,"重点放在毛泽东思想是什么、毛泽东同志正确的东西是什么这方面。错误的东西要批评,但是要很恰当。单单讲毛泽东同志本人的错误不能解决问题,最重要的是一个制度问题。毛泽东同志说了许多好话,但因为过去一些制度不好,把他推向了反面。毛泽东同志晚年在理论和实践上的错误,要讲,但是要概括一点,要恰当。主要的内容,还是集中讲正确的东西。因为这符合历史。……毛泽东同志多次不赞成歌功颂德,提出不以个人名字给地方、企业命名,不祝寿、不送礼。我们现在的中央所坚持的这一套,就是毛泽东思想"②。

1980年8月21日、23日,邓小平同志答意大利记者奥琳埃娜·法拉奇问,谈到了对毛泽东同志的评价问题。奥琳埃娜·法拉奇提问:天安门上的毛主席像,是否要永远保留下去? 邓小平回答:"永远要保留下去。过去毛主席像挂得太多,到处都挂,并不是一件严肃的事情,也并不能表明对毛主席的尊重。尽管毛主席过去有段时间也犯了错误,但他终究是中国共产党、中华人民共和国的主要缔造者。拿他的功和过来说,错误毕竟是第二位的。他为中国人民做的事情是不能抹杀的。从我们中国人民的感情来说,我们永远把他作为我们党和国家的缔造者来纪念。"③

奥琳埃娜·法拉奇提问:对西方人来说,我们有很多问题不理解。中国人民在讲起"四人帮"时,把很多错误都归咎于"四人帮",说的是"四人帮",但他们伸出的却是五个手指。邓小平实事求是地回答:

---

① 《邓小平文选》第二卷,人民出版社1994年版,第296页。
② 《邓小平文选》第二卷,人民出版社1994年版,第297—298页。
③ 《邓小平文选》第二卷,人民出版社1994年版,第344页。

"毛主席的错误和林彪、'四人帮'问题的性质是不同的。毛主席一生中大部分时间是做了非常好的事情的,他多次从危机中把党和国家挽救过来。没有毛主席,至少我们中国人民还要在黑暗中摸索更长的时间。毛主席最伟大的功绩是把马列主义的原理同中国革命的实际结合起来,指出了中国夺取革命胜利的道路。……但是很不幸,他在一生的后期,特别在'文化大革命'中是犯了错误的,而且错误不小,给我们党、国家和人民带来许多不幸。……由于胜利,他不够谨慎了,在他晚年有些不健康的因素、不健康的思想逐渐露头,主要是一些'左'的思想。有相当部分违背了他原来的思想,违背了他原来十分好的正确主张,包括他的工作作风。……这不仅是毛泽东同志本人的缺点,我们这些老一辈的革命家,包括我,也是有责任的。我们党的政治生活、国家的政治生活有些不正常了,家长制或家长作风发展起来了,颂扬个人的东西多了,整个政治生活不那么健康,以至最后导致了'文化大革命'。'文化大革命'是错误的。"①

同时,邓小平从党和国家长期发展的高度,对毛泽东同志功过作了客观评价,邓小平同志强调,"我们将肯定毛主席的功绩是第一位的,他的错误是第二位的。我们要实事求是地讲毛主席后期的错误。我们还要继续坚持毛泽东思想。毛泽东思想是毛主席一生中正确的部分。毛泽东思想不仅过去引导我们取得革命的胜利,现在和将来还应该是中国党和国家的宝贵财富。所以,我们不但要把毛主席的像永远挂在天安门前,作为我们国家的象征,要把毛主席作为我们党和国家的缔造者来纪念,而且还要坚持毛泽东思想。我们不会像赫鲁晓夫对待斯大林那样对待毛主席"②。

1980年10月25日,在同中央负责同志的谈话中,邓小平同志明

---

① 《邓小平文选》第二卷,人民出版社1994年版,第344—345页。
② 《邓小平文选》第二卷,人民出版社1994年版,第347页。

确指出,"不提毛泽东思想,对毛泽东同志的功过评价不恰当,老工人通不过,土改时候的贫下中农通不过,同他们相联系的一大批干部也通不过。毛泽东思想这个旗帜丢不得。丢掉了这个旗帜,实际上就否定了我们党的光辉历史"[①]。"对毛泽东同志的评价,对毛泽东思想的阐述,不是仅仅涉及毛泽东同志个人的问题,这同我们党、我们国家的整个历史是分不开的。要看到这个全局。"[②]"不写或不坚持毛泽东思想,我们要犯历史性的大错误。"[③]"对于错误,包括毛泽东同志的错误,一定要毫不含糊地进行批评,但是一定要实事求是,分析各种不同的情况,不能把所有的问题都归结到个人品质上。毛泽东同志不是孤立的个人,他直到去世,一直是我们党的领袖。对于毛泽东同志的错误,不能写过头。写过头,给毛泽东同志抹黑,也就是给我们党、我们国家抹黑。这是违背历史事实的。"[④]

1980年12月25日,邓小平同志在中共中央工作会议上发表题为《贯彻调整方针,保证安定团结》的重要讲话,强调指出"毛泽东同志的功劳是第一位的,错误是第二位的,这个估计是合乎实际的,决不能加以怀疑和否定。毛泽东同志的错误,决不能归结为个人品质问题。如果不是这样看问题,那就不是马克思主义的态度,不是历史唯物主义的态度。很明显,感情用事地把他的错误说过头,只能损害我们党和国家的形象,只能损害党和社会主义制度的威信,只能涣散全党、全军和全国各族人民的团结。经过实践检验证明是正确的毛泽东思想,仍然是我们的指导思想,必须结合实际加以坚持和发展,并理直气壮地进行宣传,不允许怠工。应当把毛泽东思想和毛泽东同志晚年的错误区别开来,这样可以避免许多混乱。当然,这不是说毛泽东同志晚

---

① 《邓小平文选》第二卷,人民出版社1994年版,第298页。
② 《邓小平文选》第二卷,人民出版社1994年版,第299页。
③ 《邓小平文选》第二卷,人民出版社1994年版,第300页。
④ 《邓小平文选》第二卷,人民出版社1994年版,第301—302页。

年没有发表过正确的意见"①。

1981年5月19日,在中央政治局扩大会议上的讲话中,邓小平同志强调指出,"中心是两个问题,一个是毛泽东同志的功绩是第一位,还是错误是第一位?第二,我们三十二年,特别是'文化大革命'前十年,成绩是主要的,还是错误是主要的?是漆黑一团,还是光明是主要的?还有第三个问题,就是这些错误是毛泽东同志一个人的,还是别人也有点份?这个决议稿中多处提到我们党中央要承担责任,别的同志要承担点责任,恐怕这比较合乎实际。第四,毛泽东同志犯了错误,这是一个伟大的革命家犯错误,是一个伟大的马克思主义者犯错误"②。

1981年6月22日,在党的十一届六中全会预备会期间的讲话中,邓小平同志强调指出,"总的来说,这个决议是个好决议,现在这个稿子是个好稿子。我们原来设想,这个决议要举毛泽东思想的伟大旗帜,实事求是地、恰如其分地评价'文化大革命',评价毛泽东同志的功过是非,使这个决议起到像一九四五年那次历史决议所起的作用,就是总结经验,统一思想,团结一致向前看。我想,现在这个稿子能够实现这样的要求"③。同时,邓小平强调要恰如其分地评价毛泽东同志,对此,邓小平同志明确指出"为什么我们这次要强调恰如其分?就是在前一段时间里,对毛泽东同志有些问题的议论讲得太重了,应该改过来。这样比较合乎实际,对我们整个国家、整个党的形象也比较有利。过去有些问题的责任要由集体承担一些,当然,毛泽东同志要负主要责任。我们说,制度是决定因素,那个时候的制度就是那样。那时大家把什么都归功于一个人。有些问题我们确实也没有反对过,因此也应当承担一些责任。当然,在那个条件下,真实情况是难于反对。

---

① 《邓小平文选》第二卷,人民出版社1994年版,第366页。
② 《邓小平文选》第二卷,人民出版社1994年版,第306—307页。
③ 《邓小平文选》第二卷,人民出版社1994年版,第307页。

但是，不能回避'我们'，我们承担一下责任没有坏处，还有好处，就是取得教训。这是从中央领导角度上说的，地方上没有责任。我和陈云同志那时是政治局常委，起码我们两个负有责任。其他的中央领导同志也要承担一些责任。合不合乎实际？也合乎实际。这样站得住脚，益处大。对毛泽东同志的评价，原来讲要实事求是，以后加一个要恰如其分，就是这个意思"①。

1981年6月27日，根据邓小平同志的指示，中共十一届六中全会通过的《关于建国以来党的若干历史问题的决议》，对毛泽东同志的历史地位和毛泽东思想作出了正确的评价。"毛泽东同志是伟大的马克思主义者，是伟大的无产阶级革命家、战略家和理论家。他虽然在'文化大革命'中犯了严重错误，但是就他的一生来看，他对中国革命的功绩远远大于他的过失。他的功绩是第一位的，错误是第二位的。他为我们党和中国人民解放军的创立和发展，为中国各族人民解放事业的胜利，为中华人民共和国的缔造和我国社会主义事业的发展，建立了永远不可磨灭的功勋。他为世界被压迫民族的解放和人类进步事业作出了重大的贡献。"②

1989年2月26日，邓小平同志会见美国总统布什时强调指出，"我们已经对建国以来历史事件的是非，特别是'文化大革命'的错误，作出了恰当的评价。对毛泽东同志的历史地位和毛泽东思想，也作出了恰当的评价。对毛泽东同志晚年错误的批评不能过分，不能出格，因为否定这样一个伟大的历史人物，意味着否定我们国家的一段重要历史。这就会造成思想混乱，导致政治的不稳定"③。

---

① 《邓小平文选》第二卷，人民出版社1994年版，第308—309页。
② 《三中全会以来重要文献选编·下》，人民出版社1982年版，第825页。
③ 《邓小平文选》第三卷，人民出版社1993年版，第284页。

(三)领导和支持关于真理标准问题的大讨论

1978年5月10日,中共中央党校内部刊物《理论动态》第60期刊登了一篇题为《实践是检验真理的唯一标准》的文章。5月11日,《光明日报》以特约评论员文章发表。5月12日,《人民日报》和《解放军报》同时转载。之后,全国大多数省级党报也陆续全文转载。这篇文章阐明,实践不仅是检验真理的"唯一标准",而且是检验党的路线是否正确的"唯一标准"。这是从理论上对"两个凡是"的否定。这篇文章的发表,在全党引起了强烈反响,同时也遭到坚持"两个凡是"派的压制和阻挠。邓小平等老一辈革命家对这场讨论给予有力的支持和指导。"邓小平以无产阶级革命家的敏感和马克思主义者的洞察力,最早指出了(两个凡是)不行,但当时只有党内少数高层领导干部知道,并没有向下传达。"①

1978年6月2日上午,邓小平在全军政治工作会议上发表讲话,再次不点名地批驳"两个凡是",并反复引用毛泽东关于用实践来检验真理的论述,强调指出,"同志们请想一想,实事求是,一切从实际出发,理论和实践相结合,这是不是毛泽东思想的根本观点呢?这种根本观点有没有过时,会不会过时呢?如果反对实事求是,反对从实际出发,反对理论和实践相结合,那还说得上什么马克思列宁主义、毛泽东思想呢?那会把我们引导到什么地方去呢?很明显,那只能引导到唯心主义和形而上学,只能引导到工作的损失和革命的失败"②。6月6日,《人民日报》和《解放军报》发表了邓小平的这篇讲话的全文。邓小平的讲话,使坚持实践标准的同志们受到了巨大的鼓舞。这次讲话,实际上是给"两个凡是"的提出和坚持者上了一堂马克思主义认识论的理论课。当时,中共中央副主席邓小平兼任军委副主席和总参谋

---

① 谢武申:《〈实践是检验真理的唯一标准〉问世的前前后后》,《党史纵横》,2018年第5期。
② 《邓小平文选》第二卷,人民出版社1994年版,第118页。

长(并兼总参谋部党委第一书记)。杨勇和迟浩田等为副总参谋长,迟浩田兼任总参谋部政治部主任。据《迟浩田传》记载:邓小平仔细审阅了总参的学习计划后,打电话给迟浩田说:"你们的计划我看了,非常好!过去我们经常讲,理论是行动的指南,这是不够的,还得强调实践是检验真理的标准,你们要联系实际想一想。"

实践标准的实质在于解放思想,邓小平强调指出,"目前进行的关于实践是检验真理的唯一标准问题的讨论,实际上也是要不要解放思想的争论"①。在讲话中邓小平引用了毛泽东同志在整风运动中反复讲过的话,"一个党,一个国家,一个民族,如果一切从本本出发,思想僵化,迷信盛行,那它就不能前进,它的生机就停止了,就要亡党亡国",以此表达解放思想的重要性。"只有解放思想,坚持实事求是,一切从实际出发,理论联系实际,我们的社会主义现代化建设才能顺利进行,我们党的马列主义、毛泽东思想的理论也才能顺利发展。从这个意义上说,关于真理标准问题的争论,的确是个思想路线问题,是个政治问题,是个关系到党和国家的前途和命运的问题。"②

1979年7月,邓小平同志接见中共海军委员会常委扩大会议全体同志时发表重要讲话,强调指出:"真理标准问题的讨论是基本建设,不解决思想路线问题,不解放思想,正确的政治路线就制定不出来,制定了也贯彻不下去。……不要小看实践是检验真理的唯一标准的争论。这场争论的意义太大了,它的实质就在于是不是坚持马列主义、毛泽东思想。"③

1980年2月,邓小平同志在中共十一届五中全会第三次会议上发表《坚持党的路线,改进工作方法》的讲话,强调真理标准问题的讨论要结合实际、解决新问题,加强党的领导。邓小平同志强调指出,"关

---

① 《邓小平文选》第二卷,人民出版社1994年版,第143页。
② 《邓小平文选》第二卷,人民出版社1994年版,第143页。
③ 《邓小平文选》第二卷,人民出版社1994年版,第191页。

于真理标准问题的讨论,现在越来越显示出它的重要性。这个讨论是针对'两个凡是'的,意思是不要把马列主义、毛泽东思想当作教条。三中全会的提法,叫研究新情况,解决新问题。去年我们说,各地对于这个问题的讨论要结合实际,要结合具体情况解决问题。这就是说,坚持党的思想路线,也同样要求向前看。处理任何问题,都要使全党全国人民的注意力集中于怎样恢复和提高党的威信、加强和改善党的领导,怎样解决现在面临的国际和国内的新问题"①。

1980年12月25日,邓小平同志在中共中央工作会议上发表题为《贯彻调整方针,保证安定团结》的重要讲话,从取得成效方面强调指出"真理标准问题的讨论,对于我们这几年来在政治、经济、组织等各方面进行一系列改革,对于我们在各条战线上取得显著成绩,起了极大的推动作用。理论工作者、宣传工作者、新闻工作者、教育工作者、文艺工作者同党的各级干部一起,在这几年的富有成效的工作中,共同做出了重要的贡献,应该给予充分的肯定。总的说来,思想战线上各方面的工作,成绩是主要的"②。

二、以独特智慧加强党的思想政治教育

恩格斯指出,"每一个时代的理论思维,从而我们时代的理论思维,都是一种历史的产物,它在不同的时代具有完全不同的形式,同时具有完全不同的内容"③。邓小平的思想政治教育理论是适应时代发展、应对时代挑战的理性回应,是新时代思想政治教育工作重要理论

---

① 《邓小平文选》第二卷,人民出版社1994年版,第279页。
② 《邓小平文选》第二卷,人民出版社1994年版,第364页。
③ 《马克思恩格斯选集》第四卷,人民出版社1995年版,第284页。

来源,是邓小平思想建党的重要内容。

(一)创办报刊宣传马列主义和党的政策

1920年夏,16岁的邓小平从重庆留法预备学校毕业,怀着满腔的救国热忱,和同学们一起乘轮船赴法勤工俭学,于10月抵达法国马赛。在法国的这段时间里,邓小平初步体验到了工人阶级受压迫受剥削的苦难处境,感受到了资本主义社会的黑暗。1922年,受周恩来、赵世炎的影响,邓小平积极学习马克思主义,参加各种政治宣传活动。1923年,加入了旅欧中国共产主义青年团,开始学习马克思主义和共产主义的知识,参加青年团机关刊物《少年》(后改名为《赤光》)杂志编辑工作,并发表了大量的文章,比如,邓小平以"希贤"的本名发表过《请看反革命的青年党之大肆其捏造》(1924年11月第18期,是他生病期间写的)、《请看国际帝国主义之阴谋》和《请看〈先声〉周报之第四批造谣的新闻》(1925年1月第21、22期合刊),批驳青年党人和国民党右派。此外,他用化名也发表过一些文章,传播和宣传了马克思主义。1924年7月,旅欧中国共产主义青年团五大召开,邓小平当选为执行委员会书记局成员。根据中共中央有关规定,凡担任旅欧共青团执委会领导成员,自动转为中共党员。1926年1月,根据组织安排,邓小平由法国赶赴莫斯科中山大学学习。同年6月,在填写该校一份《党员批评计划案》时,邓小平在"做什么工作最适合"一栏中这样写道:"能作宣传及组织工作。"在学习期间,邓小平被编在了以"理论家小组"著称的小组里。作为中共党小组组长,邓小平经常作为共产党的代表,同国民党右派进行辩论,结果是得到大家的一致赞赏。邓小平认真系统地研究了马克思列宁主义的基本理论,比较系统地掌握了国际共产主义运动的发展历史和中国革命运动的发展历史。

20世纪30年代初,邓小平调到江西中央苏区,担任了《红星报》的主编。邓小平在《红星报》中开设了"列宁室""捷报""前线通讯"

等多个栏目,当时人们称之为"一面大镜子""一架大无线电台",成了阐释、宣传党中央和中央军委战略意图、行动方针的重要渠道。邓小平从18岁就开始进行革命宣传工作,他所到一处,必然进行宣传教育,对马克思主义和共产主义的宣传为邓小平积累了丰富而直接的宣传教育经验。在这一时期,邓小平主要通过创办报纸刊物来进行马列主义和党的政策的宣传教育。

(二)对民众和新兵加强思想政治教育,特别是抗日的教育

动员是做好思想政治工作的重要方式,1938年,邓小平同志任八路军政治部副主任时,在《前线》周刊发表文章《动员新兵及新兵政治工作》。文章阐释了为什么需要动员,怎么样动员的问题,进一步表达动员广大民众加入军队,补充现有兵团,组织新的部队,积蓄与扩大国家的武装力量,以支持长期艰苦的战争需要加强思想政治教育工作。邓小平明确了新兵动员工作面临的困难,比如,存在根深蒂固的"好子不当兵"的传统观念、对民众缺乏民族的教育特别是抗日的教育、征调壮丁存在强迫的现象、没能解决战士的后顾之忧等问题,使得动员新兵工作出现了困难。如何解决这些问题,邓小平认为必须采取宣传、教育、组织、影响的方式,如戏剧、歌曲、壁报、群众大会、小的飞行演讲、个别谈话等等方法,向群众进行民族教育和抗日教育,讲清楚当前的形势、敌人的残暴,提高民众的思想觉悟,鼓励他们自动奔赴前线。邓小平同志强调指出,"用不良方式征调新兵,巩固部队与提高战斗力的工作自然是极困难的,急需接收新兵的部队,以坚强的政治工作,去弥补征调时的缺点"①。凸显了做好政治工作的重要性。为了实事求是地解决党动员问题,必须做好思想政治工作。邓小平同志明确指出,"固然,军队的严格的纪律与合理的统御是必需的,但是不够的,还

---

① 《邓小平文选》第一卷,人民出版社1994年版,第5页。

要求政治工作的配合。我们不仅要武装战士的手足,尤其重要的是武装战士的头脑。完全采用压制的办法,其结果,纵然可以在表面上收到一些效果,也绝不是巩固的,更不会发扬战士的自动性,从战士自己的觉悟中发生出无比的战斗威力,尤其不能在任何困难环境中还会保持一致以支持艰苦的斗争"①。

做政治工作就是做人的工作,邓小平从接收新兵、新战士到达部队之后、在部队中三个流程要素的视角,运用系统的观点明确表达了如何开展政治工作。邓小平强调,在接收新兵时,必须协同征募机关,举行隆重的慰劳与欢送;在开赴前线的途中,尽可能组织沿途群众的欢迎与欢送;并在接收部队举行热烈的欢迎,这样就做到欢送与欢迎的统一。邓小平强调,新战士到达部队之后,应首先了解征募时的情形,战士的情绪,以及可能发生的问题,针对这些,进行及时的解释,特别是立即加强抗日的教育,提高新战士的觉悟。邓小平强调,在部队中应动员老战士,提倡友爱的精神,发动老战士帮助新战士学习军事和政治,反对老兵欺侮新兵的现象。同时,注意新战士的伙食及衣物的供给,尽可能减少新战士的困难与苦痛,使新战士的精神感到愉快。提倡合理的统御,采取更多的教育说服方式,推动新战士自觉地遵守纪律,努力学习。提倡战士写信回家,告诉自己在部队的愉快生活,宣传家属抗日救国。允许战士家属到营地看望,并给家属以很好的安慰和招待。②

任何制度都不会自转,需要动员做好思想政治工作,以内动力推进外在力,同时,又以外力保障内力。

---

① 《邓小平文选》第一卷,人民出版社 1994 年版,第 5—6 页。
② 《邓小平文选》第一卷,人民出版社 1994 年版,第 6 页。

(三) 反对"以党治国"的观念,加强民主教育

1941年,邓小平同志的文章《党与抗日民主政权》刊载于《党的生活》(1941年4月15日出版)。在文章中邓小平同志明确了"三三制"的民主思想和民主精神。

在邓小平看来,"三三制"既是一项制度,也是一种思想,更是加强党的自身建设的重要内容。邓小平同志从党群关系的角度明确指出,"党的优势不仅在于政权中的适当数量,主要在于群众的拥护。民主政治斗争可以使党的主张更加接近群众,可以使群众从自己的政治经验中更加信仰我党。所以,只有民主政治斗争,才能使我党取得真正的优势。由此可见,三三制政权的实质是民主问题。党在领导政权工作时,必须贯彻民主的精神"①。

党"三三制"的政策提出之后,在晋冀豫区,曾遭受到党内一部分人的抵抗。邓小平明确指出,这是忽视民主和"以党治国"的观念在作怪,并且强调:要彻底纠正这种错误观念,还需要一个教育与斗争的过程。为了反对有些领导同志长期存在的顽固的"以党治国"观念,邓小平同志指出了这种观念造成的恶果:

一是这些同志误解了党的优势,以为党员包办就是绝对优势,不了解真正的优势要表现在群众拥护上。把优势建筑在权力上是靠不住的。

二是这些同志误解了党的领导,把党的领导解释为"党权高于一切",遇事干涉政府工作,随便改变上级政府法令;不经过行政手续,随便调动在政权中工作的干部;有些地方没有党的通知,政府法令行不通,形成政权系统中的混乱现象。甚有把"党权高于一切"发展成为"党员高于一切"者,党员可以为非作歹,党员犯法可以宽恕。

三是这些同志尚简单避复杂,主要是他们自己不相信自己的主张

---

① 《邓小平文选》第一卷,人民出版社1994年版,第9页。

正确,怕见人,怕通不过,以为一切问题只要党员占多数,一举手万事皆迎刃而解。殊不知这是麻痹党腐化党的使党脱离群众的最好办法。①

为了避免这些恶果,邓小平同志强调党在对政权采取指导与监督政策过程中要注重思想政治教育的作用,邓小平指出,"党要教育与责成政权中的党团和共产党员,首先自己具有充分的民主精神,高度的革命热情,和蔼的态度,积极的工作,刻苦的作风,和政治家的风度"②。"党要教育党员和群众,以正确的态度去对待政权,使大家懂得,今天的抗日民主政权不同于过去地主资产阶级专政的政权,全体人民对于抗日民主政权都应采取绝对拥护的态度。"③

邓小平同志在文章的最后专门提出加强民主教育,强调指出,"随着民主政治的开展,民主教育比任何时候还要迫切,无论在党内或在群众中,过去这点都是极其不够的。……我们除在学校中、民革室中、训练班中,应注意民主政治的教育外,对每一个民主运动都要精细地布置,不可丝毫草率,要使之完全符合民主政治的要求,真正动员起广大民众来参加,动员起全党来领导。如此,才会使运动本身收到效果,也才能教育党教育群众"④。最后,邓小平提出民主教育的要求和展望,"我党要善于在一切工作中,一切运动中,大大发扬大众的民主主义作风,与一切不民主的现象作斗争。有了民主主义作风,才有广大的群众运动;有了广大的群众运动,才有真正的布尔什维克的党"⑤。这也是在解放战争时期中国共产党思想建党的要求和目标。

---

① 《邓小平文选》第一卷,人民出版社1994年版,第10—11页。
② 《邓小平文选》第一卷,人民出版社1994年版,第14页。
③ 《邓小平文选》第一卷,人民出版社1994年版,第15页。
④ 《邓小平文选》第一卷,人民出版社1994年版,第20—21页。
⑤ 《邓小平文选》第一卷,人民出版社1994年版,第21页。

(四)增强全心全意为人民服务的宗旨意识

1956年9月16日,邓小平同志在中国共产党第八次全国代表大会作了《关于修改党的章程的报告》,邓小平同志阐释了什么是党的工作中的群众路线。"简单地说来,它包含两方面的意义:在一方面,它认为人民群众必须自己解放自己;党的全部任务就是全心全意地为人民群众服务;党对于人民群众的领导作用,就是正确地给人民群众指出斗争的方向,帮助人民群众自己动手,争取和创造自己的幸福生活。因此,党必须密切联系群众和依靠群众,而不能脱离群众,不能站在群众之上;每一个党员必须养成为人民服务、向群众负责、遇事同群众商量和同群众共甘苦的工作作风。在另一方面,它认为党的领导工作能否保持正确,决定于它能否采取'从群众中来,到群众中去'的方法。"①

为什么要坚持群众路线?邓小平同志运用历史唯物主义的原理指出,"历史是人民群众创造的"。又运用工具理论阐释政党是为人民服务的工具,邓小平同志强调指出,"工人阶级的政党不是把人民群众当作自己的工具,而是自觉地认定自己是人民群众在特定的历史时期为完成特定的历史任务的一种工具"②。这是中国共产党执政为民的理论渊源,也是中国共产党带领人民实现共产主义的思想根源,充分彰显执政党的服务功能。为此,邓小平同志强调指出,"它之所以成为先进部队,它之所以能够领导人民群众,正因为,而且仅仅因为,它是人民群众的全心全意的服务者,它反映人民群众的利益和意志,并且努力帮助人民群众组织起来,为自己的利益和意志而斗争"③。

政党不能脱离群众,但是为什么在现实工作中存在党群关系不和谐的现象?原因在于主观主义作怪。邓小平同志指出,"实践证明,许

---

① 《邓小平文选》第一卷,人民出版社1994年版,第217页。
② 《邓小平文选》第一卷,人民出版社1994年版,第218页。
③ 《邓小平文选》第一卷,人民出版社1994年版,第218页。

多人并非在主观上没有为人民服务的愿望,但是他们仍然把工作做坏了,使群众受到重大的损失。这是因为他们自以为是先进分子,是领导者,比群众懂得多,因而遇事不向群众学习,不同群众商量,因而他们出的主意,经常在群众中行不通;但是,他们又不从错误和失败中取得教训,以为错误和失败,只是由于群众落后和其他临时因素的影响,因而滥用党的威信,继续一意孤行,这就使他们的错误和失败愈来愈严重"①。对此,邓小平同志明确告诉我们怎么样做好群众工作。既要树立正确的群众观,必须先做群众的学生,才有可能做群众的先生。"主观主义者不懂得,只有首先善于做群众的学生的人,才有可能做群众的先生,并且只有继续做学生,才能继续做先生。"②也要善于集中群众智慧,"一个党和它的党员,只有认真地总结群众的经验,集中群众的智慧,才能指出正确的方向,领导群众前进"③。在邓小平同志看来,群众的意见一定不会都是正确的和成熟的,但是离开群众经验和群众意见的调查研究,天才领导者也不可能进行正确的领导。

那么,怎么样通过群众路线全心全意为人民服务呢?邓小平同志强调指出,领导者必须保持谦虚和谨慎的态度。"骄傲,专横,鲁莽,自作聪明,不同群众商量,把自己的意见强加于人,为了自己的威信而坚持错误,是同党的群众路线根本不相容的。"④

邓小平同志回顾了我们党从第七次大会以来走的道路,表明了实行群众路线而取得的巨大胜利。让全党牢记:"如果正确地实行群众路线,使我们得到成功,那末,违背群众络线,就一定要使我们的工作遭受损失,使人民的利益遭受损失。"⑤所以贯彻执行群众路线意义重大。同时,在党的组织和国家机关的许多工作人员中,正在滋长着形

---

① 《邓小平文选》第一卷,人民出版社 1994 年版,第 218 页。
② 《邓小平文选》第一卷,人民出版社 1994 年版,第 218 页。
③ 《邓小平文选》第一卷,人民出版社 1994 年版,第 218—219 页。
④ 《邓小平文选》第一卷,人民出版社 1994 年版,第 219 页。
⑤ 《邓小平文选》第一卷,人民出版社 1994 年版,第 221 页。

形色色的官僚主义的倾向。所以,邓小平同志强调指出,这说明党的工作中的群众路线,还远没有在我们党内得到完全贯彻执行。"我们必须向这些脱离群众的、官僚主义的现象进行经常的斗争。而且我们必须看到,官僚主义是过去人类历史上长时期剥削阶级统治的遗留物,在社会政治生活中有深远的影响。因此,贯彻群众路线,克服官僚主义,也必须是一个长时期的斗争。"①

怎么样贯彻群众路线？邓小平同志明确指出了五点措施。

第一,必须在党的教育系统中,在党员的教育材料中,在党的报刊中,着重进行党的群众路线的教育。

第二,必须有系统地改善各级领导机关的工作方法,使领导工作人员有足够的时间深入群众,善于运用典型调查的方法,研究群众的情况、经验和意见,而不是像现在这样,把绝大部分时间用在坐办公室、处理文件、在领导机关内部开会上面。应该缩小领导机关,减少领导机关的层次,尽可能地把多余的工作人员腾出来派到下层去,使留在领导机关的工作人员必须亲自处理实际工作,防止领导机关官僚化的危险。

第三,必须健全党的和国家的民主生活,使党的和政府的下级组织,有充分的便利和保证,可以及时地无所顾忌地批评上级机关工作中的错误和缺点,使党和国家的各种会议,特别是各级党的代表大会和人民代表大会,成为充分反映群众意见、开展批评和争论的讲坛。

第四,必须加强党的和国家的监察工作,及时发现和纠正各种官僚主义现象,对于违法乱纪和其他严重地损害群众利益的分子,及时地给以应得的处分。

第五,各地区各部门党的组织,必须运用过去整党工作的经验,采取群众性的批评和自我批评的方法,每隔一定时期,对全体党员进行

---

① 《邓小平文选》第一卷,人民出版社1994年版,第223页。

一次工作作风的整顿,特别着重检查群众路线的执行情况。①

在这五点举措当中,重点是思想建设,即着重进行党的群众路线教育。这是邓小平同志科学回答全心全意为人民服务行动路线的思想彰显,充分表达了邓小平同志对思想建党的高度重视。

1956年11月17日,邓小平同志会见国际青年代表团,朋友们提出:中国共产党员的含意是什么?谁来决定国际古典的共产主义的原则中哪些是适合于中国的?邓小平同志对他们提出的这个问题作了精辟回答。邓小平同志强调指出,"中国共产党员的含意或任务,如果用概括的语言来说,只有两句话:全心全意为人民服务,一切以人民利益作为每一个党员的最高准绳。他的目的是要实现社会主义、共产主义"②。

1961年12月27日,邓小平同志接见参加全国省、市、自治区妇联主任会议的全体同志时,强调了党的群众工作。邓小平同志指出"在群众工作方面,我们党的几次会议上,讲过群众路线问题。群众路线是我们党长期的很好的传统。我们的工作向来是很深入的,过去在农村也好,全国胜利之后也好,各种工作是做到家的。不是吹牛皮,一些外国党也真正相信我们的群众路线。我们过去做了许多事,有的并不登报,不登报不等于不普遍深入地宣传,如整顿社会治安、社会风气,都做到家喻户晓。这是依靠党的领导,依靠各个群众组织的经常工作去做的"③。邓小平同志明确表达了做好群众工作的重要作用。群众工作做好了,党的宣传工作和党的领导也跟着好起来。做群众工作的过程也是加强党的领导的过程。在做好群众工作的方面,邓小平同志又明确指出了一个不回避的问题,即"这几年有没有群众路线呢?不

---

① 《邓小平文选》第一卷,人民出版社1994年版,第223—224页。
② 《邓小平文选》第一卷,人民出版社1994年版,第257页。
③ 《邓小平文选》第一卷,人民出版社1994年版,第293页。

能说没有,但至少相当多的群众运动不是群众自愿的,是违反群众路线的"①。如何克服这些问题?关键是要把经常工作建立起来。运动固然重要,但是运动不能替代经常性工作。邓小平同志强调指出,"如果一年到头运动就没有劲了,就变成浮夸、形式主义了,实际上违反了群众意志,脱离了群众。因此,归根到底要把经常工作建立起来。大量的日常工作是基础,突击运动只有建立在这个基础上才最可靠,没有长期的群众工作基础不行","现在党的工作、群众工作要着重把经常工作建立起来"②。邓小平同志明确指出经常性工作是做好群众工作的重要方式方法,也表明群众工作是践行党的根本宗旨的重要途径。

三、思想武装全党,推进理论创新

(一)在整风中加强思想武装

1943年11月,党中央整风期间,邓小平同志在中共中央北方局党校第八期开学时进行动员讲话,其题目为《在北方局党校整风动员会上的讲话》。

整风作为加强思想政治建设的重要方式,是加强思想建党的重要内容。在讲话中,邓小平同志首先明确指出整风的目的,即"整风的目的是要以无产阶级的马列主义的思想,去克服存在于我们同志中的非无产阶级的非马列主义的思想,使我们全党思想更加统一,意志更加集中,全体同志更能团结在以毛泽东为首的党中央的周围,一心一德

---

① 《邓小平文选》第一卷,人民出版社1994年版,第293—294页。
② 《邓小平文选》第一卷,人民出版社1994年版,第295页。

地去完成中国革命的事业"①。可见,邓小平同志认为整风促进党的思想统一,有利于思想建党。

整风与思想教育密不可分。邓小平同志从政党政治的一般原理角度告诉学员一个道理:党校是党性大熔炉,整风要从每个同志自己着手。所以,整风要加强每个个体的思想作风。邓小平同志作了深刻的阐释,"党是由许多个人集合组织起来的,个人把思想作风整好了,就可以使他担负的工作得到改进,因而党的力量也就增强了;如果我们所有的同志都把歪风去掉,那我们党不知要增加多大的力量!整风运动是我们建党的百年大计,每个同志都要自觉地参加"②。

在邓小平同志看来,大家对整风的意义重要性的了解不深刻、很不够,一个重要的依据就是:为什么经过了一年半的时间,我们的整风还没有整起来。邓小平同志认为,做好执行工作应该先做好思想工作,思想是执行的先导。所以,邓小平同志指出,"当着本期党校开学和太行区全体机关部队开展整风运动的时候,再来说一说整风的重要性,不是没有意义的"③。

在邓小平同志看来,整风号召是"两个方针",即"使党进一步布尔什维克化的方针,使党在思想上更好地武装起来、一致起来,顺利地领导中国革命走向胜利的方针"。这就更加明确了整风号召的重要性。

随后,邓小平同志从历史教训和现实问题两个层面表达了整风号召的重要性。从历史教训来看,一方面,邓小平指出,在我们党的历史上,曾经历了三次大的革命战争,有好几次挫折和失败的教训,每次挫折和失败都是"学风、党风、文风三风不正占统治地位的领导所形成的

---

① 《邓小平文选》第一卷,人民出版社1994年版,第86页。
② 《邓小平文选》第一卷,人民出版社1994年版,第86—87页。
③ 《邓小平文选》第一卷,人民出版社1994年版,第87页。

恶果"①。对此,邓小平同志列举了陈独秀机会主义、李立三同志的冒险主义和"左"倾机会主义。邓小平同志强调指出,教训告诉我们,"当着党的领导正确的时候,我们党的工作和革命运动一定是发展的;当着三风不正占了党的统治地位的时候,就会把我们长期艰苦创造起来的基础弄垮,就会使革命遭到挫折和失败。主观主义、宗派主义、党八股的统治时间愈长,给予党和革命的损害也就愈大"②。另一方面,"在以毛泽东思想为指导的党中央的领导之下,我们回忆起过去机会主义领导下的惨痛教训,每个同志都会感觉到这九年是很幸福的,同时也会更加感到三风不正对我们的毒害了"③。邓小平同志通过比较的方式深刻阐释了整风的重要性。

从现实问题来看,邓小平同志从党员干部和党组织自身建设角度,强调指出,"这些歪风,这些非无产阶级的思想意识,恰恰在我们干部中和各级党的组织中还是相当严重地存在着,曾给了我们工作以不小的损害。毛泽东同志号召整风当然不是无的放矢,而正是针对着我们的弱点提出来的,是一针见血的指示。我们大家可以好好回忆一下几年来自己的工作,反省一下自己的思想意识,就会懂得这一点"④。

邓小平同志从辩证唯物主义角度,实事求是地摆出了党员干部思想领域存在的亟须解决的问题,比如,思想不纯、思想不入党问题等。邓小平同志明确指出,"至于说到我们自己,一定要承认:不仅普通的党员,而且有不少相当负责的干部,都存在着不同程度的思想不纯、作风不正的问题。……各地整风的材料证明:有些同志虽然为革命奋斗了多少年,最近经过了深刻的反省和别人帮助之后,才认识到自己还不是一个完全的无产阶级战士,还没有最后地确立自己的革命人生

---

① 《邓小平文选》第一卷,人民出版社1994年版,第87页。
② 《邓小平文选》第一卷,人民出版社1994年版,第88页。
③ 《邓小平文选》第一卷,人民出版社1994年版,第88页。
④ 《邓小平文选》第一卷,人民出版社1994年版,第88—89页。

观,或者是组织上入了党,思想上还没有完全入党,一只脚跨进了党门,还有一只脚是站在门外的。这样的同志,经不经得起大风浪呢?假如不改造,当然是很困难的。可惜这样的同志是很不少的,甚至有不少做了地委委员的干部,思想上的毛病还是很大的。老实说,现在不是自己有无毛病的问题,而是毛病多少、严重程度如何的问题"①。

邓小平同志明确了加强整风和思想政治建设的重要性,同时也明确了加强党风建设的艰巨性、复杂性。通过邓小平提出的疑问,我们可以不难理解。邓小平指出,"整风既然这样重要,为什么一年半的时间,我们还没有整起来呢?"②邓小平深刻指出根本原因在于主观方面,在于思想问题,特别是领导的重视问题。邓小平同志明确指出:"我以为主要的是在领导上对整风的认识还很不够,所以抓得不紧,办法想得不多。……要达到这个目的,不致像过去一样半途而废,首先是领导问题。领导上一定要抓得很紧,每个负责干部要亲身参加整风,认真突破一点,积累经验,以指导其他。"③

领导重视之后,还需要干部从思想层面增强整风思想觉悟,自觉增强政治意识,所以,邓小平同志向参加本期整风的同志提出五点意见:一是每个同志都要下定决心把自己的思想作风整好,要有高度的革命热情和对党负责的精神。二是每个同志要具有帮助别人整风的勇气,要有批评自我批评精神。三是整风要与检查工作联系,打通自己的思想。四是整风中思想上是会感到有压力的,要使他认识到整风不是对人而是对事,在真理面前屈服是可贵的精神,绝不是耻辱。五是要提倡知无不言言无不尽的态度,对同志、对自己、对上级都应抱有这种态度。

邓小平同志这种思想建党的理念还体现在其他文章当中,比如,

---

① 《邓小平文选》第一卷,人民出版社1994年版,第89—90页。
② 《邓小平文选》第一卷,人民出版社1994年版,第90—91页。
③ 《邓小平文选》第一卷,人民出版社1994年版,第91页。

1948年4月25日,河南鲁山召开豫陕鄂前委和后委联席会议,邓小平同志作了《跃进中原的胜利形势与今后的政策战略》的报告。在报告中,邓小平同志强调指出,"我们党内组织上和思想作风上不纯的情况是严重的,它会使党丧失战斗力,不能完成革命的任务。因此,为着克服这些现象,非整党不可。如果不整,党确实要腐朽。……但整党要整得对,要教育同志、团结内部,要从思想上解决问题"①。可见,邓小平同志强调指出的要从思想上解决问题鲜明表达了思想建党的问题。

1950年6月6日,邓小平同志在中共重庆市第二次代表会议上作了《克服目前西南党内的不良倾向》的报告。在报告中,邓小平明确指出年内要进行党内第三次整风。这次整风主要是查思想、查作风,通过整风,克服思想上政策上的混乱现象,达到思想上的统一。通过这次整风主要解决官僚主义和命令主义,其中更重要的是命令主义。如何解决这些问题?邓小平同志强调指出要着重从思想上进行解决,充分彰显了思想建党的重要内涵。邓小平强调指出,"要根据'惩前毖后'与'治病救人'的方针,帮助犯错误的同志着重从思想上解决问题"②。

1956年9月16日,邓小平同志在中国共产党第八次全国代表大会作了《关于修改党的章程的报告》,在该报告中,邓小平同志也阐释了思想建党的问题。因为八大时我们党的党员数目,比在第七次大会时期,已经增加了八倍。但是,这些党员是怎样被接收入党的呢?他们是不是合乎党员的条件呢?邓小平同志存在疑问,所以强调指出,"无论如何,一个明显的事实是,在目前我们党的一千零七十三万党员中,十分之九是在第七次大会以后入党的。过去无数的经验证明,不少党员在组织上虽然入了党,在思想上却还没有入党,或者没有完全

---

① 《邓小平文选》第一卷,人民出版社1994年版,第101—102页。
② 《邓小平文选》第一卷,人民出版社1994年版,第159页。

入党。党的各级组织的任务,就是要认真地加强对于广大的新党员的教育,切实地组织和指导他们进行对于马克思列宁主义的学习,对于毛泽东同志的著作的学习,对于党的历史和党的政策的学习,并且加强无产阶级国际主义的教育,以提高他们的觉悟程度,使他们在思想上也具备着成为一个真正合格的共产党员的条件"[1]。1957年4月8日,邓小平同志在西安干部会议上作了《共产党要接受监督》的报告,强调指出,"共产党的领导够不够格,决定于我们党的思想和作风"[2]。

作风是思想的外化,密切联系群众的思想是思想建党的重要内容。1979年,邓小平同志在中央党、政、军机关副部长以上干部会上强调指出,"要培养、选拔一批年轻干部到各级领导岗位上来,老干部对他们要传帮带,要给他们树立一个好的作风,要使他们能够继承和发扬党的艰苦朴素、密切联系群众等优良作风。要使他们懂得,不只是年轻就能解决问题,不只是有了业务知识就能解决问题,还要有好的作风。密切联系群众,这是最根本的一条。不要'做官当老爷',要反对'衙门作风',这是毛泽东同志的一些根本的思想观点,现在我们还是应该按照这些思想观点去办事"[3]。

整风要从思想层面解决问题,关键在于学习教育。对此,邓小平同志强调指出,"陈云同志建议,要提倡学习,主要是学哲学,学习毛泽东同志的哲学著作,例如《实践论》《矛盾论》,还有《中国革命战争的战略问题》《抗日游击战争的战略问题》《论持久战》等等。这个意见很好。我看应当搞学习运动,认真学习马克思、列宁和毛泽东同志的著作。这个学习必须联系中国革命的历史,这样就能了解党是怎样领导革命的,了解毛泽东同志有哪些功绩,使大家知道中国革命是怎样成功的。《关于建国以来党的若干历史问题的决议》通过以后,要组织

---

[1]《邓小平文选》第一卷,人民出版社1994年版,第247页。
[2]《邓小平文选》第一卷,人民出版社1994年版,第274页。
[3]《邓小平文选》第二卷,人民出版社1994年版,第230页。

大家认真学习,然后要引导大家认真读点书"①。

(二) 全面学习、宣传、贯彻毛泽东思想

1956年11月17日,邓小平同志会见国际青年代表团,朋友们提出:中国共产党员的含意是什么?谁来决定国际古典的共产主义的原则中哪些是适合于中国的?邓小平同志对他们提出的这些问题作了精辟回答,其主要精髓是马列主义要与中国的实际情况相结合。邓小平同志强调指出,"马克思列宁主义的普遍真理与本国的具体实际相结合,这句话本身就是普遍真理。它包含两个方面,一方面叫普遍真理,另一方面叫结合本国实际。我们历来认为丢开任何一面都不行"②。同时强调指出,"在普遍真理与具体实际相结合这个问题上,我们党过去吃过许多亏,以后就一直抓住反对主观主义这一条。反对主观主义有两个方面,即反对教条主义和反对经验主义。教条主义,就是只知道马克思列宁主义的词句,不从具体情况出发来运用,它使我国的革命遭受过失败和挫折。经验主义,就是只看到一些具体实践,只看到一国一地一时的经验,没有看到马克思列宁主义的原则。两者我们都反对"③。

1960年3月25日,邓小平同志在中共中央天津会议上讲话着重提出"正确地宣传毛泽东思想"。针对把毛泽东思想庸俗化和马列主义很少讲的现实问题,邓小平同志强调指出,不要把马列主义与毛泽东思想割裂开,要把学习马克思列宁主义与学习毛泽东同志的著作并提,不能丢掉马列主义这个最根本的东西。"一定要把毛泽东思想这个旗帜掌握得好。光讲毛泽东思想,不提马克思列宁主义,看起来好

---

① 《邓小平文选》第二卷,人民出版社1994年版,第381页。
② 《邓小平文选》第一卷,人民出版社1994年版,第258—259页。
③ 《邓小平文选》第一卷,人民出版社1994年版,第259—260页。

像是把毛泽东思想抬高了，实际上是把毛泽东思想的作用降低了。"① 邓小平同志思想建党的理论鲜明表达了理论继承与创新的统一性、历史与现实的一致性。

1962年2月6日，邓小平同志在扩大的中央工作会议上发表重要讲话，强调指出中国共产党是执政党，并且是光荣的、伟大的、正确的党，是名副其实的马克思列宁主义的党。为什么这么讲呢？邓小平同志明确指出我们党具有的五个优点，即有五好。其中第一个优点就是有好的指导思想，即以毛泽东思想为代表的党的指导思想。邓小平同志强调，毛泽东思想就是把马克思列宁主义的普遍真理同中国革命和建设的具体实践相结合的思想。邓小平同志从革命与建设的视角明确了毛泽东思想的指导地位。在讲话中，邓小平同志明确指出，这几年来，形式主义比较多，不大注意调查研究，许多问题脱离实际。比如，指标过高，要求过急，还有一些不适当的"大办"。许多好的传统的削弱，又反过来加重了工作中的缺点和错误。为什么我们党的优良传统受到了削弱呢？邓小平同志强调指出，首先是，我们不少同志对毛泽东思想学习不够，体会不够。这就鲜明表达了坚持用马列主义、毛泽东思想武装全党的原因。邓小平同志强调，执政党的官员最容易沾染官气。认识了执政党全心全意为人民服务这个特点，我们就能更加注意坚持党的优良传统。"这样，就可以避免沾染官气，就可以避免脱离群众、脱离实际，就可以使我们的国家坚持社会主义制度、并在将来发展到共产主义的道路上去，就可以使我们党坚持马克思列宁主义的原则。"②邓小平同志从坚持党的优良传统方面明确了坚持马列主义原则的重要性，为坚持用马列主义、毛泽东思想武装全党提供了理论支撑。在坚持党的优良传统方面，邓小平同志谈了四个问题，其中之一

---

① 《邓小平文选》第一卷，人民出版社1994年版，第284页。
② 《邓小平文选》第一卷，人民出版社1994年版，第304页。

是学习的问题,即学习马克思列宁主义的理论和毛泽东同志的著作。邓小平强调指出,"如果说要变质,那末思想的庸俗化就是一个危险的起点。我们还是要造成一种学习的空气,学习理论的空气"①。避免思想庸俗化,造成学习理论的空气,其实就是坚持用马列主义、毛泽东思想武装全党。

1965年,邓小平同志同亚洲一位共产党领导人谈话时,指出要使一个党逐步成为成熟的党,同群众有联系的党,是不容易的。一个成熟的党首先体现在思想上,思想上的成熟是全党成熟的前提。对此,邓小平同志强调指出,"所谓全党成熟,首先是在思想上,我们党有了把马克思列宁主义同中国革命的具体实践相结合的毛泽东思想,广大干部和党员掌握了这个思想"②。

1975年,邓小平同志在农村工作座谈会上明确提出"怎么样宣传毛泽东思想"的问题,不同意把毛泽东思想庸俗化,反对片面宣传、割裂毛泽东思想的问题。对此,邓小平同志指出,"恐怕在相当多的领域里,都存在怎样全面学习、宣传、贯彻毛泽东思想的问题"。并且强调指出,"我们一定要全面地学习、宣传和实行,不能听到风就是雨"③。

(三)在坚持实事求是原则中解放思想

实事求是是解放思想的原则,邓小平同志的理论创新主要体现在实事求是方面。邓小平同志指出,毛泽东同志之所以伟大,能把中国革命引导到胜利,归根到底,就是靠实事求是。邓小平同志在《高举毛泽东思想伟大旗帜,坚持实事求是的原则》中,用中国与苏联革命道路的经历阐释出实事求是原则的重要性。没有实事求是这个理论创新的原则,中国革命搞不成功。这既是党的思想路线的鲜明表达,也是

---

① 《邓小平文选》第一卷,人民出版社1994年版,第316页。
② 《邓小平文选》第一卷,人民出版社1994年版,第346页。
③ 《邓小平文选》第二卷,人民出版社1994年版,第37页。

理论创新的现实展现。"马克思、列宁从来没有说过农村包围城市,这个原理在当时世界上还是没有的。但是毛泽东同志根据中国的具体条件指明了革命的具体道路,在军阀割据的时候,在敌人控制薄弱的地区,领导人民建立革命根据地,用农村包围城市,最后夺取了政权。列宁领导的布尔什维克党是在帝国主义世界的薄弱环节搞革命,我们也是在敌人控制薄弱的地区搞革命,这在原则上是相同的,但我们不是先搞城市,而是先搞农村,用农村包围城市。如果没有实事求是的基本思想,能提出和解决这样的问题吗?能把中国革命搞成功吗?"[1]实事求是既是理论创新的形式,也是理论创新的内在要求。

1978年12月13日,邓小平同志在中共中央工作会议闭幕会上发表重要讲话,其主题是《解放思想,实事求是,团结一致向前看》。其明确了理论创新的根本遵循。理论创新先要解放思想。只有思想解放了,我们才能正确地以马列主义、毛泽东思想为指导,解决过去遗留的问题,解决新出现的一系列问题,正确地改革同生产力迅速发展不相适应的生产关系和上层建筑,根据我国的实际情况,确定实现四个现代化的具体道路、方针、方法和措施。所以邓小平同志强调指出,"解放思想,开动脑筋,实事求是,团结一致向前看,首先是解放思想"[2]。

1979年3月30日,邓小平同志在党的理论工作务虚会上发表重要讲话,在明确思想理论工作的任务时,强调指出,"科学社会主义是在实际斗争中发展着,马列主义、毛泽东思想是在实际斗争中发展着。我们当然不会由科学的社会主义退回到空想的社会主义,也不会让马克思主义停留在几十年或一百多年前的个别论断的水平上。所以我们反复说,解放思想,就是要运用马列主义、毛泽东思想的基本原理,研究新情况,解决新问题"[3]。"我们是一个马克思主义的大党,我们

---

[1] 《邓小平文选》第二卷,人民出版社1994年版,第126—127页。
[2] 《邓小平文选》第二卷,人民出版社1994年版,第141页。
[3] 《邓小平文选》第二卷,人民出版社1994年版,第179页。

自己不重视马克思主义的研究,不按照实践的发展来推动马克思主义的前进,我们的工作还能够做得好吗?我们讲高举马列主义、毛泽东思想的旗帜,不就成了说空话吗?"①

1979年7月,邓小平同志接见中共海军委员会常委扩大会议全体同志时发表重要讲话,强调指出,"不解放思想,不实事求是,不从实际出发,理论与实践不相结合,不可能有现在的一套方针、政策,不可能把人民的积极性统统调动起来,也就不可能搞好现代化建设,显示出社会主义制度的优越性"②。人才建设关键在于解放思想、打破框框。邓小平同志强调指出,"只要我们敢于把他们提起来,让他们在其位,谋其政,经过一两年就能干起来了。我经常讲,进军西南的时候,地方干部少,有排长当县委书记的,有连指导员当县委书记的,也有营团干部当县委书记的。那些连排干部(当然都是挑选好的)经过几年锻炼,和营团干部一样胜任,都是很好的县委书记"③。这是干部队伍建设方面解放思想的鲜活案例。

1979年10月19日,邓小平同志在全国政协、中共中央统战部宴请出席各民主党派和全国工商联代表大会代表时发表重要讲话,强调指出了"四个促进派",即"让我们在马克思列宁主义、毛泽东思想的伟大旗帜下,努力做解放思想的促进派,做安定团结的促进派,做实现四化的促进派,做完成祖国统一大业的促进派,为把我国建设成为社会主义的现代化强国,共同奋斗!"④其中,首要的就是做解放思想的促进派。

1979年10月30日,邓小平同志在中国文学艺术工作者第四次代表大会上祝词,强调中国文学艺术工作要进行理论创新,群众和干部

---

① 《邓小平文选》第二卷,人民出版社1994年版,第181页。
② 《邓小平文选》第二卷,人民出版社1994年版,第191页。
③ 《邓小平文选》第二卷,人民出版社1994年版,第193页。
④ 《邓小平文选》第二卷,人民出版社1994年版,第206页。

要做解放思想的促进派。邓小平同志指出,"同心同德地实现四个现代化,是今后一个相当长的时期内全国人民压倒一切的中心任务,是决定祖国命运的千秋大业。各条战线上的群众和干部,都要做解放思想的促进派,安定团结的促进派,维护祖国统一的促进派,实现四个现代化的促进派"①。邓小平再次强调"四个促进派"首要是做解放思想的促进派。同时邓小平还提出一些新思想,比如,"要教育人民,必须自己先受教育。要给人民以营养,必须自己先吸收营养""人民是文艺工作者的母亲"等思想理念。并且特别强调文艺工作者解放思想的问题,邓小平同志指出,"要着重帮助文艺工作者继续解放思想,打破林彪、'四人帮'设置的精神枷锁,坚持正确的政治方向,从各个方面,包括物质条件方面,保证文艺工作者充分发挥自己的聪明才智"②。

1981年3月,邓小平同志同中国人民解放军总政治部负责同志谈话时明确指出,"解放思想,也是既要反'左',又要反右。三中全会提出解放思想,是针对'两个凡是'的,重点是纠正'左'的错误。后来又出现右的倾向,那当然也要纠正"③。解放思想,实事求是,并非一帆风顺,要反对各种错误思想倾向。

1985年3月7日,邓小平同志作了《一靠理想二靠纪律才能团结起来》的讲话,在谈到理想信念时他强调指出,"为什么我们过去能在非常困难的情况下奋斗出来,战胜千难万险使革命胜利呢?就是因为我们有理想,有马克思主义信念,有共产主义信念。我们干的是社会主义事业,最终目的是实现共产主义"④。1985年8月28日,邓小平同志会见津巴布韦非洲民族联盟主席、政府总理穆加贝时指出,"我们多年奋斗就是为了共产主义,我们的信念理想就是要搞共产主义。在

---

① 《邓小平文选》第二卷,人民出版社1994年版,第208—209页。
② 《邓小平文选》第二卷,人民出版社1994年版,第213页。
③ 《邓小平文选》第二卷,人民出版社1994年版,第379页。
④ 《邓小平文选》第三卷,人民出版社1993年版,第110页。

我们最困难的时期,共产主义的理想是我们的精神支柱,多少人牺牲就是为了实现这个理想"①。1985年9月23日,邓小平同志《在中国共产党全国代表会议上的讲话》中鲜明指出,"过去我们党无论怎样弱小,无论遇到什么困难,一直有强大的战斗力,因为我们有马克思主义和共产主义的信念"②。

实事求是,就要一切从实际出发。从中国特色社会主义的实际出发,就要反对资产阶级自由化,这就是解放思想的体现。反对资产阶级自由化是中国共产党坚持四项基本原则,对改革开放后出现的右的倾向进行的一场斗争。资产阶级自由化主要是指少数人借改革开放之机,宣扬一些怀疑和动摇党的四项基本原则的错误言论,在社会上造成人们的思想混乱,产生较大的影响。1986年9月,邓小平在党的十二届六中全会上指出:"搞自由化就是要把我们引导到资本主义道路上去,所以我们用反对资产阶级自由化这个提法。""看来,反对自由化,不仅这次要讲,还要讲十年二十年。"③

1987年1月28日,中共中央发出《关于当前反对资产阶级自由化若干问题的通知》,指出:搞资产阶级自由化否定社会主义制度、主张资本主义制度,核心是否定共产党的领导。反对资产阶级自由化的斗争关系到党和国家的命运,关系到社会主义事业的前途。进行这场斗争也是对广大党员进行一次坚持四项基本原则,全面、正确地理解和贯彻执行中共十一届三中全会以来的路线、方针、政策的教育。反对资产阶级自由化思潮的斗争贯穿于改革、开放的整个过程中,因此它是长期的。但是这场斗争严格限于党内,而且主要在政治思想领域内进行,着重是解决根本政治原则和政治方向问题。进行这场斗争,要始终坚持以正面教育为主、团结绝大多数的方针,不搞政治运动。其

---

① 《邓小平文选》第三卷,人民出版社1993年版,第137页。
② 《邓小平文选》第三卷,人民出版社1993年版,第144页。
③ 《邓小平文选》第三卷,人民出版社1993年版,第182页。

中特别指出：坚持四项基本原则，坚持改革、开放、搞活，是党的十一届三中全会以来的路线的两个基本点，两者互相联系，缺一不可。反对资产阶级自由化，正是为了正确地、全面地贯彻党的十一届三中全会以来的路线、方针和政策。反对资产阶级自由化，不是否定改革开放，而是更好推进改革开放，这也是一种解放思想。

1988年5月18日，邓小平同志在会见莫桑比克总统希萨诺时谈话指出，"我们党的十一届三中全会的基本精神是解放思想，独立思考，从自己的实际出发来制定政策。因为在中国建设社会主义这样的事，马克思的本本上找不出来，列宁的本本上也找不出来，每个国家都有自己的情况，各自的经历也不同，所以要独立思考。不但经济问题如此，政治问题也如此"[1]。5月25日，邓小平同志会见捷克斯洛伐克共产党中央总书记雅克什时谈话指出，"思想要更加解放一些，改革开放的步伐要走得更快一些。改革开放要贯穿中国整个发展过程，不是三年、五年、十年、八年，也不是二十年，因为需要做的事情太多了"[2]。

思想解放的成效需要思想政治教育的加强。任何脱离教育的思想很难普及和广泛生长，也很难入脑入心和落地生根。1989年3月23日，邓小平同志会见乌干达共和国总统穆塞韦尼时强调指出，"我们最大的失误是在教育方面，思想政治工作薄弱了，教育发展不够。我们经过冷静考虑，认为这方面的失误比通货膨胀等问题更大。最重要的一条是，在经济得到可喜发展、人民生活水平得到改善的情况下，没有告诉人民，包括共产党员在内，应该保持艰苦奋斗的传统。坚持这个传统，才能抗住腐败现象。所以要加强对人民进行思想政治工作，提倡艰苦奋斗。这是中国从几十年的建设中得出的经验。我们现在还不富裕，在财力上对你们帮助不大，但我们可以把我们的经验教

---

[1] 《邓小平文选》第三卷，人民出版社1993年版，第260页。
[2] 《邓小平文选》第三卷，人民出版社1993年版，第265页。

训告诉朋友们,这也是一种帮助"①。1992年,邓小平同志《在武昌、深圳、珠海、上海等地的谈话要点》中强调指出,"帝国主义搞和平演变,把希望寄托在我们以后的几代人身上。江泽民同志他们这一代可以算是第三代,还有第四代、第五代。我们这些老一辈的人在,有分量,敌对势力知道变不了。但我们这些老人呜呼哀哉后,谁来保险?所以,要把我们的军队教育好,把我们的专政机构教育好,把共产党员教育好,把人民和青年教育好"②。

(四)"南方谈话":党的理论创新的宣言书

"南方谈话"是邓小平在改革开放面临何去何从的重要历史节点推进马克思主义理论创新的宣言书。其作为邓小平理论的重要组成部分,在习近平新时代中国特色社会主义思想中得到继承和发展,为全面建设社会主义现代化国家增添了智慧和力量,在坚持和发展中国特色社会主义的道路上始终具有重要的现实指导作用。

20世纪80年代末90年代初的世界很不太平,苏联解体、东欧剧变,偌大的一个社会主义大家庭,顷刻间不战自溃,纷纷倒旗落马。面对这些前所未有的难题,西方敌对势力大肆宣扬"共产主义大溃败",国内一些资产阶级自由化者主张放弃四项基本原则,走"西化"的道路。在党内和一部分干部群众中一度出现了对改革开放政策的模糊认识,甚至出现了姓"资"姓"社"的争论。

可见,中国处在改革开放不进则退的临界点,处在选择前进方向的十字路口。如果不迅速摆脱这种困境,任其不良倾向发展,社会主义初级阶段的基本路线就会中途扭曲,社会主义改革开放事业就会中途搁置,社会主义现代化建设新局面就会中途葬送。在这关键时刻,

---

① 《邓小平文选》第三卷,人民出版社1993年版,第290页。
② 《邓小平文选》第三卷,人民出版社1993年版,第380页。

邓小平作为中国改革开放的总设计师,勇敢站出来,发表"南方谈话",引导建设有中国特色社会主义的巨轮驶向光明彼岸。为此,1992年初,邓小平同志凭着对党和人民伟大事业的深切期待,先后赴武昌、深圳、珠海和上海视察,沿途发表了重要谈话,统称"南方谈话"。

邓小平"南方谈话"的核心问题是要坚持党的基本路线不动摇,这是谈话的灵魂。南方谈话主要包括六个部分的内容:坚持党的"一个中心、两个基本点"的基本路线,一百年不动摇;加快改革开放的步伐,大胆地试,大胆地闯;抓住有利时机,集中精力把经济建设搞上去;坚持两手抓,两手都要硬;正确的政治路线要靠正确的组织路线来保证;坚定社会主义信念。

"南方谈话"的治国警句主要有:革命是解放生产力,改革也是解放生产力;改革开放胆子要大一些,看准了的,就大胆地试、大胆地闯;计划多一点还是市场多一点,不是社会主义与资本主义的本质区别,计划和市场都是经济手段;科学技术是第一生产力;学马列要精,要管用的;形式主义也是官僚主义;发展才是硬道理;中国要警惕右,但主要是防止"左";社会主义的本质,是解放生产力,发展生产力,消灭剥削、消除两极分化,最终达到共同富裕;判断的标准,应该主要看是否有利于发展社会主义社会的生产力,是否有利于增强社会主义国家的综合国力,是否有利于提高人民的生活水平;要坚持两手抓,一手抓改革开放,一手抓打击各种犯罪活动,这两只手都要硬;社会主义经历一个长过程发展后必然代替资本主义,这是社会历史发展不可逆转的总趋势;社会主义要赢得与资本主义相比较的优势,就必须大胆吸收和借鉴人类社会创造的一切文明成果,吸收和借鉴当今世界各国包括资本主义发达国家的一切反映现代社会化生产规律的先进经营方式、管理方法;等等。

邓小平"南方谈话"在国内外产生了巨大的影响,在中国面向何处去的重大历史关头,鲜明地解答了经常困扰和束缚人们思想的许多重大思想理论问题,开启了中国改革开放的崭新篇章,不仅对即将召开的党的十四大具有十分重要的指导作用,而且对社会主义现代化建设事业具有重大而深远的意义。在邓小平同志视察南方重要谈话精神的指导下,党的十四大报告从更宽广的视野和更高的理论层次,对邓小平同志建设有中国特色社会主义理论进一步作出科学的概括,推进了邓小平理论的创立。

第五章
江泽民关于思想建党的理论与实践

江泽民思想建党深刻回答了在长期执政和改革开放的历史条件下,中国共产党应当把自己建设成为什么样的党、怎样建设这样的党的根本问题。在我国社会阶层构成发生新变化的情况下,用"三个代表"重要思想武装全党,实现马克思主义思想建党理论新飞跃。

一、坚持用马列理论武装全党

坚持用马列理论武装全党是思想建党的灵魂。随着改革开放的深入发展和社会主义市场经济体制的建立,私营经济迅速发展,在意识形态领域,出现了日益复杂的形势,比如,有的党员干部世界观、人生观、价值观发生蜕变。要保持党的纯洁性和先进性,坚定共产党人理想信念,必须把思想建设放在首位。

(一)切实把思想建设放在党的建设的首位

共产党的力量和作用,主要不在于党员数量,而在于党员质量,思想建党必须切实把思想建设放在党的建设的首位。

1989年6月24日,江泽民同志在党的十三届四中全会上强调指出,"几年来,物质生活水平提高了,但是'一切向钱看',追求高消费,追求眼前实惠而放弃远大理想,计较个人私利而不顾国家、民族整体利益,鄙薄自己的祖国和人民而崇洋媚外等思想倾向滋长了,甚至腐化堕落的不良风气发生了,建国初期就早已绝迹的种种丑恶现象再度出现了。面对这个严峻的现实,我们必须认真思考小平同志所指出的坚持四项基本原则缺乏一贯性、十年最大的失误是教育的问题,并从中引出深刻的教训"①。

1989年政治风波警醒共产党人,我们的民主法制建设决不能离开社会主义的方向和轨道搞极端民主化;我们的改革开放决不能背离和放弃四项基本原则;我们的思想教育决不能背弃马克思列宁主义、毛泽东思想。因为"形势和任务不断变化,党的路线方针政策和斗争策略、活动方式、工作方法也要相应改变,但是党的性质不能变,共产主义的最高目标不能变"②。

那么,形势在变化,怎么保持党的性质不变呢?思想建党至关重要。江泽民同志强调指出,"共产党的力量和作用,主要不在于党员的数量,而在于党员的素质。要结合建设、改革的实际和当代世界的发展状况,在全党进行马克思列宁主义、毛泽东思想基本理论的教育,进行社会主义、共产主义思想的教育,进行党纲党章和党的路线方针政策的教育"③。

1989年9月29日,江泽民同志在庆祝中华人民共和国成立四十周年大会上明确指出,"用马克思列宁主义、毛泽东思想武装起来的中国共产党,是中国工人阶级的先锋队,是中国各族人民利益的忠实代

---

① 《江泽民文选》第一卷,人民出版社2006年版,第60页。
② 《江泽民文选》第一卷,人民出版社2006年版,第62页。
③ 《江泽民文选》第一卷,人民出版社2006年版,第62页。

表,在国家独立和发展的过程中担负着极其重要的使命"①。这深刻阐释出思想建党的重要性,中国共产党只有切实加强思想建党,才能充分发挥政党功能,实现政党使命。

1989年12月29日,江泽民同志在中共中央宣传部、中共中央政策研究室、中共中央组织部、中共中央党校举办的党建理论研究班上发表题为《为把党建设成更加坚强的工人阶级先锋队而斗争》的重要讲话,明确思想建党必须切实把思想建设放在党的建设的首位。在讲话中江泽民充分阐释了思想建党的必要性和重要性。

从必要性来看,江泽民同志强调指出,"强调从思想上建党,是毛泽东同志对马克思主义建党学说的一个创造性发展,是我们党能够保持工人阶级先锋队性质、不断提高战斗力的重要保证和基本经验。抓好了这一条,党的组织建设和作风建设的问题就比较容易解决。因此,加强党的建设,首先就要切实加强思想建设"②。在江泽民同志看来,思想建党既是毛泽东党建思想的重要组成部分,也是提高党的战斗力的基本经验,还是加强党的组织建设和作风建设的金钥匙。不可置疑,思想建党是把党建设成更加坚强的工人阶级先锋队的重要力量。

从重要性来看,思想建党是迫切解决党内暴露出的各种问题的需要。在国际国内严峻形势方面江泽民同志强调指出,"一个时期以来,资产阶级自由化思潮的泛滥,资产阶级的'民主'、'自由'、'人权'口号的蛊惑,利己主义、拜金主义、民族虚无主义和历史虚无主义的滋长,严重侵蚀党的肌体,把党内一些人的思想搞得相当混乱。而我们却放松了党的思想建设工作,这是一个失误。有些党员在大是大非面前分不清是非,迷失方向,跟着错误思潮跑;有些党员同情、支持以至

---

① 《江泽民文选》第一卷,人民出版社2006年版,第69页。
② 《江泽民文选》第一卷,人民出版社2006年版,第94页。

不同程度地参与动乱"①。现实的问题倒逼从思想层面解决问题,必须把加强思想建设、提高党员的思想政治水平作为一项迫切的任务提到全党面前。

从党的自身建设来看,存在一系列亟须解决的问题。江泽民同志强调指出,"加强党的思想建设的一个直接而现实的目的,就是要解决相当一部分共产党员思想入党的问题。我们党现在有四千八百多万党员,其中近百分之七十是'文化大革命'中或'文化大革命'后入党的。党的队伍迅速扩大了,而思想建设却没有跟上。许多同志组织上入了党,思想上并没有真正入党或没有完全入党。对于老党员来说,随着形势和任务的变化,也有一个需要不断提高的问题"②。江泽民同志从党的思想建设的滞后、党员组织入党而思想没有入党和老党员亟须不断提高等方面明确了加强思想建党的现实针对性。同时,也从提高党的制度执行力视角明确加强党的思想建设的重要性。制度建设需要加强思想建设,因为任何制度的落实都需要人。只有人提高了自身思想觉悟,明白了制度建设的重要性,才能提高制度执行力。江泽民同志强调指出,"制度建设必须同思想建设结合起来。只有提高大家的思想觉悟,加强党性修养,好的制度才能得到贯彻执行"③。

思想建党如此必要和重要,那么怎么样进行思想建党?江泽民同志明确指出"当前和今后一个时期,加强党的思想建设,要在全党系统地深入地进行马列主义、毛泽东思想基本理论的教育,特别是马克思主义哲学的教育,党的基本路线的教育,党的基本知识的教育。进行这三个基本教育,一定要贯穿党性教育,突出用马克思主义的世界观、方法论武装广大党员。我们党所以坚强有力,重要原因之一就是坚持以马克思主义理论体系作为自己的世界观和行动指南。没有先进理

---

① 《江泽民文选》第一卷,人民出版社2006年版,第94页。
② 《江泽民文选》第一卷,人民出版社2006年版,第94—95页。
③ 《江泽民文选》第一卷,人民出版社2006年版,第95页。

论武装的党,不可能是先进的党;没有先进理论武装的共产党员,不可能发挥先进战士的作用;拒绝用先进理论武装头脑的人,就不会有真正的党性,就没有资格存身于工人阶级先锋队的行列。我们要组织党员特别是党员领导干部,联系国际国内的形势和矛盾斗争,有的放矢地选读马克思主义经典著作。中央最近已发出《关于建立健全省部级在职领导干部学习制度的通知》,希望有关党组织认真落实。我们不仅要掌握和坚持马克思主义基本原理,而且要对新的实践经验进行理论研究和概括,丰富和发展马克思主义,这在当前十分重要。解决好这个问题,党才能在理论上更加成熟,在实践上更好地指导改革开放和现代化建设"①。说到底,思想建党就是坚持用马列理论武装全党,既要选读经典著作,还要推进学习教育实践。

运用"批评和自我批评"这个武器。"批评和自我批评"是维护党的纯洁性、增强党的战斗力的武器,是积极的思想斗争,是思想建党的基本经验。江泽民同志鲜明指出,"我们党历来主张,在改造客观世界的同时,必须改造主观世界,因而在思想建设中一直倡导拿起批评和自我批评的武器,开展积极的思想斗争。长期以来,我们为妥善解决党内正确思想和错误思想、先进思想和落后思想的矛盾,形成了一个公式:团结—批评和自我批评—团结。这是加强党的思想建设的一条基本经验"②。同时,江泽民同志还明确指出了对"批评和自我批评"的错误认识。"有些同志把开展批评和自我批评等同于'左',认为进行积极的思想斗争会影响团结,实际上起了掩护和纵容党内错误思想和言行的作用。还有些人把批评说成是'打棍子'、'整人',而他们自己却对马克思主义肆意诽谤,对坚持正确原则的同志横加指责,这种颠倒黑白的现象更需要坚决反对。"③

---

① 《江泽民文选》第一卷,人民出版社 2006 年版,第 95—96 页。
② 《江泽民文选》第一卷,人民出版社 2006 年版,第 96 页。
③ 《江泽民文选》第一卷,人民出版社 2006 年版,第 96 页。

思想建党必须高度重视马克思主义党建理论的学习、研究和传播。江泽民同志特别强调马克思主义党建理论的重要性,强调要丰富和发展马克思主义党建学说,并且指出马克思主义党建理论方面存在的问题。"近几年来,我们对于马克思主义建党理论的学习、研究和宣传,明显地落后于客观形势的需要,落后于尖锐复杂的斗争实践。在党内忽视了系统地组织学习、宣传马克思主义建党理论,对党内和社会上出现的贬低、歪曲、篡改马克思主义建党原理的错误观点更缺少研究和批判。这方面的思想理论混乱,直到现在还严重存在。"①正是因为思想理论混乱的严重存在,所以要真正把我们党建设成为理论上更加成熟、思想上更加统一、政治上更加坚强、内部更加团结、同群众的关系更加亲密的党,就必须从现在起,下决心加强马克思主义建党理论的学习、研究和宣传工作。这也正是江泽民同志强调的重要内容。

怎样加强马克思主义建党理论的学习、研究和宣传工作?江泽民同志明确指出如下要求:一是县以上各级党委的成员首先是主要负责同志应该带个好头。二是各级党校、党报、党刊和党建理论工作者,要充分发挥自己的作用。三是要按照理论与实际相结合的原则,密切联系党的建设面临的新情况新问题,认真进行理论研讨,划清马克思主义建党学说与反马克思主义建党学说的界限,研究第二国际机会主义的各种观点,理直气壮地坚持正确的观点,批驳错误的观点,澄清糊涂的观点。四是用马克思主义建党学说教育武装全体党员和党的干部,对于党当前的建设和未来的发展具有特殊的重要性,各级党组织都应该作出规划,把这项工作切实、持久地抓下去。②

---

① 《江泽民文选》第一卷,人民出版社 2006 年版,第 103 页。
② 《江泽民文选》第一卷,人民出版社 2006 年版,第 103 页。

(二) 用邓小平建设有中国特色社会主义理论武装全党

以江泽民为核心的党中央按照邓小平关于"要聚精会神地抓党的建设"的嘱托,作出了用邓小平建设有中国特色社会主义理论武装全党的决定。

1992年党的十四大根据发展社会主义市场经济的需要,从加强党的建设的角度,突出地强调了学习邓小平建设有中国特色社会主义理论的任务。10月12日,江泽民同志在中国共产党第十四次全国代表大会上作《加快改革开放和现代化建设步伐,夺取有中国特色社会主义事业的更大胜利》报告,强调指出,"党的基本路线要毫不动摇地长期坚持下去,社会主义的改革开放和现代化建设要搞得更好更快,国家要长治久安和繁荣富强,关键在于我们党,在于坚持用邓小平同志建设有中国特色社会主义的理论武装全党"[1]。这鲜明表达思想建党的重要性。

理论武装全党,天经地义,因为我们党是以马克思列宁主义毛泽东思想作为指导思想的工人阶级先锋队。江泽民同志明确指出,认真学习建设有中国特色社会主义的理论,增强贯彻执行党的基本路线的自觉性和坚定性。在报告中,江泽民同志既强调了建设有中国特色社会主义的理论的价值和意义,也作出了建设有中国特色社会主义的理论落地生根的号召。价值与意义表明为什么要思想建党,因为"建设有中国特色社会主义的理论,是马克思主义同中国实际相结合的最新成果,是当代中国的马克思主义,是指引我们实现新的历史任务的强大思想武器"[2]。理论落地生根表明怎么样思想建党。江泽民同志强调指出"学习马克思列宁主义毛泽东思想,中心内容是学习建设有中国特色社会主义的理论。党员领导干部首先是高级干部要带头学好

---

[1] 《江泽民文选》第一卷,人民出版社2006年版,第245页。
[2] 《江泽民文选》第一卷,人民出版社2006年版,第246页。

用好。要认真学习邓小平同志的战略思想和理论观点,认真学习他运用马克思主义立场、观点和方法研究新情况、解决新问题的科学态度和创造精神。学习要联系实际,要精,要管用"①。从领导干部带头、学习内容、学习方法等方面为思想建党指引正确路径。思想建党能够取得什么样的实效?江泽民同志认为"通过学习,使广大党员干部坚定社会主义、共产主义信念,不断提高政治素质和解决实际问题的能力,使精神力量变为加快改革开放和现代化建设的巨大物质力量"②。

1993年12月26日,江泽民同志在毛泽东同志诞辰一百周年纪念大会上讲话,强调指出,"要全面实现社会主义现代化建设的宏伟任务,关键是用邓小平同志建设有中国特色社会主义理论武装全党,把我们党建设得更好。……要通过思想政治教育使广大党员、干部懂得,在社会主义市场经济条件下,坚持正确的理想、信念和价值观,坚持廉洁自律极为重要。经济越是发展,物质生活条件越是改善,共产党员尤其是领导干部就越要发扬艰苦奋斗精神,越要诚心诚意为人民服务"③。这是江泽民同志思想建党的重要表现,既明确了思想建党的方法,也明确了思想建党的目的。

1994年1月1日,江泽民同志在全国政协新年茶话会上讲话突出"以人民群众为本",强调指出,"各级领导同志要善于分析和处理各种人民内部矛盾,必须把思想政治工作和其他相应的工作做在前面,做细做实,使群众感到入情入理,感到党和政府是真心诚意维护群众利益、关心群众疾苦的。这样,群众也就会真心诚意拥护我们,积极帮助和配合我们处理好各种矛盾和问题,不断巩固和发展安定团结的大好局面"④。党的建设实质在于维护党群关系,思想建党过程就是从情

---

① 《江泽民文选》第一卷,人民出版社2006年版,第246页。
② 《江泽民文选》第一卷,人民出版社2006年版,第246页。
③ 《江泽民文选》第一卷,人民出版社2006年版,第359页。
④ 《江泽民文选》第一卷,人民出版社2006年版,第363页。

理层面维护群众利益,巩固执政之基,实现国家长治久安。思想是行动的指南针,社会发展需要思想建党的指南针。为此,必须用马列主义武装全党。江泽民同志强调指出"我们要实现国家长治久安和繁荣富强,关键在于用邓小平同志建设有中国特色社会主义理论武装全党"[①]。这就鲜明揭示出用马列理论武装全党这个思想建党的灵魂。

1994年9月28日,党的十四届四中全会召开,作出了《关于加强党的建设几个重大问题的决定》,明确提出了党的建设新的伟大工程。江泽民同志作了《推进党的建设新的伟大工程》讲话,明确指出党的建设新的伟大工程的目标和任务是:"要把我们党建设成为用建设有中国特色社会主义理论武装起来、全心全意为人民服务、思想上政治上组织上完全巩固、能够经受住各种风险、始终走在时代前列的马克思主义政党。"[②]并且着重强调:继续抓好用邓小平同志建设有中国特色社会主义理论武装全党这项战略任务。为什么和怎么样才能抓好这项战略任务?江泽民同志把这项任务看作是新的伟大的工程的基础性建设。从理论来看,邓小平同志建设有中国特色社会主义的理论,继承、丰富和发展了马列主义、毛泽东思想,是我们党进行新的历史创造的科学指南,是我们民族振兴和发展的强大精神支柱。从实践来看,中央在1993年11月专门作出了关于学习《邓小平文选》第三卷的决定,并办了四期省部级主要领导干部理论研讨班。各地各部门也办了学习班。总的来看,各级干部学习的情况是好的。从要求来看,要继续组织县以上党政领导干部认真学习马列主义、毛泽东思想,中心内容是学习建设有中国特色社会主义理论;要用三年的时间,在全体党员中有计划有步骤地开展一次建设有中国特色社会主义理论和党章的学习活动。这是提高全党理论水平和思想水平的战略措施。并

---

① 《江泽民文选》第一卷,人民出版社2006年版,第364页。
② 《江泽民文选》第一卷,人民出版社2006年版,第403页。

且强调要把理论学习引向深入,提出三个"下功夫",即要在认真研读邓小平同志的原著,全面系统地把握理论的科学体系上下功夫,在坚持解放思想、实事求是的科学态度和创造精神上下功夫,在运用理论研究解决当前重大问题上下功夫,特别是要搞清楚什么是社会主义,怎样建设和发展社会主义,提高执行党的基本路线的自觉性和坚定性。同时,用邓小平同志建设有中国特色社会主义理论武装全党是建立社会主义市场经济体制的内在需要。破解社会主义市场经济存在的矛盾和问题,进一步解放发展生产力,需要解放思想,实事求是。为此,我们必须坚持用邓小平同志建设有中国特色社会主义理论指导实践。通过思想建设各级党委既认真总结和推广理论学习的好经验,也推进把学习任务真正落到实处,书写了思想建党新篇章。

1995年9月27日,江泽民同志在党的十四届五中全会召集人会议上发表《领导干部一定要讲政治》的讲话,特别强调改造主观世界的重要性,对思想建党进行了重要论述。一方面从必要性上明确了为什么要解决好世界观人生观这个思想建党的根本问题。"各级领导干部尤其是高级干部务必带头加强党性锻炼,在改造客观世界的同时努力改造主观世界,严以律己,防微杜渐。党员领导干部不论职务高低、党龄长短,如果放弃世界观的改造,背离为人民服务的宗旨,把党和人民赋予的权力作为谋取私利的手段,就会身败名裂。"①一方面从重要性上明确了思想建党提高党员领导干部的人生价值。"思想境界更高一些,坚持党的事业第一,坚持人民的利益第一,为国家、为民族奋不顾身地工作。有了这样的精神支柱,站得就高了,眼界就宽了,心胸就开阔了,对个人的名利待遇等,就能够正确处理。只有这样,人生才有意义,生活才充实。"②另一方面从政治建设层面明确了思想建党的重要

---

① 《江泽民文选》第一卷,人民出版社2006年版,第456页。
② 《江泽民文选》第一卷,人民出版社2006年版,第456页。

价值。江泽民同志强调党的思想建设是讲政治的重要内容。"我们讲加强政治纪律,最基本的就是要遵守党章,按党章的规定去做。对党章的各项规定,所有党员都要遵守,高级干部更应该带头遵守。比如,党员义务第一条规定,党员要认真学习马克思列宁主义、毛泽东思想和邓小平同志建设有中国特色社会主义理论。你如果不学习,怎么当好领导,怎么提高思想政治水平,怎么把握政治方向,怎么提高政治辨别力?"[1]这就从思想建党的角度明确了讲政治的重要性。

1996年1月24日,江泽民同志在全国宣传部长会议上把"以科学的理论武装人"作为宣传思想战线的主要任务之一。一方面阐释了理论武装的必要性。从理论功能角度而言,伟大的事业需要伟大的理论为指导。"我们正在从事伟大的、开创性的事业,只有用马克思列宁主义、毛泽东思想特别是邓小平同志建设有中国特色社会主义理论武装起来,才能不断取得成功。"[2]改革开放的伟大成就是在党的基本理论和基本路线指引下取得的。党面临的严峻国际形势和存在的国内新矛盾新问题迫切需要理论指引,需要提高全党坚持党的理论自觉性和决定性。要提高这种理论自觉,就必须以科学的理论武装人。另一方面明确了科学理论武装人的方式方法。首先是各级领导干部必须坚持不懈地学习马克思列宁主义、毛泽东思想,特别是邓小平同志建设有中国特色社会主义理论。江泽民同志不仅解决了学的目标,即努力掌握解放思想、实事求是这个精髓,提高运用马克思主义基本原理解决改革开改和现代化建设中各种实际问题的能力;而且解决了学的方式,即学习理论,一是要挤时间,二是要钻进去,三是各级领导干部带头学。加强理论学习既要认真学习马克思主义著作,真正担负起时代赋予的重任。江泽民同志强调指出"《马克思恩格斯选集》、《列宁选

---

[1] 《江泽民文选》第一卷,人民出版社2006年版,第458页。
[2] 《江泽民文选》第一卷,人民出版社2006年版,第497页。

集》《毛泽东选集》和《邓小平文选》这几部书,选得比较精,我是摆在案头经常翻阅的,希望省部级以上领导干部也经常学习,这很有好处"①。突出强调要努力学习和掌握马克思主义的立场、观点、方法,用以解决实际问题。加强理论学习还要看一点历史名著。江泽民同志指出,"狄更斯的《双城记》,我十五岁时读过这本书,现在再来读,感受就不一样了。那时是看小说,现在是借以理解历史。最完整地描绘法国大革命的,还是狄更斯的《双城记》,比雨果的《九三年》还要完整"②。同时,江泽民同志从讲政治的高度阐释了思想建党的重要性。"现在我们有些干部埋头于事务,很少考虑政治方向、政治立场问题,缺乏应有的政治辨别力、政治敏锐性。问题的症结就在于不讲政治,头脑里缺乏马克思主义和社会主义的政治。解决这些问题,最根本的是要认真学习和掌握马克思主义理论,落实以科学的理论武装人的任务。有了坚实的理论基础,有了理论上的坚定,政治上才能坚定,才能过得硬。也就是说,理论坚定是政治坚定的基础。"③其次,要引导广大党员和干部树立正确的世界观、人生观和价值观。思想建党的过程就是改造主观世界的过程,面对改革开放和现代化建设这场深刻而伟大的历史变革,江泽民同志强调指出,"全党同志必须在改造客观世界的同时努力改造主观世界,坚定社会主义、共产主义的理想信念,坚持全心全意为人民服务的宗旨,发扬为人民利益甘于奉献的精神。这样,我们的党组织才能增强凝聚力和战斗力,我们的干部、党员才能经得起各种风浪的考验,经得起权力、金钱、美色的考验"④。

1996年10月10日,江泽民同志在中国共产党第十四届中央委员会第六次全体会议上讲话时强调指出,"毛泽东思想是马列主义基本

---

① 《江泽民文选》第一卷,人民出版社2006年版,第498页。
② 《江泽民文选》第一卷,人民出版社2006年版,第499页。
③ 《江泽民文选》第一卷,人民出版社2006年版,第500页。
④ 《江泽民文选》第一卷,人民出版社2006年版,第500—501页。

原理同中国具体实际相结合的产物,是马列主义在中国的运用和发展。邓小平建设有中国特色社会主义理论,是毛泽东思想在新的历史条件下的继承和发展,是当代中国发展了的马克思主义,是我们党在新时期各项工作的根本指针和中华民族振兴的强大精神支柱。马列主义、毛泽东思想和邓小平建设有中国特色社会主义理论一脉相承,是统一的科学体系"[①]。"马克思列宁主义、毛泽东思想和邓小平建设有中国特色社会主义理论,是通过积极吸收人类社会包括资本主义社会创造的一切科学的进步的思想文化成果,认真总结党和人民在革命、建设和改革实践中的新经验新创造,而不断得到充实、丰富和发展的。同时,也是在克服各种错误思想包括封建主义思想、资本主义思想的过程中,不断巩固和加强自己的指导地位的。"[②]

(三)坚定不移用邓小平理论武装全党

以江泽民为核心的党中央按照邓小平关于"建设一个什么样的党、怎么建设党"的要求,把邓小平理论确立为党的指导思想,坚定不移用邓小平理论武装全党。

1997年9月12日,江泽民在中国共产党第十五次全国代表大会上作报告,明确指出大会的主题是:高举邓小平理论伟大旗帜,把建设有中国特色社会主义事业全面推向21世纪。

1. 邓小平理论的历史地位和指导意义。

首先,邓小平理论是党从历史和现实中得出的不可动摇的结论。江泽民同志强调,马克思列宁主义同中国实际相结合有两次历史性飞跃,产生了两大理论成果。第一次飞跃的理论成果是被实践证明了的关于中国革命和建设的正确的理论原则和经验总结,它的主要创立者

[①] 《江泽民文选》第一卷,人民出版社2006年版,第577—578页。
[②] 《江泽民文选》第一卷,人民出版社2006年版,第578页。

是毛泽东,我们党把它称为毛泽东思想。第二次飞跃的理论成果是建设有中国特色社会主义理论,它的主要创立者是邓小平,我们党把它称为邓小平理论。这两大理论成果都是党和人民实践经验和集体智慧的结晶。可见,邓小平理论作为第二次飞跃的理论成果是党从历史和现实中得出的不可动摇的结论。

其次,邓小平理论作为行动指南是解决社会主义前途和命运问题的正确理论。江泽民同志强调,中央建议十五大在党章中把邓小平理论确立为党的指导思想,明确规定:中国共产党以马克思列宁主义、毛泽东思想、邓小平理论作为自己的行动指南。这是我们党经过近20年改革开放和社会主义现代化建设的成功实践作出的历史性决策。作出这个决策,表明中央领导集体和全党把邓小平开创的建设有中国特色社会主义事业全面推向新世纪的决心和信念,也反映了全国人民的共识和心愿。江泽民同志强调,实践证明,作为毛泽东思想的继承和发展的邓小平理论,是指导中国人民在改革开放中胜利实现社会主义现代化的正确理论。在当代中国,只有把马克思主义同当代中国实践和时代特征结合起来的邓小平理论,而没有别的理论能够解决社会主义的前途和命运问题。

再次,邓小平理论是马克思主义在中国发展的新阶段。江泽民同志从新境界、新水平、新判断和新体系方面强调了四点原因。原因之一,邓小平理论坚持解放思想、实事求是,在新的实践基础上继承前人又突破陈规,开拓了马克思主义的新境界。原因之二,邓小平理论坚持科学社会主义理论和实践的基本成果,抓住"什么是社会主义、怎样建设社会主义"这个根本问题,深刻地揭示社会主义的本质,把对社会主义的认识提高到新的科学水平。原因之三,邓小平理论坚持用马克思主义的宽广眼界观察世界,对当今时代特征和总体国际形势,对世界上其他社会主义国家的成败,发展中国家谋求发展的得失,发达国家发展的态势和矛盾,进行正确分析,作出了新的科学判断。原因之四,邓小平理论形成了新的建设有中国特色社会主义理论的科学体系。它第一次比较系统地初步回答了中国社会主义的发展道路、发展阶段、根本任务、发展动力、外部条件、政治保证、战略步骤、党的领导和依靠力量以及祖国统一等一系列基本问题,指导我们党制定了在社会主义初级阶段的基本路线。它是贯通哲学、政治经济学、科学社会主义等领域,涵盖经济、政治、科技、教育、文化、民族、军事、外交、统一战线、党的建设等方面比较完备的科学体系,又是需要从各方面进一步丰富发展的科学体系。

最后,邓小平理论是当代中国的马克思主义。江泽民同志强调,邓小平对党、对人民、对马克思主义的最大贡献,邓小平留给我们的珍贵遗产,就是邓小平理论。"现在提出用邓小平理论武装全党,提出学习马克思列宁主义、毛泽东思想,中心内容是学习建设有中国特色社会主义理论,就是发扬这个优良传统。……坚持邓小平理论,就是真正坚持马克思列宁主义、毛泽东思想;高举邓小平理论的旗帜,就是真正高举马克思列宁主义、毛泽东思想的旗帜。"①

2.邓小平理论的主要内容与核心要义。

党的十五大指出,邓小平理论第一次比较系统地初步回答了中国社会主义的发展道路、发展阶段、根本任务、发展动力、外部条件、政治保证、战略步骤、党的领导和依靠力量以及祖国统一等一系列基本问题,指导我们党制定了在社会主义初级阶段的基本路线。这是党的十五大对邓小平理论主要内容九个方面的概括。

一是在社会主义的发展道路问题上,强调走自己的路,不把书本当教条,不照搬外国模式,以马克思主义为指导,以实践作为检验真理的唯一标准,解放思想,实事求是,尊重群众的首创精神,建设有中国特色的社会主义。

---

① 《江泽民文选》第二卷,人民出版社2006年版,第12页。

二是在社会主义的发展阶段问题上,作出了我国还处在社会主义初级阶段的科学论断,强调这是一个至少上百年的很长的历史阶段,制定一切方针政策都必须以这个基本国情为依据,不能脱离实际,超越阶段。

三是在社会主义的根本任务问题上,指出社会主义的本质是解放生产力,发展生产力,消灭剥削,消除两极分化,最终达到共同富裕。强调该阶段我国社会的主要矛盾是人民日益增长的物质文化需要同落后的社会生产之间的矛盾,必须把发展生产力摆在首要位置,以经济建设为中心,推动社会全面进步。判断各方面工作的是非得失,归根到底,要以是否有利于发展社会主义社会的生产力,是否有利于增强社会主义国家的综合国力,是否有利于提高人民的生活水平为标准。科学技术是第一生产力,经济建设必须依靠科技进步和劳动者素质的提高。

四是在社会主义的发展动力问题上,强调改革也是一场革命,也是解放生产力,是中国现代化的必由之路,僵化停滞是没有出路的。经济体制改革的目标,是在坚持公有制和按劳分配为主体、其他经济成分和分配方式为补充的基础上,建立和完善社会主义市场经济体制。政治体制改革的目标,是以完善人民代表大会制度、中国共产党领导的多党合作和政治协商制度为主要内容,发展社会主义民主政治。同经济、政治的改革和发展相适应,以"有理想、有道德、有文化、有纪律"为目标,建设社会主义精神文明。

五是在社会主义建设的外部条件问题上,指出和平与发展是当代世界两大主题,必须坚持独立自主的和平外交政策,为我国现代化建设争取有利的国际环境。强调实行对外开放是改革和建设必不可少的,应当吸收和利用世界各国包括资本主义发达国家所创造的一切先进文明成果来发展社会主义,封闭只能导致落后。

六是在社会主义建设的政治保证问题上,强调坚持社会主义道路、坚持人民民主专政、坚持中国共产党的领导、坚持马克思列宁主义毛泽东思想。这四项基本原则是立国之本，是改革开放和现代化建设健康发展的保证，又从改革开放和现代化建设获得新的时代内容。

七是在社会主义建设的战略步骤问题上，提出基本实现现代化分三步走。在现代化建设的长过程中要抓住时机，争取出现若干个发展速度比较快、效益又比较好的阶段，每隔几年上一个台阶。贫穷不是社会主义，同步富裕又是不可能的，必须允许和鼓励一部分地区一部分人先富起来，以带动越来越多的地区和人们逐步达到共同富裕。

八是在社会主义的领导力量和依靠力量问题上，强调作为工人阶级先锋队的共产党是社会主义事业的领导核心，党必须适应改革开放和现代化建设的需要，不断改善和加强对各方面工作的领导，改善和加强自身建设。执政党的党风，党同人民群众的联系，是关系党生死存亡的问题。必须依靠广大工人、农民、知识分子，必须依靠各民族人民的团结，必须依靠全体社会主义劳动者、拥护社会主义的爱国者和拥护祖国统一的爱国者的最广泛的统一战线。党领导的人民军队是社会主义祖国的保卫者和建设社会主义的重要力量。

九是在祖国统一的问题上，提出"一个国家、两种制度"的创造性构想。在一个中国的前提下，国家的主体坚持社会主义制度，香港、澳门、台湾保持原有的资本主义制度长期不变，按照这个原则来推进祖国和平统一大业的完成。

上述九个方面是有机统一体。第一是发展道路，是邓小平理论的精髓，贯穿于全部。第二是发展阶段，是邓小平理论的基点。第三是根本任务，第四是发展动力，第五是外部条件，第六是政治保证，第七是战略步骤，着重论述了"一个中心、两个基本点"的基本路线，是邓小平理论在党的路线上的集中表现。第八是领导力量和依靠力量，是实现党的路线的领导力量和依靠力量。第九是"一国两制"，是解决祖国统一问题的重要方式，具有鲜明的中国特色。上述九个方面都统一在建设有中国特色社会主义伟大事业中。

3. 面向新世纪的中国共产党是用邓小平理论武装起来的马克思主义政党。

首先,用邓小平理论武装政党。江泽民同志强调,面向新世纪,党中央领导全党正在继续推进这个新的伟大工程,就是要把党建设成为用邓小平理论武装起来、全心全意为人民服务、思想上政治上组织上完全巩固、能够经受住各种风险、始终走在时代前列、领导全国人民建设有中国特色社会主义的马克思主义政党。这其中蕴含着邓小平理论武装的马克思主义执政党的内容。"加强党的思想建设,根本的是坚定不移地用邓小平理论武装全党,充分发挥党的思想政治优势。邓小平理论为我们党认识世界和改造世界提供了新的强大思想武器。全党要重视学习,善于学习,兴起一个学习马列主义、毛泽东思想特别是邓小平理论的新高潮。"①

其次,理论武装的方式方法。江泽民同志从领导干部带头学、进行"三讲"教育、营造风气、联系实际等深刻阐释了理论武装的方式方法。在领导干部带头学方面,江泽民同志强调,"高举邓小平理论伟大旗帜,各级领导干部尤其是几百名中央委员、几千名省部级干部负有特殊重要的责任,首先要带头学好邓小平理论,完整、准确地把握理论的科学体系,从总体上领会理论的基本观点和基本精神,又从各自工作的领域对理论的有关内容进行系统钻研和理解"。在进行"三讲"教育方面,江泽民同志强调,"继续在县级以上领导干部中深入进行以讲学习、讲政治、讲正气为主要内容的党性党风教育"。在进行营造风气方面,江泽民同志强调,"在全党造成认真学习的风气,民主讨论的风气,积极探索的风气,求真务实的风气"。在联系实际方面,江泽民同志强调,"坚持理论联系实际,学以致用,提高马克思主义的理论水

---

① 《江泽民文选》第二卷,人民出版社 2006 年版,第 43 页。

平,提高解决实际问题的能力,在改造客观世界的同时改造主观世界"。①

二、坚持党的正确的思想路线

解放思想,实事求是,是建设有中国特色社会主义理论的精髓,是保证我们党永葆蓬勃生机的法宝。解放思想同实事求是是统一的,就是要求我们的思想认识符合客观实际,在马克思主义指导下,冲破落后的传统观念和主观偏见的束缚,改变因循守旧、不接受新事物的精神状态。

(一)解放思想、实事求是的思想路线

1998年1月24日,江泽民同志在中共中央召开的党外人士迎春座谈会上突出强调实事求是、脚踏实地地前进,明确解放思想、实事求是是我们的思想路线。

首先,要一切从实际出发。江泽民同志强调,"无论是中国共产党还是各民主党派的同志,大家都要同改革开放和现代化建设的实际保持密切联系,不断使自己的思想认识符合发展着的客观实际,坚持一切从实际出发,这样就能保持开拓前进的创造活力"②。思想路线的突出特点就是一切从实际出发。在江泽民同志看来,"中共十五大全面论述了我国社会主义初级阶段的问题,指出一切从实际出发,最大的实际就是中国现在处于并将长期处于社会主义初级阶段。我们在制

---

① 《江泽民文选》第二卷,人民出版社2006年版,第43页。
② 《江泽民文选》第二卷,人民出版社2006年版,第95页。

定路线方针政策时,必须以这个最大的实际为根本依据"①。

其次,要理想,但不要理想化。江泽民同志强调指出,"我们要有崇高的理想。我们党的最高理想就是实现共产主义。但是,想问题、办事情,不能搞好高骛远的理想化,而要实事求是、脚踏实地地前进"②。江泽民同志从马克思主义运行一般规律的视角深刻揭示中国特色社会主义不能理想化,必须实事求是。江泽民同志强调,"马克思主义揭示了人类社会发展的规律,提出了社会主义必然要代替资本主义的论断,使社会主义思想从空想变为科学。经过社会主义最终实现共产主义,需要经过一个漫长历史时期的艰苦奋斗。建设有中国特色社会主义,也不能急于求成。在我们过去的建设中特别是'大跃进'中曾经搞过的一些事情,就太理想化了,脱离了国情,超越了社会发展阶段,结果吃了苦头。我们吸取了这种历史教训。现在,我们采取的路线方针政策就符合实际了,人民衷心拥护,取得的成绩也很大"③。

再次,马克思主义基本原理同中国具体实际相结合。江泽民同志强调,"我们制定路线方针政策,推进事业发展,必须坚持马克思主义基本原理同中国具体实际相结合"。从毛泽东成功革命和晚年失误的历史视角表明马克思主义基本原理同中国具体实际相结合的重要性。"没有毛泽东同志,中国革命是不可能这么快取得成功的。这一点必须肯定。他把马克思主义基本原理同中国具体实际相结合,找到了中国革命取得胜利的正确道路。当然,他晚年有失误。为什么会失误?从根本上说,就是离开了他过去一贯倡导的理论与实践相联系、相统一的原则,主观认识脱离了客观实际。"④同时,把马克思主义基本原理同当代中国具体实际相结合,创立了建设有中国特色社会主义理论,

---

① 《江泽民文选》第二卷,人民出版社2006年版,第95页。
② 《江泽民文选》第二卷,人民出版社2006年版,第96页。
③ 《江泽民文选》第二卷,人民出版社2006年版,第96—97页。
④ 《江泽民文选》第二卷,人民出版社2006年版,第97页。

指引我们走上了改革开放和现代化建设的正确道路,作为邓小平同志最大的功绩。并且明确了未来发展的道路,即我们依然要坚持这样做,坚持理论与实践相结合,在实践中不断加强理论指导,又不断丰富和发展理论。

(二)坚持马克思主义思想路线是改革开放以来党的主要历史经验

1998年12月28日,江泽民同志在纪念中共十一届三中全会召开20周年大会上强调指出,20年来的主要历史经验,可以概括为十一个方面。其中之一就是必须坚持党的马克思主义思想路线。江泽民同志明确指出,"我们党在十一届三中全会上重新确立的思想路线是,一切从实际出发,理论联系实际,实事求是,在实践中检验真理和发展真理。这条思想路线,贯穿于20年来我国改革开放和经济社会发展的全过程。我们党在理论和实践上的每一步前进,改革和建设的每一步发展,都是坚持党的思想路线,解放思想、实事求是的结果"[①]。

1. 一切都要从社会主义初级阶段这个最大的实际出发。

江泽民同志明确了一切从实际出发的最大实际就是社会主义初级阶段。我们的全部理论和实践活动只有符合这个实际,才能取得胜利。对此,江泽民同志从正反两个方面作了说明,比如,新中国成立以后的前30年,我们在建设社会主义的理论上和实践中发生的一些严重失误,归根到底都是由于脱离了这个实际;而党的十一届三中全会以来这20年,我们在建设社会主义的理论上和实践中取得的巨大成功,归根到底都是由于符合了这个实际。

一切从实际出发如此重要,那么什么是解放思想、实事求是?江泽民同志强调指出,"解放思想、实事求是,最重要的就是要在坚持社

---

① 《江泽民文选》第二卷,人民出版社2006年版,第250页。

会主义基本制度的前提下,把过去那些不符合社会主义初级阶段实际的方针政策,那些对马克思主义、社会主义原则的教条式的理解和认识,坚决纠正过来,并从这些不正确的政策和思想束缚中彻底摆脱出来,使我们的理论和路线方针政策真正符合社会主义初级阶段的发展要求,真正符合马克思主义、社会主义的基本原理"[1]。

2. 一切从实际出发,解放思想、实事求是,要一以贯之。

如何一切从实际出发,解放思想、实事求是?江泽民同志明确指出四个必须。一是我们必须始终坚持以我国改革开放和现代化建设的实际问题、以我们正在做的事情为中心,着眼于马克思主义理论的运用,着眼于对实际问题的理论思考,着眼于新的实践和新的发展,勇于开拓前进。这就明确了问题导向,改革方向的理念。二是必须尊重亿万人民群众的实践,坚持用实践来检验、丰富、完善我们的理论和路线方针政策。这就明确了实践标准的重要理念。三是必须不断认识和统一把握社会主义初级阶段的基本国情和经济、政治、文化等方面的基本特点,既要防止和克服超越阶段的错误做法,又要防止和反对否定社会主义基本制度的错误主张。这就明确了对社会主义初级阶段的辩证认识。四是必须坚持把大胆探索的勇气与科学求实的精神统一起来,遵循实践、认识、再实践、再认识的认识规律,使主观认识符合客观实际,使理论随着实践的进展和时代的前进而发展。这就揭示了主观符合客观的认识规律,也是在坚持贯彻党的马克思主义思想路线上取得的重要认识成果。[2]

3. 一切从实际出发,解放思想、实事求是的理论结晶。

邓小平理论是一切从实际出发,解放思想、实事求是的理论结晶。一个理论为什么伟大?因为她能够解决社会主义的前途命运问题。

---

[1] 《江泽民文选》第二卷,人民出版社 2006 年版,第 251 页。
[2] 《江泽民文选》第二卷,人民出版社 2006 年版,第 251—252 页。

江泽民同志指出,20年的历史经验告诉我们,邓小平理论是指导中国人民胜利实现社会主义现代化的伟大理论。在当代中国,只有把马克思主义同当代中国实践和时代特征结合起来的邓小平理论,而没有别的理论能够解决社会主义的前途命运问题。

邓小平理论是党的历史反复证明、颠扑不灭的指导思想。江泽民同志指出,邓小平理论是当代中国的马克思主义,是毛泽东思想的继承和发展,是马克思主义在中国发展的新阶段。江泽民同志要求,全党同志必须高举邓小平理论伟大旗帜不动摇,坚持把邓小平理论作为我们观察世界、发展自己的强大思想武器,在实践中不断学习和运用这一理论,丰富和创造性地发展这一理论。因为邓小平理论是我们在前进道路上战胜一切困难、排除一切干扰、经受住一切风险考验的最可靠的保证。

(三) 在实践中接受检验、不断发展的理论体系

马克思主义不是静止的封闭的教条,而是在实践中接受检验、不断发展的理论体系。

1. 马克思主义过时了吗?

问题是客观存在的,问题是时代的声音。如何科学认识马克思主义的问题是解放思想、实事求是的问题。解放思想、实事求是的过程,是马克思主义中国化、时代化和大众化的过程,也是解决马克思主义面临诸多问题的过程。

江泽民同志针对世界上第一个社会主义国家苏联已经解体,东欧一些社会主义国家也发生了剧变,世界社会主义遭到了严重挫折的现实问题,明确指出我们在思想理论战线上面临的一个很大挑战,就是"马克思主义过时了"的论调重又鼓噪起来。这背后的核心问题是:马克思主义究竟还有没有现实指导性?马克思、恩格斯指出的人类解放的道路还是不是科学?这就需要深入研究马克思主义内在规律,这也

正是党的思想路线要解决的时代问题。

2. 马克思主义不是静止的封闭的教条。

马克思主义有基本原理,也要具体论述。江泽民同志明确了两者关系,强调指出,"马克思主义是在深刻总结历史运动规律的基础上形成的,其基本原理是放之四海而皆准的。随着时代的发展和历史条件的变化,一些具体论述可能会过时,不再适用,但世界历史的发展轨迹并没有超出马克思主义所揭示的基本规律"。对此,江泽民同志强调"马克思主义不是静止的封闭的教条,而是在实践中接受检验、不断发展的理论体系"。① 这正是马克思主义的强大之处,也是马克思主义强大生命力所在。

思想建党的过程是马克思主义中国化的过程。江泽民同志明确指出,"邓小平理论把马克思主义同当代中国实践和时代特征结合起来,继承和发展毛泽东思想,是当代中国的马克思主义,是马克思主义在中国发展的新阶段,为我们开辟了社会主义事业发展的新时期新道路,从而使社会主义在中国继续蓬勃发展"②。

思想建党的过程是丰富完善中国化马克思主义的过程。江泽民同志明确指出,"我们正在进行的建设有中国特色社会主义的伟大实践,必将不断产生丰富的新鲜经验。我们不仅要在实践中善于坚持和创造性地运用邓小平理论,而且要善于通过总结从中提炼出符合规律的认识和结论,继续丰富和发展邓小平理论"③。丰富和发展邓小平理论的过程也是完善中国化马克思主义的过程。

3. 运用马克思主义的立场、观点、方法来观察和解决问题。

思想建党的过程是运用马克思主义的立场、观点、方法来观察和解决问题的过程。江泽民同志强调一个问题,即"我们学习理论,关键

---

① 《江泽民文选》第二卷,人民出版社 2006 年版,第 286 页。
② 《江泽民文选》第二卷,人民出版社 2006 年版,第 286 页。
③ 《江泽民文选》第二卷,人民出版社 2006 年版,第 286 页。

是要学会运用马克思主义的立场、观点、方法来观察和解决问题,提高辩证思维的能力,防止形而上学和片面性"①。对此,这就要求我们必须认真学习和掌握马克思主义哲学的基本原理,因为马克思主义哲学是全部马克思主义理论的思想基础,也是马克思主义的立场、观点、方法的思想基础。

为什么要善于运用马克思主义的立场、观点、方法来观察和解决问题?江泽民同志认为,"事物的发展是复杂的、充满着矛盾的运动。如果不观察矛盾发展中对立统一的方面及其活动过程,简单地下结论、作决策,就容易出现偏差和失误。一些同志身上存在的形而上学的思想方法,已经到了相当严重的地步。比如,看形势,或者只看到成绩和有利的一面,忽视存在的困难和问题,盲目乐观;或者只看到困难和问题的一面,看不到成绩和发展的一面,盲目悲观"②。运用马克思主义的立场、观点、方法来观察和解决问题就要重视马克思主义哲学,江泽民同志强调指出,"大家必须重视马克思主义哲学的学习,真正学会去粗取精、去伪存真、由此及彼、由表及里的本领,以利减少工作中的盲目性、片面性、表面性、机械性,增强原则性、系统性、预见性、创造性"③。

观察和解决问题还要把"坚持以研究中国的实际问题为中心"作为一个好的学风。江泽民同志强调"我们要坚持解放思想、实事求是的思想路线,系统周密地研究中国改革和建设的实际问题,决不能满足于一知半解,而要不断研究新情况、解决新问题,勇敢地开拓理论和实践的新境界"④。解决问题的过程也就是理论联系实际的过程,在坚持理论联系实际的学风中,江泽民同志强调指出,"我们党领导人民进

---

① 《江泽民文选》第二卷,人民出版社 2006 年版,第 286 页。
② 《江泽民文选》第二卷,人民出版社 2006 年版,第 287 页。
③ 《江泽民文选》第二卷,人民出版社 2006 年版,第 287 页。
④ 《江泽民文选》第二卷,人民出版社 2006 年版,第 304 页。

行革命、建设、改革的历史,是一部蕴涵和体现马克思列宁主义、毛泽东思想、邓小平理论的活生生的教科书"①。

三、开展"三讲"教育

迈向新世纪新征途的新形势新任务,对增强县级以上党政领导班子、领导干部的素质特别是思想政治素质提出了新的更高要求。适应新形势新要求,开展"三讲"教育,保持党的先进性和纯洁性,是中国共产党重大历史性课题。

(一)"三讲"教育的提出

1995年11月8日,江泽民在北京视察工作时指出:"根据当前干部队伍的状况和存在的问题,在对干部进行教育当中,要强调讲学习,讲政治,讲正气。全国都应这样做,北京市更要起带头作用。"②"讲学习,讲政治,讲正气",即为"三讲"教育。25日,《人民日报》发表题为《讲学习 讲政治 讲正气》的评论员文章,文章指出:讲学习,主要是学理论,学知识,学技术。首先是学理论。讲政治,包括政治方向、政治立场、政治纪律、政治鉴别力、政治敏锐性。讲正气,就是要继承和发扬我们党在长期革命和建设事业中形成的好传统、好作风,坚持真理、坚持原则,坚持同一切歪风邪气和各种腐败现象作斗争。

1996年,党的十四届六中全会作出决定,对县处级以上领导干部进行一次以讲学习、讲政治、讲正气为主要内容的党性党风教育。

---

① 《江泽民文选》第二卷,人民出版社2006年版,第305页。
② 《江泽民文选》第一卷,人民出版社2006年版,第483页。

1997年,党的十五大明确指出"继续在县级以上领导干部中深入进行以讲学习、讲政治、讲正气为主要内容的党性党风教育"。1998年6月24日,中共中央《关于在全党深入学习邓小平理论的通知》中指出:"今明两年要集中一段时间,在县级以上领导干部中深入进行以讲学习、讲政治、讲正气为主要内容的党性党风教育。"自此开始,在全党范围内掀开了"三讲"教育的高潮,这不仅是党进行自身教育的新探索,也是思想建党的重要举措。

(二)"三讲"教育的开展

1. 中共中央发布文件。

1998年11月21日,中共中央发出了《中共中央关于在县以上党政领导班子、领导干部中深入开展以"讲学习、讲政治、讲正气"为主要内容的党性党风教育的意见》,该《意见》明确指出,此后两年要集中一段时间,在全国县级以上党政领导班子和领导干部中,深入进行以"讲学习、讲政治、讲正气"为主要内容的党性党风教育。

该《意见》明确了深入开展"三讲"教育的必要性和重要性,要求各级党委(党组)务必统一认识,以高度的政治责任心,足够的领导精力,良好的精神状态,把这次"三讲"教育切实抓紧抓好。

该《意见》明确了开展"三讲"教育的基本要求,即推动县级以上党政领导班子和领导干部深入学习邓小平理论和党的十五大精神,提高政治素质,加强党性修养,端正思想作风,增强在改造客观世界的同时改造主观世界的自觉性,努力从坚定建设有中国特色社会主义的信念、全面贯彻执行民主与集中相结合的组织制度、真实践全心全意为人民服务的宗旨、大力弘扬求真务实和言行一致的优良作风等方面收到实际效果。

该《意见》明确了开展"三讲"教育必须遵循的原则,即必须始终立足于学习提高;必须紧紧围绕全面贯彻党的基本路线,把开展"三讲"教育同推动当前工作结合起来;必须充分发扬党内民主,坚持群众路线;必须认真开展批评和自我批评,进行积极的、健康的思想斗争。

该《意见》明确了开展"三讲"教育的步骤和方法,即采取自上而下的办法,分级分批进行。中央直属机关、中央国家机关和各省、自治区、直辖市及其直属机关在试点基础上展开,次年上半年结束,地、市、县次年年底基本完成。一个领导班子开展学习教育的时间,一般为两个月左右。安排活动时,可以有分有合。

具体而言,在批次的安排上,1999年3月,在进行试点安排的基础上进行第一批省部级领导班子和领导干部的"三讲"教育,到6月下旬结束。第二批次于1999年7月开始,这一批各地的"三讲"教育从省一级转向地市厅局一级,到1999年年底结束。第三批次于2000年1月开始,主要对县一级的领导干部进行"三讲"教育,到2000年12月结束。随着第三批"三讲"教育的结束,这次以在县以上党政领导班子、领导干部中深入开展以"讲学习、讲政治、讲正气"为主要内容的党性党风教育活动也正式结束。①

大体步骤和基本方法是:一是思想发动,学习提高。要深入学习党的十五大报告和《中国共产党章程》,学习毛泽东、邓小平、江泽民同志有关"讲学习、讲政治、讲正气"的论述,学习《党政领导干部选拔任用工作暂行条例》《中国共产党党员领导干部廉洁从政若干准则(试行)》等有关文件,掌握思想武器,树立正确的态度,真正按照"讲学习、讲政治、讲正气"的要求来参加"三讲"教育。二是自我剖析,听取意见。在学习提高的基础上认真进行反思,找出领导班子特别是本人在党性党风和工作上存在的主要问题,从世界观的深处进行剖析。个人总结材料形成后,印发同级领导班子和下级主要领导成员征求意见。同时,发动和组织本单位干部、群众,对领导班子及每个成员进行

---

① 夏春涛:《中国共产党怎样解决作风建设问题》,江西人民出版社2014年版,第172页。

畅所欲言的民主评议,并将评议意见和提出的问题如实反馈给本人。有违法违纪问题的干部,要自觉向组织交代清楚。主动讲清问题的,可以从轻处理。三是交流思想,开展批评。在领导班子内部开展谈心活动,有话讲在当面,不搞自由主义。经过充分准备,党委(党组)集中几天时间召开会议,开展认真负责、实事求是的批评和自我批评,坚持与人为善,互相帮助,增强团结,共同进步。对确有问题不认真进行自我批评,或者讳疾忌医、拒绝帮助的,主要领导同志和上级要及时指出,促其改正。四是认真整改,巩固成果。针对反映出的主要问题,集中分析研究,落实整改措施,系统总结经验,完善相关制度,巩固学习成果,促进"三讲"教育经常化、制度化。要在适当范围向干部、群众通报结果。

该《意见》明确了加强对"三讲"教育的领导。各级党委(党组)要把这次深入开展"三讲"教育作为事关大局的一项重要任务来抓。一级抓一级,一级带一级。党委主要负责同志要承担起第一责任人的责任,既要以身作则,带头学习,带头剖析自己,又要切实加强具体指导。党委(党组)全体成员都要尽职尽责,严以律己,同心同德,搞好"三讲"教育。地、市以上党委要成立领导小组,由有关部门抽调力量组成精干高效的办事机构,及时了解情况,掌握政策,督促检查,推动工作。对工作进行中出现的新情况、新问题,要及时研究解决。

2."三讲"教育的重要意义和丰富内涵。

江泽民同志在纪念中国共产党成立78周年座谈会上发表重要讲话,强调指出"三讲"教育是加强党的建设的新探索。

"三讲"教育解决在和平时期如何加强党的建设的问题。革命战争时期的恶劣环境是对党员干部党性觉悟的最好检验。江泽民同志认为,"革命战争年代,战火的洗礼和恶劣的环境,是每一个共产党人经常面对的严峻考验。能不能为党和人民的事业赴汤蹈火,抛头颅、洒鲜血,是对广大党员和领导干部党性的最好检验"①。与战争时期不同,在和平建设时期党的中心工作是进行经济建设,环境改变了,生活条件也逐渐改善,生死考验也有,但毕竟不像战争年代那样经常发生。在这样新的历史条件下,党的建设的内容、形式和特点,必然同战争年代有很大不同。党性党风方面存在一些突出问题,亟须解决。对此,中央决定在全国县级以上党政领导班子和领导干部中,集中一段时间,以整风的精神深入开展"三讲"教育,解决好党性党风方面存在的突出问题。

"三讲"教育意义和影响重大而深远。江泽民同志从拒腐防变、干部队伍素质、伟大事业等方面科学阐释了"三讲"教育意义。"三讲"教育是在新的历史条件下保持党的先进性和纯洁性,提高领导水平和执政水平,增强拒腐防变和抵御风险能力的需要;是从思想上、政治上、组织上、作风上全面推进党的建设,提高干部队伍素质的需要;是我们党团结和带领人民按照党的十五大的战略部署,全面推进建设有中国特色社会主义伟大事业的需要。

按照中央的要求,各地区各部门的"三讲"教育正在分期分批地展开。总的看,前一段,绝大多数地方和单位指导思想明确,工作认真扎实,进行得比较健康和顺利,收到了比较明显的成效,也积累了一些好的经验。江泽民同志总结为三个"多年来少有的",即"许多同志反映,党的领导干部集中一段时间,联系实际学习马列主义、毛泽东思想特别是邓小平理论,把改造客观世界同改造主观世界结合起来,认真总结工作实践和党性锻炼中的经验教训,这是多年来少有的;省部级领导干部带头,认真查摆自己在党性党风方面存在的突出问题,从世界观、人生观、价值观的高度进行剖析,这也是多年来少有的;充分发扬民主,坚持走群众路线,广泛听取各方面意见,严肃认真地开展批评

---

① 《江泽民文选》第二卷,人民出版社 2006 年版,第 359 页。

和自我批评,这同样是多年来少有的"①。

"三讲"核心是讲政治。江泽民同志深刻阐释了政党讲政治的逻辑。江泽民同志从政治纲领、政治路线、政治目标的关系视角强调指出"一个政党,就是围绕自己的政治纲领、按照自己的政治路线、为实现自己的政治目标而组织起来的政治集团。不讲政治,离开了自己的政治纲领、政治路线、政治目标,也就不成其为一个政党了"②。从一般当中得出中国共产党也必须讲政治的道理。"我们党是马克思主义政党,必须坚持讲马克思主义的政治,讲建设有中国特色社会主义的政治,讲实现、维护、发展人民群众利益的政治。"③如何讲政治?江泽民同志作了如下要求:一方面全党同志特别是领导干部,必须坚定正确的政治方向、政治立场、政治观点,严守政治纪律,增强政治敏锐性和政治鉴别力,保证全党在思想上、政治上、组织上高度统一。另一方面领导干部讲政治,最重要的就是要通过自己的实践,把讲政治的要求落实到推动建设有中国特色社会主义的经济、政治、文化等各个方面,体现在自己的日常工作和学习上,贯彻到党内生活里去。

讲政治关键在于落实,如何落实呢?江泽民同志强调五点要求。

第一,要坚定正确的理想信念。我们共产党人的根本政治信仰是社会主义和共产主义,世界观是马克思主义的辩证唯物主义和历史唯物主义,这是任何时候都丝毫不能动摇的。一个党员特别是领导干部,如果在思想上动摇了这些根本的东西,也就动摇了共产党人的根本政治立场,就必然会偏离正确的政治方向。

第二,要善于从政治上正确认识和判断形势。无论看待国际形势还是国内形势,都要坚持马克思主义的辩证观点。形势好的时候,要看到存在的问题,及时求得解决,不盲目乐观;遇到困难和挫折的时

---

① 《江泽民文选》第二卷,人民出版社 2006 年版,第 360 页。
② 《江泽民文选》第二卷,人民出版社 2006 年版,第 360 页。
③ 《江泽民文选》第二卷,人民出版社 2006 年版,第 360—361 页。

候,要看到光明,坚定胜利的信心,知难而进,不悲观失望;面临挑战的时候,要冷静思考,沉着应对,妥善处理,不头脑发热。

第三,要在路线方针政策上始终保持政治上的清醒和坚定。领导干部特别是高级干部,必须善于从政治上观察和处理问题,绝不能单纯地就经济论经济,就业务谈业务。否则,不仅工作不可能做好,而且会给党和人民的事业带来损失。希望各级领导干部自觉从政治的高度来认识和把握自己从事的工作,保证我们的各项工作更好地沿着正确的方向发展。

第四,要自觉坚持党的民主集中制原则。解决党内矛盾,要坚持运用批评和自我批评的武器,这是我们党的一个优良传统和优良作风,也是在新的历史条件下增强党的团结、健全党内生活、帮助同志进步所必需的。

第五,要全心全意为人民谋利益。领导干部要同群众保持密切联系,真正同群众打成一片,想群众之所想、急群众之所急,以群众赞成不赞成、高兴不高兴作为自己的行为准则。

讲政治,必须坚持讲学习。江泽民同志强调,只有讲学习,才能更好地讲政治。一方面明确学习的内容。学习,首先是学习理论。理论建设是党的建设的根本,理论素质是领导干部思想政治素质的灵魂。同时,还应该广泛学习经济、政治、法律、科技、历史、文化等方面的知识,学习国际政治和国际经济方面的知识。另一方面明确学习的方法。学习,不仅要从书本上学,而且要在实践中学;不仅要在总结成功的经验中获得提高,而且要在汲取失败的教训中获得进步。这是我们党的实事求是的思想路线所要求的,也是理论联系实际的马克思主义学风所要求的。

讲政治,必然要体现在讲正气上。江泽民同志从正反两个方面进行了强调。首先,从正面来看,讲正气,就是要坚持和发扬共产党人的政治本色和革命气节。一个革命政党,必须有一股浩然正气,这样全党才能具有强大精神支柱,才能充满生机和活力。其次,从反面来看,这些年来,一些领导干部在权力、金钱、美色面前,经不起考验,蜕化变质,跌入了腐败的泥坑。一个重要原因,就是这些人放松了世界观的改造,丧失了共产党人的革命气节。如何保持革命气节?保持革命气节,就要做到无论在何种情况下都忠诚于党和人民的事业,不改变革命的初衷,不丧失必胜的信心;不怕鬼,不信邪,坚持真理,维护党的原则,旗帜鲜明地同各种错误思想、不良倾向和邪恶势力作斗争;坚持廉洁奉公,艰苦奋斗,在拜金主义、享乐主义、极端个人主义和灯红酒绿的侵蚀和影响面前,一尘不染,正气凛然。"大家都要在改革开放和现代化建设的实践中,自觉进行党性锻炼,自觉加强思想政治修养,在解决世界观、人生观、价值观问题上下功夫,在实践中不断坚定自己的信仰、志向,锤炼自己的意志、品质,真正养成共产党人的高风亮节。"[1]江泽民同志提出了如上的要求,并且强调指出:"三讲"教育的时间毕竟是有限的,而讲学习、讲政治、讲正气则是长期任务,应该成为全党同志尤其是领导干部经常的自觉行动。

3. 中央政治局常委进行"三讲"。

1999年8月30日,中央政治局常委会会议决定中央政治局常委进行"三讲"。10月14日的常委会议,进一步对中央政治局常委"三讲"作出安排。中央政治局常委"三讲"主要是总结10年来的工作,同时提出和进一步思考今后我国改革发展稳定的一些战略性问题。以自学为主,以个人讲为主,开展批评和自我批评,以自我批评为主,坚持和风细雨,通过总结经验教训,进一步加强和改进我们的领导工作。贯彻开门搞"三讲"的精神,先后召开七个座谈会,听取了各省区市党委和中央直属机关、中央国家机关各部委的负责同志,各民主党派中央、全国工商联的主要领导同志和无党派人士的意见和建议。对这些

---

[1] 《江泽民文选》第二卷,人民出版社2006年版,第368页。

座谈会的汇总材料,常委同志都进行了认真研究和思考。

从1999年12月22日起,中央政治局常委同志用五个半天的时间进行了"三讲"。常委同志高度重视,进行了认真学习和准备。大家发扬党的理论联系实际、密切联系群众、批评和自我批评的优良作风,认真总结10年来的工作实践和基本经验,认真思考当前和今后改革和发展中的一些重大问题,整个"三讲"进行得既严肃认真,又生动活泼。中央政治局常委同志都认为,既然是总结,成绩要讲,不足也要讲,一是一、二是二,实事求是,重在总结经验教训。总的看,这次中央政治局常委进行"三讲"是成功的,达到了进一步统一认识、坚定信心、振奋精神、继续前进的预期目的。这对我们进一步做好领导工作,必将起到积极的促进作用。江泽民同志强调指出,"这次'三讲',是常委同志之间一次重要的谈心活动和民主生活会,也是互相交换看法和共同研究问题的一次重要行动。大家讲了心里话,亮了思想,言辞恳切,我听了很受启发和鼓舞。通过这种推心置腹、坦诚相见而又和风细雨、与人为善的交谈,取得了增进了解、密切感情,相互学习、取长补短,相互勉励、共同提高的效果"[①]。

四、始终做到"三个代表"

党的十三届四中全会以来,以江泽民同志为主要代表的当代中国共产党人,高举邓小平理论伟大旗帜,准确把握时代特征,科学判断我们党所处的历史方位,围绕建设中国特色社会主义这个主题,集中全党智慧,以马克思主义的巨大理论勇气进行理论创新,形成"三个代

---

① 《江泽民文选》第二卷,人民出版社2006年版,第520—521页。

表"重要思想。

（一）"三个代表"的提出

从2000年2月到2001年6月是"三个代表"发展第一阶段。"三个代表"要求的提出在党内外、国内外引起强烈反响，全党全国以极大的热情开展学习研究，对这一重要思想的认识不断深化。

1. 广东省考察工作。

2000年2月25日，江泽民同志在广东省考察工作时发表《在新的历史条件下更好地做到"三个代表"》讲话，明确提出"三个代表"要求，在党内外、国内外引起强烈反响。

江泽民同志在讲话中总结党的70多年历史，得出一个重要结论，这就是："我们党所以赢得人民的拥护，是因为我们党在革命、建设、改革的各个历史时期，总是代表着中国先进生产力的发展要求，代表着中国先进文化的前进方向，代表着中国最广大人民的根本利益，并通过制定正确的路线方针政策，为实现国家和人民的根本利益而不懈奋斗。人类又来到一个新的世纪之交和新的千年之交。在新的历史条件下，我们党如何更好地做到这'三个代表'，是一个需要全党同志特别是党的高级干部深刻思考的重大课题。"[①]

如何深刻思考这个问题，江泽民同志明确指出四个紧密结合，即"紧密结合国内外形势的变化，紧密结合我国社会生产力最新发展和经济体制深刻变革的实际，紧密结合人民群众对物质文化生活提出的新的发展要求，紧密结合我们党员、干部队伍发生的重大变化"[②]。从国内外形势、生产力、生产关系、党员队伍等方面明确了"三个代表"提出的必要性和时代性。

---

① 《江泽民文选》第三卷，人民出版社2006年版，第2页。
② 《江泽民文选》第三卷，人民出版社2006年版，第2页。

江泽民同志从生产力、生产关系,经济基础、上层建筑的角度深刻阐释了"三个代表"的内涵,并且要求"所有共产党员和领导干部,都要深刻认识和牢牢把握这'三个代表',用以指导自己的思想和行动,这样才能使自己真正成为一名合格的党员、合格的党的领导干部"①。要求大家从理论上、实践上对"三个代表"加以研究。

2. 召开工作座谈会和重要讲话。

2000年5月14日,江泽民同志在上海主持召开江苏、浙江、上海党建工作座谈会时发表《始终做到"三个代表"是我们党的立党之本、执政之基、力量之源》的重要讲话。一方面明确关于按照"三个代表"要求切实加强党的建设的要求。江泽民同志强调指出,"始终做到'三个代表',是我们党的立党之本、执政之基、力量之源。按照'三个代表'要求抓党的建设,同新时期党的建设新的伟大工程的总目标、总要求是一致的。推进党的思想建设、政治建设、组织建设、作风建设,都应该贯穿'三个代表'要求"②。同时要求,各级党委要按照中央的部署,全面抓好党的建设的各项工作,特别要把"三个代表"要求贯彻落实到党的基层组织建设的各项工作中去。另一方面明确关于把"三个代表"要求贯彻落实到党的全部工作中去的要求。江泽民同志明确指出,"坚持'三个代表',是我们党的工人阶级先锋队性质、根本宗旨、根本任务的集中体现,是对党的各级组织和全体党员、干部提出的根本要求。全党同志特别是领导干部都要用'三个代表'来指导自己的思想和行动。党的各项工作,都要坚持、体现和贯彻'三个代表'要求"③。主要体现在以下四个方面:一是要坚持把"三个代表"要求落实到坚定正确地执行党的路线方针政策中去;二是要坚持把"三个代表"要求落实到党的各项工作中去;三是要坚持把"三个代表"要求落

---

① 《江泽民文选》第三卷,人民出版社2006年版,第3页。
② 《江泽民文选》第三卷,人民出版社2006年版,第15页。
③ 《江泽民文选》第三卷,人民出版社2006年版,第23页。

实到建设一支高素质的干部队伍中去;四是要坚持把"三个代表"要求落实到从严治党中去。

在新的历史条件下,按照"三个代表"要求加强党的建设,既是一项紧迫的现实任务,也是一项长期的历史任务,要贯穿于我们党领导人民进行现代化建设的全过程。那么怎么样落实"三个代表"？首先要进行调研,摸清情况。其次必须做到能够切实把握并领导他们的实践,始终走在我国经济社会发展的前列。江泽民同志强调指出,这就要求我们善于抓住问题,摸实情况,掌握有说服力的第一手资料,然后经过科学的提炼、概括、总结,从中找出带规律性的东西,用以指导工作。

2000年6月5日,江泽民同志在中国科学院第十次院士大会、中国工程院第五次院士大会上发表题为《在全党全社会大力弘扬科学精神和创新精神》的重要讲话,从现代化和党的自身建设角度,明确提出,按照"三个代表"要求加强党的建设,就是要研究新的情况和新的实践,解答建设有中国特色社会主义进程中提出的重大问题,把现代化建设和党的自身建设不断推向前进。

2000年6月9日,江泽民同志在全国党校工作会议上发表题为《加紧培养适应新世纪要求的中青年领导干部》的讲话,多次强调"三个代表"。比如,在提到当年2月在广东考察工作时要求各级党组织和全党同志都应该按照"三个代表"要求,全面加强和改进党的建设,使我们党永远立于不败之地,永远得到全国各族人民的衷心拥护并带领人民不断前进。比如,我们坚持毛泽东思想,集中起来最重要的,就是要在思想、行动上坚持做到这"三个代表"。比如,希望全党同志特别是高级干部要结合"三个代表"要求,认真回顾我们党的奋斗历程,认真思考我们党在长期实践中取得的正反两方面历史经验,特别要认真思考改革开放以来我们党为什么能够经受住国内外各种风险考验的基本经验,思考怎样解决我们党内存在的问题、更好地带领人民完成跨世纪发展的任务。①

2000年6月20日,江泽民同志在西北地区党建工作和西部开发座谈会上发表《不断根据实践的要求进行创新》重要讲话。江泽民同志指出:坚持邓小平理论,在实践中继续丰富和创造性发展这个理论,这是党中央领导集体和全党同志的庄严历史责任。全党同志都要把这项任务当作自己的神圣职责,集中全国人民的智慧,共同研究和回答关系我们党和国家事业发展全局的新的重大战略问题,保证我们党始终走在时代发展的前列,真正做到"三个代表"。②

《关于改进党的作风》是江泽民同志2000年10月11日在党的十五届五中全会上讲话的一部分。这篇文稿按照"三个代表"要求,对党的思想作风、学风和工作作风建设等问题进行了全面论述。指出:实事求是是马克思主义活的灵魂,是我们认识新事物、适应新形势、完成新任务的根本思想武器。"实干兴邦,空谈误国。"各级领导干部必须时时处处坚持重实际、说实话、务实事、求实效,大力发扬脚踏实地、埋头苦干的工作作风。坚决反对教条主义、形式主义、官僚主义等一切不良作风。

2000年12月26日,江泽民同志在中共中央纪律检查委员会第五次全体会议上发表《推动党风廉政建设和反腐败斗争的深入开展》的讲话,总结了改革开放以来我们党在党风廉政建设和反腐败斗争中形成的主要经验,强调按照"三个代表"要求全面加强党的建设,根本目的就在于保证我们党能够始终保持与人民群众的血肉联系。全党同志特别是领导干部,都要从这样的政治高度看待党风廉政建设和反腐败斗争。

2001年1月10日,江泽民同志发表《在全国宣传部长会议上的讲

---

① 《江泽民文选》第三卷,人民出版社2006年版,第44—45页。
② 《江泽民文选》第三卷,人民出版社2006年版,第68页。

话》强调要用宽广的眼光去观察和把握当代世界经济、政治、文化的发展趋势,观察和把握当代中国的伟大实践,努力把"三个代表"要求研究好、宣传好、贯彻好。

2001年2月27日,江泽民同志在海南省考察工作时发表《把"三个代表"的要求落实到党的基层组织建设中去》的讲话,提出:要把党建设好,最根本的一条,是要适应新形势、新任务,把"三个代表"要求切实落实到党的思想建设、组织建设和作风建设中去,使我们党始终保持蓬勃的生机和活力,始终成为建设有中国特色社会主义的坚强领导核心。

(二)"三个代表"的基本内涵和要求

从2001年7月到2002年11月是"三个代表"发展的第二阶段。江泽民同志代表党中央在庆祝建党80周年大会上发表重要讲话,系统阐述"三个代表"重要思想的科学内涵和基本内容。"中国共产党必须始终代表中国先进生产力的发展要求,始终代表中国先进文化的前进方向,始终代表中国最广大人民的根本利益。"这是对"三个代表"重要思想的集中概括。在其基础之上,江泽民在庆祝中国共产党成立80周年大会上的讲话明确了"三个代表"的基本要求,集中表现在以下方面:

1. 明确了始终代表中国先进生产力的发展要求。

我们党要始终代表中国先进生产力的发展要求,就是党的理论、路线、纲领、方针、政策和各项工作,必须努力符合生产力发展的规律,体现不断推动社会生产力的解放和发展的要求,尤其要体现推动先进生产力发展的要求,通过发展生产力不断提高人民群众的生活水平。

2. 明确了始终代表中国先进文化的前进方向。

我们党要始终代表中国先进文化的前进方向,就是党的理论、路线、纲领、方针、政策和各项工作,必须努力体现发展面向现代化、面向世界、面向未来的,民族的科学的大众的社会主义文化的要求,促进全民族思想道德素质和科学文化素质的不断提高,为我国经济发展和社会进步提供精神动力和智力支持。

3. 明确了始终代表中国最广大人民的根本利益。

我们党要始终代表中国最广大人民的根本利益,就是党的理论、路线、纲领、方针、政策和各项工作,必须坚持把人民的根本利益作为出发点和归宿,充分发挥人民群众的积极性主动性创造性,在社会不断发展进步的基础上,使人民群众不断获得切实的经济、政治、文化利益。

"三个代表"要求,是我们党的立党之本、执政之基、力量之源,也是我们在新世纪全面推进党的建设,不断推进理论创新,制度创新和科技创新,不断夺取建设有中国特色的社会主义事业新胜利的根本要求。"三个代表"要求,是我们党保持先进性、始终成为建设有中国特色社会主义坚强领导核心的基本要求,与坚持马克思列宁主义、毛泽东思想、邓小平理论,坚持党的工人阶级先锋队性质和全心全意为人民服务的宗旨是一致的。全党同志一定要坚持把全面落实"三个代表"要求,统一于党的建设的各个方面,统一于党领导人民进行改革开放和社会主义现代化建设的全过程。①

4. 明确贯彻"三个代表"要求的方式方法。

江泽民在庆祝中国共产党成立 80 周年大会上的讲话明确指出要按照"三个代表"要求加强和改进党的建设,强调从五个方面贯彻落实"三个代表"。

一是从思想解放视角来看,贯彻"三个代表"要求,我们必须坚持党的解放思想、实事求是的思想路线,大力发扬求真务实、勇于创新的精神,创造性地推进党和国家的各项工作,在实践中不断丰富和发展

---

① 《江泽民文选》第三卷,人民出版社 2006 年版,第 281 页。

马克思主义。

二是从党的性质视角来看,贯彻"三个代表"要求,我们必须坚持党的工人阶级先锋队的性质,始终保持党的先进性,同时要根据经济发展和社会进步的实际,不断增强党的阶级基础和扩大党的群众基础,不断提高党的社会影响力。

三是从组织制度视角来看,贯彻"三个代表"要求,我们必须坚持民主集中制,建立健全科学的领导体制和工作机制,充分发扬党内民主,坚决维护党的集中统一,保持并不断增强党的活力。

四是从干部队伍视角来看,贯彻"三个代表"要求,我们必须全面贯彻干部队伍革命化、年轻化、知识化、专业化的方针和德才兼备的原则,深化干部人事制度改革,努力建设一支高素质的、能够担当重任、经得起风浪考验的干部队伍。

五是从从严治党视角来看,贯彻"三个代表"要求,我们必须坚持党要管党的原则和从严治党的方针,各级党组织必须对党员干部严格要求、严格教育、严格管理、严格监督,坚决克服党内存在的消极腐败现象。

(三)全面贯彻"三个代表"重要思想

"三个代表"发展第三阶段是从党的十六大开始。党的十六大把"三个代表"重要思想同马克思列宁主义、毛泽东思想、邓小平理论一道确立为党必须长期坚持的指导思想,提出了学习贯彻的根本要求和工作部署。

1. 思想源于实践。

2002年9月18日,江泽民同志在中国共产党第十六次全国代表大会文件起草组会议上对报告稿提出几点意见,其中第三点是针对"三个代表"重要思想提出的。江泽民从思想源于实践的视角明确指出"'三个代表'的思想,不是凭空产生的,而是我们十三年来在理论和实践上不断探索和开拓的结果"①。

理论源于实践,并且被实践检验。"三个代表"重要思想是被实践检验的科学理论。江泽民指出,"十三年的基本经验,归结起来,就是要始终做到我们党一贯坚持的'三个代表'。这既是十三年来党和国家伟大实践的必然结论,也是我们继续开拓创新的行动指针"。实践的过程也是发展的过程,在实践中要把发展作为评价落实"三个代表"重要思想的标准。江泽民指出,"要把发展作为党执政兴国的第一要务,这一点十分重要。只有紧紧抓住这一条,'三个代表'要求才能真正得到落实。这个问题,还可以再突出强调"②。

江泽民从伟大事业新的历史方位角度,明确理论源于实践的道理。江泽民同志指出,"三个代表"重要思想,是在科学判断党的历史方位的基础上提出来的。我们党历经革命、建设和改革,已经从领导人民为夺取全国政权而奋斗的党,成为领导人民掌握全国政权并长期执政的党;已经从受到外部封锁和实行计划经济条件下领导国家建设的党,成为对外开放和发展社会主义市场经济条件下领导国家建设的党。我们必须从中国和世界的历史、现状和未来着眼,准确把握时代特点和党的任务,科学制定并正确执行党的路线方针政策,认真研究和解决推动中国社会进步和加强党的建设的问题,做到既不割断历史,又不迷失方向,既不落后于时代,又不超越阶段,使我们的事业不断从胜利走向胜利。③

2. 伟大事业需要伟大思想。

伟大事业成功实践需要伟大思想正确指导。2002年11月8日,江泽民同志在中国共产党第十六次全国代表大会作《全面建设小康社会,开创中国特色社会主义事业新局面》报告,明确指出大会的主题

---

① 《江泽民文选》第三卷,人民出版社2006年版,第515页。
② 《江泽民文选》第三卷,人民出版社2006年版,第515页。
③ 《江泽民文选》第三卷,人民出版社2006年版,第536—537页。

是:高举邓小平理论伟大旗帜,全面贯彻"三个代表"重要思想,继往开来,与时俱进,全面建设小康社会,加快推进社会主义现代化,为开创中国特色社会主义事业新局面而奋斗。全面贯彻"三个代表"重要思想不仅写入大会主题,而且是报告的重要组成部分:报告第二部分就是全面贯彻"三个代表"重要思想。

"三个代表"重要思想是党必须长期坚持的指导思想。所以,江泽民同志强调"开创中国特色社会主义事业新局面,必须高举邓小平理论伟大旗帜,坚持贯彻'三个代表'重要思想"。同时又明确指出"三个代表"重要思想的重要意义,"'三个代表'重要思想是对马克思列宁主义、毛泽东思想和邓小平理论的继承和发展,反映了当代世界和中国的发展变化对党和国家工作的新要求,是加强和改进党的建设、推进我国社会主义自我完善和发展的强大理论武器,是全党集体智慧的结晶,是党必须长期坚持的指导思想。始终做到'三个代表',是我们党的立党之本、执政之基、力量之源"[①]。

3. 贯彻"三个代表"重要思想的四项要求。

贯彻"三个代表"重要思想,关键在坚持与时俱进,核心在坚持党的先进性,本质在坚持执政为民。江泽民同志强调全党同志要牢牢把握这个根本要求,从四个方面提出不断增强贯彻"三个代表"重要思想自觉性和坚定性的要求。

一是贯彻"三个代表"重要思想,必须使全党始终保持与时俱进的精神状态,不断开拓马克思主义理论发展的新境界。

二是贯彻"三个代表"重要思想,必须把发展作为党执政兴国的第一要务,不断开创现代化建设的新局面。

三是贯彻"三个代表"重要思想,必须最广泛最充分地调动一切积极因素,不断为中华民族的伟大复兴增添新力量。

---

① 《江泽民文选》第三卷,人民出版社2006年版,第536页。

四是贯彻"三个代表"重要思想,必须以改革的精神推进党的建设,不断为党的肌体注入新活力。

四项要求是从理论发展、现代化建设、伟大复兴和党的建设方面提出的要求,是中国共产党人贯彻"三个代表"重要思想的根本遵循,也是中国共产党长期执政的根本需要。思想的生命在于破解问题,引领发展步入新阶段。为此,江泽民同志强调指出,"全党必须在思想上不断有新解放,理论上不断有新发展,实践上不断有新创造,把'三个代表'重要思想贯彻到社会主义现代化建设的各个领域,体现在党的建设的各个方面,使我们党始终与时代发展同步伐,与人民群众共命运"①。

---

① 《江泽民文选》第三卷,人民出版社2006年版,第541—542页。

第六章
胡锦涛关于思想建党的理论与实践

党的十六大以来,以胡锦涛为总书记的新一届中央领导集体,在建设中国特色社会主义的伟大实践中,基于世情、国情、党情的深刻变化,以改革的精神研究和解决党的建设面临的重大理论和现实问题,对党的思想理论建设进行了重大的发展创新,开拓了党的思想建设新境界。

一、与时俱进完善发展党的理论

思想建党是一个环环相扣、与时俱进的发展过程,以胡锦涛为总书记的新一届中央领导集体,在建设中国特色社会主义的伟大实践中对党的指导思想进一步丰富完善,比如学习贯彻"三个代表"重要思想、明确坚持树立和落实科学发展观、加快推进学习型政党建设等,推进思想建党迈入新境界。

(一)学习贯彻"三个代表"重要思想

2003年7月,在中国共产党成立82周年之际,在全党兴起学习贯彻"三个代表"重要思想新高潮的重要时刻,中央有关部门联合召开"三个代表"重要思想理论研讨会,胡锦涛在研讨会上发表重要讲话。

1. 把学习贯彻"三个代表"重要思想不断引向深入。

胡锦涛同志明确了全党兴起学习贯彻"三个代表"重要思想新高潮的重大现实意义和深远历史意义,强调指出:"三个代表"重要思想反映了我国最广大人民的共同意愿,体现了当今世界和中国发展的时代精神,显示了马克思主义科学理论的强大力量,是全党全国人民在新世纪新阶段继续团结奋斗的共同思想基础。要实现全面建设小康社会的宏伟目标,必须把学习贯彻"三个代表"重要思想不断引向深入。如何不断引向深入?胡锦涛同志指出,"我们要通过兴起学习贯彻新高潮,切实使广大党员和干部在对'三个代表'重要思想的时代背景、实践基础、科学内涵、精神实质和历史地位的认识上达到新的高度,在认真贯彻'三个代表'重要思想的根本要求、始终做到'三个代表'上取得新的成效,解放思想、实事求是、与时俱进,同心同德地为全面建设小康社会、开创中国特色社会主义事业新局面而奋斗"①。

2. "三个代表"重要思想是马克思主义中国化的理论成果。

胡锦涛同志指出,"三个代表"重要思想同马克思列宁主义、毛泽东思想和邓小平理论是一脉相承而又与时俱进的科学体系,是马克思主义在中国发展的最新成果。这其实是马克思主义中国化的结晶。对此,胡锦涛强调,"坚持以反映时代特征和实践要求的科学理论指导实践,并根据实践的新鲜经验不断推进理论创新,是马克思主义政党坚持先进性、不断推进事业发展的根本保证。我们党从诞生之日起就把马克思主义确立为自己的指导思想,并在长期奋斗中坚持把马克思主义基本原理同中国具体实际相结合,产生了毛泽东思想、邓小平理

---

① 《十六大以来重要文献选编》(上),中央文献出版社 2005 年版,第 360 页。

论和'三个代表'重要思想这三大理论成果"①。

胡锦涛科学分析了马克思主义中国化最新理论成果形成过程,即党的十三届四中全会以来,以江泽民同志为主要代表的当代中国共产党人,高举邓小平理论伟大旗帜,准确把握时代特征,科学判断我们党所处的历史方位,围绕建设中国特色社会主义这个主题,集中全党智慧,以马克思主义的巨大理论勇气进行理论创新,逐步形成了"三个代表"重要思想这一系统的科学理论。

同时以问题为导向,从取得现实成果角度,深刻分析最新理论成果的现实价值,即这一科学理论在建设中国特色社会主义的思想路线、发展道路、发展阶段和发展战略、根本任务、发展动力、依靠力量、国际战略、领导力量和根本目的等重大问题上取得了丰硕成果,用一系列紧密联系、相互贯通的新思想、新观点、新论断,进一步回答了什么是社会主义、怎样建设社会主义的问题,创造性回答了建设什么样的党、怎样建设党的问题。还从三大规律角度,明确了最新理论成果的理论价值,即"三个代表"重要思想的形成,表明我们党对共产党执政规律、社会主义建设规律和人类社会发展规律的认识,达到了新的理论高度,开辟了马克思主义发展的新境界。

胡锦涛从马克思主义中国化的理论高度阐释出马克思主义思想武器的伟大,表明用马克思主义理论武装头脑的根本原因。胡锦涛强调指出,"三个代表"重要思想的形成,不仅表明我们党在理论的自觉性和实践的主动性上达到了一个新的高度,而且在马克思主义和科学社会主义发展史上也是具有重大意义的事情。"三个代表"重要思想紧密结合新的时代条件,生动而具体地坚持和发展了马克思主义,赋予马克思主义新的鲜活力量,再一次有力地证明马克思主义基本原理仍然是我们正确认识和运用人类社会发展规律的锐利思想武器。"三

---

① 《十六大以来重要文献选编》(上),中央文献出版社2005年版,第361页。

个代表"重要思想是坚持马克思主义的典范,又是发展马克思主义的典范。

3. 深刻揭示"三个代表"重要思想价值功能。

在研讨会上胡锦涛同志强调指出了四个问题,深刻揭示了解决中国全部问题的理论基础。

第一,"三个代表"重要思想同马克思列宁主义、毛泽东思想和邓小平理论是一脉相承而又与时俱进的科学体系,是马克思主义在中国发展的最新成果。

第二,"三个代表"重要思想是新世纪新阶段全党全国人民继往开来、与时俱进,实现全面建设小康社会宏伟目标的根本指针。

第三,"三个代表"重要思想的本质是立党为公、执政为民,学习贯彻"三个代表"重要思想必须以最广大人民的根本利益为根本出发点和落脚点。

第四,坚持用马克思主义态度学习贯彻好"三个代表"重要思想,用"三个代表"重要思想指导新的实践,并努力在实践中继续发展马克思主义。

以上四个问题分别从马克思主义认识规律、社会主义建设规律、中国共产党执政规律和马克思主义实践规律等角度科学阐释出"三个代表"重要思想的科学内涵和本质所在,丰富了马克思主义思想建党理论。

胡锦涛同志在邓小平同志诞辰 100 周年纪念大会上从思想建党的高度深刻阐释了党的指导思想,明确指出"三个代表"重要思想的时代价值,丰富党的指导思想的深刻内涵。"三个代表"重要思想是马克思主义在中国发展的新成果。胡锦涛同志指出:"党的十三届四中全会以来,以江泽民同志为主要代表的当代中国共产党人,高举邓小平理论伟大旗帜,准确把握时代特征,科学判断我们党所处的历史方位,集中全党智慧,进一步回答了什么是社会主义、怎样建设社会主义的问题,创造性地回答了建设什么样的党、怎样建设党的问题,逐步形成了'三个代表'重要思想。'三个代表'重要思想是同马克思列宁主义、毛泽东思想、邓小平理论一脉相承而又与时俱进的科学体系,是马克思主义在中国发展的最新成果,是新世纪新阶段全党全国人民实现全面建设小康社会宏伟目标的根本指针。"①

(二)明确坚持树立和落实科学发展观

理论创新是马克思主义中国化的发展动力。马克思主义中国化的理论成果是马克思主义中国化的结晶,也是指导未来发展的行动指南。党的创新理论不是书斋里的学问,而是解决现实问题的钥匙。时代在发展,问题在增多,解决问题的方法在创新。大力推进理论创新是时代的选择,也是马克思主义中国化的内在要求。理论创新是实践客观要求,也是理论发展的规律性遵循,所以要坚持解放思想、实事求是、与时俱进,不断加强理论武装和推进理论创新。

2004年8月,胡锦涛同志在邓小平同志诞辰100周年纪念大会上,一方面强调了为什么要进行理论创新,明确指出,"把马克思主义基本原理同中国具体实际结合起来,推进实践基础上的理论创新,是马克思主义具有蓬勃生命力的关键所在,是我们党坚持先进性、增强创造力的决定性因素"②。另一方面又明确如何进行理论创新,强调指出,"一切从实际出发,以我国改革开放和现代化建设的实际问题为中心,着眼于马克思主义理论的运用,着眼于对实际问题的理论思考,着眼于新的实践和新的发展,不断丰富和发展马克思主义。要善于从群众实践和创造中寻找解决问题的答案,善于在新的实践的基础上不断作出新概括,坚持用发展着的马克思主义指导新的实践"③。

---

① 《胡锦涛文选》第二卷,人民出版社2016年版,第214页。
② 《胡锦涛文选》第二卷,人民出版社2016年版,第215页。
③ 《胡锦涛文选》第二卷,人民出版社2016年版,第215页。

每个时代都有特点,这些特点源于时代存在的问题。要解决时代问题必须树立新发展理念。对此,胡锦涛同志提出科学发展观,强调指出,"我们要坚持树立和落实科学发展观,不断开创经济、政治、文化全面发展的新局面"①。

1. 明确科学发展观的主要特点。

牢固树立和认真落实以人为本,全面、协调、可持续的发展观,充分利用重要战略机遇期,切实抓好发展这个党执政兴国的第一要务,统筹城乡发展,统筹区域发展,统筹经济社会发展,统筹人与自然和谐发展,统筹国内发展和对外开放,推动社会主义物质文明、政治文明和精神文明协调发展,促进人的全面发展。

2. 明确科学发展的方式方法。

从经济建设层面来看,要紧紧扭住经济建设这个中心不动摇,聚精会神搞建设、一心一意谋发展,发挥市场在配置资源中的基础性作用,加强和改善宏观调控,保持发展势头,理顺发展思路,加强薄弱环节,切实把经济发展的着力点放在调整结构、深化改革、转变增长方式上,推动经济持续快速协调健康发展,使发展的成果惠及全体人民。

从政治建设层面来看,要更好地把坚持党的领导、人民当家作主和依法治国有机统一起来,发展社会主义民主政治,积极稳妥地推进政治体制改革,扩大社会主义民主,健全社会主义法制,建设社会主义法治国家,保证人民依法实行民主选举、民主决策、民主管理、民主监督。

从文化建设来看,要牢牢把握社会主义先进文化的前进方向,弘扬和培育民族精神,加强思想道德建设,大力发展教育和科学事业,积极发展文化事业和文化产业,不断丰富人们的精神世界,增强人们的精神力量。

---

① 《胡锦涛文选》第二卷,人民出版社 2016 年版,第 215 页。

从发展动力层面来看,要积极推进改革开放,不断完善社会主义市场经济体制和其他方面的体制,自觉调整和改革生产关系同生产力、上层建筑同经济基础不相适应的方面和环节,为各方面发展提供强大动力。

从改革发展稳定统一性方面来看,要正确把握和处理改革发展稳定的关系,坚持把稳定作为改革发展的前提,切实做好关心群众生产生活的各项工作,正确处理人民内部矛盾特别是涉及人民群众切身利益的矛盾,保持社会安定团结。

(三)加快推进学习型政党建设

1. 明确建设学习型政党的内涵、意义。

2004年,党的十六届四中全会第一次以党中央全会决定的方式提出了"努力建设学习型政党"的要求,并强调"重点抓好领导干部的理论和业务学习,带动全党的学习"。同时,中国共产党第十六届中央委员会第四次全体会议通过的《中共中央关于加强党的执政能力建设的决定》明确指出,坚持用邓小平理论和"三个代表"重要思想武装全党,不断提高马克思主义理论水平。坚持把党的思想理论建设放在首位,大力弘扬理论联系实际的学风,增强把马克思主义基本原理同中国具体实际相结合的能力,提高全党的理论思维和战略思维水平。不断把学习贯彻"三个代表"重要思想引向深入,在武装头脑、指导实践、推动工作上取得扎扎实实的成效。重点抓好领导干部的理论和业务学习,带动全党的学习,努力建设学习型政党。围绕增强执政意识、提高执政能力,创新培训方法,提高培训质量,大规模培训干部。

在党的十七大上,胡锦涛再次重申了建设学习型政党的目标,强调要按照建设学习型政党的要求,紧密结合我国改革开放和现代化建设的新实践,进一步深化对共产党执政规律、社会主义建设规律和人类社会发展规律的把握与认识。

建设学习型政党的理念,包含着两层基本意思:一是为了永葆党的生机和活力,使我们党具备不断改进和完善的能力;二是学习型政党能够真正实现个人和党建的融合,个人与政党在学习中有机融合,彼此促进,共同发展。学习型政党的内涵,概括起来就是在复杂多变的国内外环境下,把我们党建设成为带领全国人民搞好国家建设和发展的马克思主义新型政党。

胡锦涛认为建设学习型政党的重要意义在于:第一,建设学习型政党是保证我们党始终走在时代前列、引领中国发展进步的重要基础。面对错综复杂的国内外形势,我们党不加强学习、不提高学习能力,很难带领全国各族人民屹立于世界民族之林,很难取得改革和发展的最后胜利。第二,建设学习型政党是党领导人民开创中国特色社会主义事业新局面和全面建成小康社会的必然要求。经过改革开放以来几十年的艰苦奋斗,我们党团结带领全国各族人民取得了中国特色社会主义现代化建设的伟大成就。目前,我国生产力水平较低,不能满足人民群众日益增长的需要,在前进道路上势必要不断面临和解决新情况、新问题、新矛盾,这就要求我们各级党组织和广大党员必须在新的实践中加强学习,为继续推进中国特色社会主义事业奠定思想和智力基础。第三,建设学习型政党是提高党的执政本领和执政水平、始终保持党的先进性的紧迫任务。一个政党是否先进,首先在于思想理论上是否先进。要提高党员干部的思想素质和理论水平,通过自上而下的、集中的理论学习和思想教育固然重要,但更重要的是引导广大党员干部进行深入持久的自我学习教育。党的十七大报告着重强调:要尊重党员主体地位,保障党员民主权利。党员的主体地位应体现在党员参与到党内的各项活动中,而开展党员的自我教育是尊重党员在思想教育中的主体地位的重要体现。

2. 提出了建设学习型政党的基本任务和具体要求。

2009年9月,党的十七届四中全会通过了《关于加强和改进新形势下党的建设若干重大问题的决定》,该决定的一个亮点和新意,就是把学习提到了空前重要的地位,强调"不断学习、努力学习,努力掌握运用新思想、新知识、新经验,是党始终走在时代前列,引领中国发展进步的决定性因素",并提出要"按照科学理论武装、具有世界眼光、善于把握规律、富有创新精神的要求,把建设马克思主义学习型政党作为重大而紧迫的战略任务抓紧抓好"。不仅如此,党的十七届四中全会还明确提出了建设学习型政党的四项基本任务:第一,推进马克思主义中国化、时代化、大众化;第二,用中国特色社会主义理论武装全党;第三,开展社会主义核心价值体系学习教育;第四,建设学习型党组织。这四项任务的界定和落实,对于建设学习型政党具有很强的现实针对性和可操作意义。

此外,党的十七届四中全会还提出了建设马克思主义学习型政党的四个具体要求,即:科学理论武装,具有世界眼光,善于把握规律,富有创新精神。这四项基本要求,思想深刻,内涵丰富,相辅相成,进一步增强了建设马克思主义学习型政党的实践性和实效性。其中,富有创新精神,是四项要求的落脚点,是马克思主义学习型政党与时俱进的时代品格。改革创新始终是党永葆生机的不竭动力,在以改革创新为核心精神的时代,推进党和国家的伟大事业要靠创新,衡量党的执政能力是否提高关键也要看创造性是否增强,建设马克思主义学习型政党关键在于创新精神的提升。面对党的执政环境和执政条件的深刻变化,建设马克思主义学习型政党,必须一如既往地坚持把改革创新作为解决前进中各种矛盾和问题的根本方法,在改革创新中推动中国特色社会主义伟大事业不断前进。

总之,建设马克思主义学习型政党,是我们党决心把学习马克思主义科学理论和先进知识的优良传统,上升到制度层面加以巩固和发扬而采取的一项重大举措,是我们党领导方式和执政方式的伟大变革,是新一届领导集体加强党员干部自我学习教育的根本措施。这就要求必须坚持以领导干部为重点带动全党的全面学习、系统学习、终身学习，努力构建全党继续教育、终身教育体系和创建各级各类学习型党组织，坚持以学习型政党建设带动学习型社会建设，在全社会形成一个人人学习、终身学习、以崇尚学习为荣的舆论氛围和社会风气。

二、开展保持共产党员先进性教育活动

保持先进性教育活动是中国共产党在新的历史条件下用发展着的马克思主义武装全党的一项重大举措，是加强党的执政能力建设和先进性建设的一次成功实践。

面对新世纪新阶段世情、国情、党情的重大而深刻的变化，为进一步加强党的执政能力建设和推进党的思想建设，党的十六大决定：在全党开展以实践"三个代表"重要思想为主要内容的保持共产党员先进性教育活动。2003年，先进性教育活动在五种类型的19个单位先行试点。2004年9月，中国共产党第十六届中央委员会第四次全体会议通过的《中共中央关于加强党的执政能力建设的决定》明确指出，在全党开展以实践"三个代表"重要思想为主要内容的保持共产党员先进性教育活动，学习贯彻党章，坚定理想信念，坚持党的宗旨，增强党的观念，发扬优良传统，保持党员队伍的先进性和纯洁性。2004年11月7日，中共中央下发了《中共中央关于在全党开展以实践"三个代表"重要思想为主要内容的保持共产党员先进性教育活动的意见》，决定从2005年1月开始，用一年半左右的时间，在全党开展以实践"三个代表"重要思想为主要内容的保持共产党员先进性教育活动。2005年1月5日，中央保持共产党员先进性教育活动工作会议在北京举行，全党范围内的先进性教育活动正式启动。这次先进性教育活动，

历时一年半,到 2006 年 6 月基本结束。党中央在 2005 年 6 月开始相继印发了《关于加强党员经常性教育的意见》《关于做好党员联系和服务群众工作的意见》《关于加强和改进流动党员管理工作的意见》和《关于建立健全地方党委、部门党组(党委)抓基层党建工作责任制的意见》,这四个文件的制定和印发,是对保持共产党员先进性教育活动经验的系统总结,是建立健全保持共产党员先进性长效机制的重要举措,对于巩固和扩大先进性教育成果具有十分重要的意义。

根据中央的统一部署和总体安排,全党的先进性教育活动共分三批进行,每批半年左右的时间。第一批为县以上党政机关和部分企事业单位(2005 年 1—6 月)。第二批为城市基层和乡镇机关(2005 年 7—12 月)。第三批为农村和部分党政机关(2006 年 1—6 月)。活动涉及全党 7000 多万党员、350 多万个基层组织,是新中国成立以来参加人数最多、规模最大的一次党内集中教育活动。

这次先进性教育活动的特点主要有:其一,教育活动的对象是全体党员,是我们党历史上参加人数最多、规模最大的一次马克思主义集中教育活动。其二,坚持试点先行、分批推进、分类指导、形式多样的原则。中央对开展先进性教育活动只规定了总体思路和基本要求,给各地区、各单位留下充足的自主选择空间,既有统一要求,又鼓励各地各部门从各自实际出发进行选择和创新。其三,注重集中教育和经常性教育相结合。实践证明,这次先进性教育活动坚持正面教育、自我教育为主,广泛发扬民主,坚持群众路线,使广大党员受到了一次深刻的中国特色社会主义理论体系的教育,是我们党历史上的一次空前成功的理论武装实践。

(一)关系马克思主义政党生存发展的根本问题

1. 党的先进性建设是马克思主义政党自身建设的根本任务。

2005 年 1 月,胡锦涛同志在新时期保持共产党员先进性专题报告会上讲话强调,先进性是马克思主义政党的根本特征,也是马克思主义政党的生命所系、力量所在。党的先进性建设是马克思主义政党自身建设的根本任务。那么如何加强党的先进性建设?对加强党的先进性建设提出新要求,即开展党的先进性建设,就是要使党的理论和路线方针政策顺应时代发展的潮流和我国社会发展进步的要求、反映全国各族人民的利益和愿望,使各级党组织不断提高创造力、凝聚力和战斗力,始终发挥领导核心作用和战斗堡垒作用,使广大党员不断提高自身素质、始终发挥先锋模范作用,使我们党保持与时俱进的品质、始终走在时代前列,不断提高执政能力、巩固执政地位、完成执政使命。

2. 保持先进性是马克思主义建党理论的重大历史课题。

胡锦涛同志强调保持先进性是马克思主义政党的内在属性,建党之日起,中国共产党始终高度重视保持党的先进性,总是把党的先进性建设摆在突出位置来抓。

从历史视角来看,以毛泽东同志为核心的党的第一代中央领导集体,把马克思主义建党理论同我们党的自身建设实践相结合,探索出一条着重从思想上建党、加强党的先进性建设的成功之路。"毛泽东同志强调,保持党和党员的先进性,根本途径是加强党内马克思主义理论和无产阶级思想教育,不断提高党员思想觉悟,把党员教育和锻炼成为坚定的共产主义战士。"①党的十一届三中全会以后,以邓小平同志为核心的党的第二代中央领导集体总结"文化大革命"的深刻教训和新时期党的建设的新鲜经验,围绕在改革开放的历史条件下加强党的先进性建设提出了一系列重要思想,"执政党应该是一个什么样的党,执政党的党员应该怎样才合格,党怎样才叫善于领导?"②党的十

---

① 《胡锦涛文选》第二卷,人民出版社2016年版,第265页。
② 《胡锦涛文选》第二卷,人民出版社2016年版,第265—266页。

三届四中全会以后,以江泽民同志为核心的党的第三代中央领导集体始终高度重视加强党的先进性建设,坚持和发展马克思主义党建理论,创造性探索和回答了建设什么样的党、怎么样建设党这个重大课题。"江泽民同志集中全党智慧创立的'三个代表'重要思想,集中概括了新的历史条件下党的先进性的丰富内涵,揭示了党的先进性的本质特征,为新世纪新阶段加强党的先进性建设提供了科学理论指导。[①]"为了进一步推动党的先进性建设,党的十六大以来,在全党兴起学习贯彻"三个代表"重要思想新高潮,对加强党的执政能力建设作出全面部署,强调牢固树立和全面落实科学发展观,要求全党特别是领导干部坚持立党为公、执政为民的本质要求,坚持民主集中制,大兴求真务实之风。

3. 加强党的先进性建设重要启示。

在回顾我们党长期以来加强党的先进性建设理论和实践基础上,胡锦涛同志强调以下四点重要启示:

第一,加强党的先进性建设,始终是我们党生存、发展、壮大的根本性建设。历史表明,抓住了先进性建设,就抓住了党的建设的根本,就抓住了加强党的执政能力建设、巩固党的执政地位的关键。第二,加强党的先进性建设,需要同实现党的历史任务紧紧联系起来。党的先进性历来是随着形势和任务变化而不断丰富和发展的。时代和实践发展,总是不断给我们党提出新的要求,也给党的先进性赋予新的内涵。第三,加强党的先进性建设,在执政特别是长期执政的条件下任务更为艰巨。一个政党过去先进,不等于现在先进;现在先进,不等于永远先进。面向未来,我们党任重道远,担子更重,责任更大。我们必须居安思危,增强忧患意识,永不自满,永不懈怠,不断把马克思主义中国化推向前进,不断把中国特色社会主义事业推向前进。第四,

---

① 《胡锦涛文选》第二卷,人民出版社2016年版,第267页。

加强党的先进性建设,是加强和改进党的建设的长期任务和永恒课题。保持党的先进性,是一个不断认识、不断实践、不断提高的过程。必须把做好经常性工作与适当的集中教育结合起来,不断加以推进,这是我们党加强先进性建设的一条重要经验。胡锦涛强调指出:"这次在全党开展先进性教育活动,就是从新的实际出发,对经常性教育同适当的集中教育相结合这一成功经验的运用。"①

4. 新时期共产党员保持先进性的基本要求。

胡锦涛在新时期保持共产党员先进性专题报告会上作报告强调如下要求:

一是要坚持理想信念,坚定不移地为建设中国特色社会主义而奋斗。二是要坚持勤奋学习,扎扎实实地提高实践"三个代表"重要思想的本领。三是要坚持党的根本宗旨,始终不渝地做到立党为公、执政为民。四是要坚持勤奋工作,兢兢业业地创造一流的工作业绩。五是要坚持遵守党的纪律,身体力行地维护党的团结统一。六是要坚持"两个务必",永葆共产党人的政治本色。

5. 保持共产党员先进性教育活动的部署。

胡锦涛同志在新时期保持共产党员先进性专题报告会上作报告强调指出,全体共产党员都要积极投身先进性教育活动,领导干部尤其要发挥表率作用。领导干部带头,要从中央政治局常委做起。各级党员领导干部都要以普通党员的身份带头参加先进性教育活动,给广大党员作出示范。要带头学习,带头查摆问题,带头开展批评与自我批评,带头搞好整改。各级党委(党组)要切实加强领导,把先进性教育作为当前党建工作中的头等大事来抓,同推动当前工作结合起来,积极寻找新的历史条件下做好党员经常性教育管理工作的方法和途径,努力探索使广大党员长期受教育、永葆先进性的长效机制。

---

① 《胡锦涛文选》第二卷,人民出版社 2016 年版,第 271 页。

(二) 中国共产党安身立命的根本

2006年6月,在庆祝中国共产党成立85周年暨总结保持共产党员先进性教育活动大会上,胡锦涛同志强调指出,党的先进性是历史的具体的,既是一以贯之的,又是与时俱进的。这就决定了保持和发展党的先进性是马克思主义政党自身建设的根本任务和永恒课题。

1. 马克思主义政党的本质属性。

胡锦涛同志强调,中国共产党作为马克思主义政党,在本质上具有非马克思主义政党无可比拟的先进性。这种先进性,集中体现在坚持把马克思主义科学理论作为指导,坚持把实现符合人类社会发展规律的社会主义和共产主义作为坚定信念和远大理想,坚持把立党为公、执政为民作为本质要求,坚持把民主集中制作为根本组织制度和领导制度,坚持把最广大人民作为根本力量源泉等主要方面。这种先进性,从根本上说,是由中国共产党的性质和宗旨决定的,是靠坚持不懈地开展自身建设来保持和发展的。

2. 总结我们党历史的基本结论。

2006年6月在庆祝中国共产党成立85周年暨总结保持共产党员先进性教育活动大会上,胡锦涛同志总结我们党85年的历史,得出一个基本结论:我们党之所以能够成为领导中国革命、建设、改革事业的核心力量,之所以能够承担起中国人民和中华民族的历史重托,之所以能够在剧烈变动的国际国内环境中始终立于不败之地,根本原因是我们党始终代表中国先进生产力的发展要求、代表中国先进文化的前进方向、代表中国最广大人民的根本利益,始终高度重视并不断保持和发展自己作为马克思主义政党的先进性。85年来我们党保持和发展先进性的创造性实践,为我们加强党的先进性建设提供了宝贵经验。历史和现实都表明,一个政党过去先进不等于现在先进,现在先进不等于永远先进;马克思主义政党赢得先进性固然不容易,在复杂的国内外环境中和长期执政的条件下保持和发展先进性更不容易。我们必须把加强党的先进性建设作为一项重大战略任务更加突出、更加紧迫地提到全党面前。

3. 党的先进性建设的宝贵经验。

胡锦涛同志在庆祝中国共产党成立85周年暨总结保持共产党员先进性教育活动大会上总结了五个方面的经验。一是加强党的先进性建设,必须准确把握时代脉搏,保证党始终与时代发展同步伐。二是加强党的先进性建设,必须把最广大人民的根本利益作为党全部工作的出发点和落脚点,保证党始终与人民群众共命运。三是加强党的先进性建设,必须使党的理论和路线方针政策不断与时俱进,保证党的全部工作始终符合实际和社会发展规律。四是加强党的先进性建设,必须围绕党的中心任务来进行,保证党始终引领中国社会发展进步。五是加强党的先进性建设,必须坚持党要管党、从严治党,保证党始终具有蓬勃生机和旺盛活力。

4. 先进性教育活动的鲜明特点。

胡锦涛同志明确先进性教育活动具有的八个方面的鲜明特点。一是坚持以实践"三个代表"重要思想为主线,全面落实科学发展观,以学习贯彻党章为重点,坚持用发展着的马克思主义武装党员。二是着眼于取得实效和群众满意,在提高党员素质、加强基层组织、服务人民群众、促进各项工作上狠下功夫。三是坚持正面教育、自我教育为主,实行开门搞教育,广泛发扬民主,走群众路线。四是实行试点先行、分批推进、分类指导,既有统一要求,又鼓励从各自实际出发进行创新,形式灵活多样。五是紧紧围绕改革发展稳定大局,做到先进性教育活动和生产、工作"两不误、两促进"。六是强调领导机关、领导干部带头,在各个阶段、各个环节为基层和党员作出表率。七是注重宣传引导,加强先进典型报道,积极营造良好的社会舆论氛围,形成正确导向。八是把解决问题、总结经验、探索规律结合起来,坚持实践成果、制度成果、理论成果一起抓,实现整体推动、相互促进。

5. 先进性教育活动的显著成效。

胡锦涛同志强调指出,我们根据党的十六大的部署,在全党开展了以实践"三个代表"重要思想为主要内容的保持共产党员先进性教育活动。这次先进性教育活动历时一年半,现已基本结束。在党中央坚强领导下,中央先进性教育活动领导小组周密部署,各级党组织精心组织,广大党员积极参与,人民群众大力支持,按照关键是要取得实效、真正成为群众满意工程的要求,坚持理论联系实际,整个先进性教育活动主题鲜明、领导有力、措施得当、工作扎实,实现了预期目标,取得了显著成效。集中表现为六个方面:一是广大党员受到了一次深刻的马克思主义教育,进一步坚定了理想信念,提高了素质能力,增强了实践"三个代表"重要思想、落实科学发展观的自觉性,党员队伍中存在的一些突出问题得到初步解决,党员、干部的先锋模范作用进一步发挥。二是基层党组织的创造力、凝聚力、战斗力进一步提高,一些软弱涣散和不够健全的基层党组织得到整顿和加强,党的工作覆盖面明显扩大,党执政的组织基础更加巩固。三是党组织和党员服务群众的行动更加自觉,党员干部的作风进一步改进,人民群众关心的一些重点问题得到初步解决,党群干群关系进一步密切。四是各地区各部门按照科学发展观的要求,进一步理清了发展思路,努力解决影响改革发展稳定的一些主要问题,积极促进经济社会又快又好发展。五是各级党组织在加强党员经常性教育管理、做好党员联系和服务群众工作、加强和改进流动党员管理工作、建立健全抓基层党的建设工作责任制等方面形成了一些务实管用的新制度,推动了保持共产党员先进性长效机制建设。六是各级党组织认真总结先进性教育活动的成功实践和党的先进性建设的历史经验,深入研究党的先进性建设规律,丰富了党的先进性建设理论。

6. 推进党的先进性建设。

胡锦涛同志强调指出,全党同志都必须深刻认识到,加强党的先进性建设是一项长期的历史任务,我们必须紧紧围绕党的历史使命和中心任务,进一步推进党的先进性建设。如何推进党的先进性建设?胡锦涛同志从四个方面进行了深刻阐释。一是要紧密结合贯彻落实科学发展观的实践,加强党的先进性建设。二是要紧密结合构建社会主义和谐社会的实践,加强党的先进性建设。三是要紧密结合加强党的执政能力建设的实践,加强党的先进性建设。四是要紧密结合保持党同人民群众血肉联系的实践,加强党的先进性建设。

(三)建立健全保持共产党员先进性长效机制

2006年6月,中共中央办公厅印发《关于加强党员经常性教育的意见》《关于做好党员联系和服务群众工作的意见》《关于加强和改进流动党员管理工作的意见》和《关于建立健全地方党委、部门党组(党委)抓基层党建工作责任制的意见》四个保持共产党员先进性长效机制文件的通知。

这四个文件的制定和印发,是开展以实践"三个代表"重要思想为主要内容的保持共产党员先进性教育活动经验的系统总结,是建立健全保持共产党员先进性长效机制的重要举措,对于巩固和扩大先进性教育活动成果,更好地落实党要管党、从严治党的方针,坚持不懈地加强党的执政能力建设和先进性建设;对于更好地发挥基层党组织的战斗堡垒作用和广大党员的先锋模范作用,为全面建设小康社会、构建社会主义和谐社会提供坚强的政治和组织保证,具有十分重要的意义。

(四)重视干部队伍建设,规范干部培训,颁布了《干部教育培训工作条例(试行)》

2006年3月,中共中央印发了《干部教育培训工作条例(试行)》,

并发出通知,要求各地区各部门认真贯彻执行。通知要求,各级党委(党组)和有关部门要充分认识贯彻实施《干部教育培训工作条例(试行)》的重要性,按照《干部教育培训工作条例(试行)》的要求,创新培训内容,改进培训方式,整合培训资源,优化培训队伍,提高培训质量,推进干部教育培训工作的科学化、制度化、规范化,真正把中央提出的大规模培训干部、大幅度提高干部素质的战略任务落到实处,为全面建设小康社会、加快推进社会主义现代化提供思想政治保证、人才保证和智力支持。

《干部教育培训工作条例(试行)》共计9章57条,其颁布实施作为加强和改进干部教育培训工作的重要举措,有利于培养和造就高素质的干部队伍,有利于推动学习型政党、学习型社会建设,有利于加强党的执政能力建设和先进性建设,为思想建党提供制度保障。

(五)加强党的纯洁性建设

由马克思主义党建学说原理可知,党的先进性与党的纯洁性密不可分。保持党的先进性需要加强党的纯洁性建设。

应对"四大考验""四种危险"迫切需要加强党的纯洁性建设。2011年,胡锦涛同志在庆祝中国共产党成立90周年大会上的讲话中指出:"全党必须清醒地看到,在世情、国情、党情发生深刻变化的新形势下,提高党的领导水平和执政水平、提高拒腐防变和抵御风险能力,加强党的执政能力建设和先进性建设,面临许多前所未有的新情况新问题新挑战,执政考验、改革开放考验、市场经济考验、外部环境考验是长期的、复杂的、严峻的。精神懈怠的危险,能力不足的危险,脱离群众的危险,消极腐败的危险,更加尖锐地摆在全党面前,落实党要管党、从严治党的任务比以往任何时候都更为繁重、更为紧迫。"[1]可见,

---

[1] 《胡锦涛文选》第三卷,人民出版社2016年版,第528页。

党面临"四大考验"(执政考验、改革开放考验、市场经济考验、外部环境考验)、"四种危险"(精神懈怠的危险,能力不足的危险,脱离群众的危险,消极腐败的危险)。其中,"四大考验"是党的十七届四中全会首次提出的。面临"四大考验""四种危险",如何加强党的建设?胡锦涛同志强调指出:"在新的历史条件下提高党的建设科学化水平,必须坚持标本兼治、综合治理、惩防并举、注重预防的方针,深入开展党风廉政建设和反腐败斗争,始终保持马克思主义政党的先进性和纯洁性。"①不可置疑,应对"四大考验""四种危险"迫切需要中国共产党保持纯洁性,加强纯洁性建设。

2012年1月9日,胡锦涛同志在中国共产党第十七届中央纪律检查委员会第七次全体会议上发表重要讲话,强调指出:"全党都要从党和人民事业发展的高度,从应对新形势下党面临的风险和挑战出发,充分认识保持党的纯洁性的极端重要性和紧迫性,不断增强党的意识、政治意识、危机意识、责任意识,切实做好保持党的纯洁性各项工作。"②保持党的纯洁性需要思想建党,增强党员干部党的意识、政治意识、危机意识、责任意识,加大对纯洁性建设研究力度。胡锦涛指出,要坚持党要管党、从严治党,坚持强化思想理论武装和严格队伍管理相结合、发扬党的优良作风和加强党性修养与党性锻炼相结合、坚决惩治腐败和有效预防腐败相结合、发挥监督作用和严肃党的纪律相结合,不断增强自我净化、自我完善、自我革新、自我提高能力,始终坚持党的性质和宗旨,永葆共产党人政治本色。其中包含思想建党的重要方式——思想理论武装。

2012年11月8日,党的十八大报告首次提出党的纯洁性建设的任务,并且成为"党的建设主线"之一。党的十八大报告指出:"全党

---

① 《胡锦涛文选》第三卷,人民出版社2016年版,第533页。
② 《胡锦涛文选》第三卷,人民出版社2016年版,第578—579页。

要增强紧迫感和责任感,牢牢把握加强党的执政能力建设、先进性和纯洁性建设这条主线,坚持解放思想、改革创新,坚持党要管党、从严治党,全面加强党的思想建设、组织建设、作风建设、反腐倡廉建设、制度建设,增强自我净化、自我完善、自我革新、自我提高能力,建设学习型、服务型、创新型的马克思主义执政党,确保党始终成为中国特色社会主义事业的坚强领导核心。"[①]这其中包含了先进性和纯洁性建设的密不可分的内在联系,彰显了通过加强纯洁性建设增强先进性的逻辑,是思想建党的内在要求。

三、树立科学发展观

党的十六大以来,以胡锦涛同志为总书记的党中央,高举中国特色社会主义伟大旗帜,以邓小平理论和"三个代表"重要思想为指导,立足社会主义初级阶段基本国情,总结中国发展实践,借鉴国外发展经验,适应中国发展要求,提出了"科学发展观"这一重大战略思想。

(一)"科学发展观"的提出

在 2003 年 7 月 28 日的讲话中,胡锦涛同志提出"坚持以人为本,树立全面、协调、可持续的发展观,促进经济社会和人的全面发展",按照"统筹城乡发展、统筹区域发展、统筹经济社会发展、统筹人与自然和谐发展、统筹国内发展和对外开放"的要求推进各项事业的改革和发展的方法论——科学发展观,也是中国共产党的重大战略思想。

2003 年 8 月底、9 月初,胡锦涛在江西省考察工作时,首次明确提

---

① 《胡锦涛文选》第三卷,人民出版社 2016 年版,第 653—654 页。

出了"科学发展观"这一崭新概念。他说:各级领导干部一定要牢固树立协调发展、全面发展、可持续发展的科学发展观,积极探索符合本地实际情况的发展道路。

2003年10月,胡锦涛同志在中共十六届三中全会第二次全体会议上讲话,强调指出,"树立和落实全面发展、协调发展、可持续发展的科学发展观,对于我们更好坚持发展才是硬道理的战略思想具有重大意义。树立和落实科学发展观,这是二十多年改革开放实践的经验总结,是战胜非典疫情给我们的重要启示,也是推进全面建设小康社会的迫切要求"①。党的十六届三中全会通过的《关于完善社会主义市场经济体制若干问题的决定》正式提出了树立和落实科学发展观的战略思想和部署。决定提出:确定以人为本的核心地位和坚持全面、协调、可持续的基本要求,按照统筹兼顾的根本方法,不断推进我国经济社会发展和人的全面发展。在这次会议上,胡锦涛还特别强调,科学发展观是马克思主义理论与中国实际相结合的又一产物。

2007年10月15日至21日,中国共产党第十七次全国代表大会在北京召开。胡锦涛同志在中国共产党第十七次全国代表大会上作的报告中明确指出科学发展观是发展中国特色社会主义必须坚持和贯彻的重大战略思想。科学发展观是对党的三代中央领导集体关于发展的重要思想的继承和发展,是马克思主义关于发展的世界观和方法论的集中体现,是同马克思列宁主义、毛泽东思想、邓小平理论和"三个代表"重要思想既一脉相承又与时俱进的科学理论,是我国经济社会发展的重要指导方针,是发展中国特色社会主义必须坚持和贯彻的重大战略思想。

中国共产党第十七次全国代表大会把科学发展观写入党章。10月21日,大会通过了《中国共产党章程(修正案)》,科学发展观新增

---

① 《胡锦涛文选》第二卷,人民出版社2016年版,第104页。

入党章。中国共产党第十七次全国代表大会部分修改通过的《中国共产党章程》指出,"十六大以来,党中央坚持以邓小平理论和'三个代表'重要思想为指导,根据新的发展要求,集中全党智慧,提出了以人为本、全面协调可持续发展的科学发展观。科学发展观,是同马克思列宁主义、毛泽东思想、邓小平理论和'三个代表'重要思想既一脉相承又与时俱进的科学理论,是我国经济社会发展的重要指导方针,是发展中国特色社会主义必须坚持和贯彻的重大战略思想"[1]。

2008年9月19日,胡锦涛同志在全党深入学习实践科学发展观活动动员大会暨省部级主要领导干部专题研讨班上发表题为《把贯彻落实科学发展观提高到新水平》的讲话,指出"为了把深入学习实践科学发展观活动开展好,中央根据以往在全党开展学习教育活动的成功做法,首先部署开展了试点工作"[2]。

2012年7月23日,胡锦涛同志在省部级主要领导干部专题研讨班上发表题为《深入贯彻落实科学发展观仍然是长期艰巨的任务》的讲话,强调"科学发展观提出以来,经历了一个实践、认识、再实践、再认识的过程,理论内涵不断丰富,实践成效不断显现。科学发展观对新形势下实现什么样的发展、怎样发展等重大问题作出了新的科学回答,把我们对中国特色社会主义规律的认识提高到新的水平"[3]。"全党要继续按照党的十七大对深入贯彻落实科学发展观提出的总体要求,从深化认识和自觉运用共产党执政规律、社会主义建设规律、人类社会发展规律的高度,继续认真学习和切实贯彻科学发展观,坚定不移把科学发展观贯彻到我国现代化建设全过程、体现到党的建设各方面。"[4]

---

[1] 《中国共产党第十七次全国代表大会文件汇编》,人民出版社2007年版,第59页。
[2] 《胡锦涛文选》第三卷,人民出版社2016年版,第93页。
[3] 《胡锦涛文选》第三卷,人民出版社2016年版,第607页。
[4] 《胡锦涛文选》第三卷,人民出版社2016年版,第608页。

2012年11月8日至14日,中国共产党第十八次全国代表大会在北京召开,把科学发展观列入党的指导思想。

(二)科学发展观的丰富内涵

在中国共产党第十七次全国代表大会上胡锦涛同志指出,科学发展观的第一要义是发展,核心是以人为本,基本要求是全面、协调、可持续,根本方法是统筹兼顾。

科学发展观的第一要义是发展。胡锦涛同志强调,"必须坚持把发展作为党执政兴国的第一要务。发展,对于全面建设小康社会、加快推进社会主义现代化,具有决定性意义。要牢牢扭住经济建设这个中心,坚持聚精会神搞建设、一心一意谋发展,不断解放和发展社会生产力。更好实施科教兴国战略、人才强国战略、可持续发展战略,着力把握发展规律、创新发展理念、转变发展方式、破解发展难题,提高发展质量和效益,实现又好又快发展,为发展中国特色社会主义打下坚实基础。努力实现以人为本、全面协调可持续的科学发展,实现各方面事业有机统一、社会成员团结和睦的和谐发展,实现既通过维护世界和平发展自己,又通过自身发展维护世界和平的和平发展"[1]。

科学发展观的核心是以人为本。胡锦涛同志强调指出,"必须坚持以人为本。全心全意为人民服务是党的根本宗旨,党的一切奋斗和工作都是为了造福人民。要始终把实现好、维护好、发展好最广大人民的根本利益作为党和国家一切工作的出发点和落脚点,尊重人民主体地位,发挥人民首创精神,保障人民各项权益,走共同富裕道路,促进人的全面发展,做到发展为了人民、发展依靠人民、发展成果由人民共享"[2]。

---

[1] 《胡锦涛文选》第二卷,人民出版社2016年版,第623—624页。
[2] 《胡锦涛文选》第二卷,人民出版社2016年版,第624页。

科学发展观的基本要求是全面协调可持续发展。胡锦涛同志强调指出,"要按照中国特色社会主义事业总体布局,全面推进经济建设、政治建设、文化建设、社会建设,促进现代化建设各个环节、各个方面相协调,促进生产关系与生产力、上层建筑与经济基础相协调。坚持生产发展、生活富裕、生态良好的文明发展道路,建设资源节约型、环境友好型社会,实现速度和结构质量效益相统一、经济发展与人口资源环境相协调,使人民在良好生态环境中生产生活,实现经济社会永续发展"①。

科学发展观的根本方法是统筹兼顾。胡锦涛同志强调指出,"要正确认识和妥善处理中国特色社会主义事业中的重大关系,统筹城乡发展、区域发展、经济社会发展、人与自然和谐发展、国内发展和对外开放,统筹中央和地方关系,统筹个人利益和集体利益、局部利益和整体利益、当前利益和长远利益,充分调动各方面积极性。统筹国内国际两个大局,树立世界眼光,加强战略思维,善于从国际形势发展变化中把握发展机遇、应对风险挑战,营造良好国际环境。既要总揽全局、统筹规划,又要抓住牵动全局的主要工作、事关群众利益的突出问题,着力推进、重点突破"②。

2007年12月17日,胡锦涛同志在新进中央委员会的委员、候补委员学习贯彻党的十七大精神研讨班上讲话,强调指出,"党的十七大对科学发展观作了深刻阐述,我们要全面领会科学发展观的科学内涵、精神实质、根本要求,进一步增强贯彻落实科学发展观的自觉性和坚定性,更好完成新世纪新阶段我们肩负的历史任务"③。"学习领会科学发展观,重点是要深刻领会党的十七大强调的科学发展观第一要义是发展,核心是以人为本,基本要求是全面协调可持续,根本方法是

---

① 《胡锦涛文选》第二卷,人民出版社2016年版,第624页。
② 《胡锦涛文选》第二卷,人民出版社2016年版,第624—625页。
③ 《胡锦涛文选》第三卷,人民出版社2016年版,第1页。

统筹兼顾。这四句话,是对科学发展观科学内涵、精神实质、根本要求的集中概括,贯通于党的十七大报告全篇,党的十七大关于中国特色社会主义事业的战略部署从不同角度对这四句话作了发挥和展开。"①

胡锦涛同志在中国共产党第十八次全国代表大会上作报告指出,"总结十年奋斗历程,最重要的就是我们坚持以马克思列宁主义、毛泽东思想、邓小平理论、'三个代表'重要思想为指导,勇于推进实践基础上的理论创新,围绕坚持和发展中国特色社会主义提出一系列紧密相连、相互贯通的新思想、新观点、新论断,形成和贯彻了科学发展观。科学发展观是马克思主义同当代中国实际和时代特征相结合的产物,是马克思主义关于发展的世界观和方法论的集中体现,对新形势下实现什么样的发展、怎样发展等重大问题作出了新的科学回答,把我们对中国特色社会主义规律的认识提高到新的水平,开辟了当代中国马克思主义发展新境界。科学发展观是中国特色社会主义理论体系最新成果,是中国共产党集体智慧的结晶,是指导党和国家全部工作的强大思想武器。科学发展观同马克思列宁主义、毛泽东思想、邓小平理论、'三个代表'重要思想一道,是党必须长期坚持的指导思想"②。这就从党的指导思想的角度丰富了科学发展观的内涵。并且强调指出,"解放思想、实事求是、与时俱进、求真务实,是科学发展观最鲜明的精神实质"③。

(三) 贯彻落实科学发展观的路径

如何用新思想指导实践?胡锦涛同志在中国共产党第十八次全国代表大会上用四个"更加自觉"明确了贯彻落实科学发展观的路径,强调必须把科学发展观贯彻到我国现代化建设全过程、体现到党的建

---

① 《胡锦涛文选》第三卷,人民出版社 2016 年版,第 2 页。
② 《胡锦涛文选》第三卷,人民出版社 2016 年版,第 617—618 页。
③ 《胡锦涛文选》第三卷,人民出版社 2016 年版,第 619 页。

设备方面。

一是全党必须更加自觉地把推动经济社会发展作为深入贯彻落实科学发展观的第一要义,牢牢扭住经济建设这个中心,坚持聚精会神搞建设、一心一意谋发展,着力把握发展规律、创新发展理念、破解发展难题,深入实施科教兴国战略、人才强国战略、可持续发展战略,加快形成符合科学发展要求的发展方式和体制机制,不断解放和发展社会生产力,不断实现科学发展、和谐发展、和平发展,为坚持和发展中国特色社会主义打下牢固基础。

二是全党必须更加自觉地把以人为本作为深入贯彻落实科学发展观的核心立场,始终把实现好、维护好、发展好最广大人民根本利益作为党和国家一切工作的出发点和落脚点,尊重人民首创精神,保障人民各项权益,不断在实现发展成果由人民共享、促进人的全面发展上取得新成效。

三是全党必须更加自觉地把全面协调可持续作为深入贯彻落实科学发展观的基本要求,全面落实经济建设、政治建设、文化建设、社会建设、生态文明建设五位一体总体布局,促进现代化建设各方面相协调,促进生产关系与生产力、上层建筑与经济基础相协调,不断开拓生产发展、生活富裕、生态良好的文明发展道路。

四是全党必须更加自觉地把统筹兼顾作为深入贯彻落实科学发展观的根本方法,坚持一切从实际出发,正确认识和妥善处理中国特色社会主义事业中的重大关系,统筹改革发展稳定、内政外交国防、治党治国治军各方面工作,统筹城乡发展、区域发展、经济社会发展、人与自然和谐发展、国内发展和对外开放,统筹各方面利益关系,充分调动各方面积极性,努力形成全体人民各尽其能、各得其所而又和谐相处的局面。[1]

---

[1] 《胡锦涛文选》第三卷,人民出版社 2016 年版,第 618—619 页。

第七章
习近平思想建党创造性发展

党的十八大以来,习近平总书记以改革创新精神推进全面从严治党,以自我革命精神创新性发展马克思主义思想建党理论,赋予思想建党新的时代内涵,为执政党建设提供强大理论武器。

一、明确方向:坚定共产主义理想信念

(一)补足精神之"钙"

精神之"钙",是习近平总书记提出的形象说法,其所指的是理想信念。把理想信念比作共产党人精神上的"钙",是把抽象概念形象化的鲜明表达,体现了习近平总书记高超的政治智慧,加深了对坚定理想信念重要性的认知。

2012年11月17日,习近平同志在十八届中共中央政治局第一次集体学习时发表题为《紧紧围绕坚持和发展中国特色社会主义 学习宣传贯彻党的十八大精神》讲话,强调指出五点体会,在第五点体会中,即深刻领会确保党始终成为中国特色社会主义事业的坚强领导核心,明确指出坚定理想信念是共产党人精神上的"钙"。习近平同志强

调指出,"坚定理想信念,坚守共产党人精神追求,始终是共产党人安身立命的根本。对马克思主义的信仰,对社会主义和共产主义的信念,是共产党人的政治灵魂,是共产党人经受住任何考验的精神支柱。形象地说,理想信念就是共产党人精神上的'钙',没有理想信念,理想信念不坚定,精神上就会'缺钙',就会得'软骨病'。现实生活中,一些党员、干部出这样那样的问题,说到底是信仰迷茫、精神迷失"①。

理想信念,事关党的长期执政。可见,坚定理想信念十分重要。习近平总书记强调:"事实一再表明,理想信念动摇是最危险的动摇,理想信念滑坡是最危险的滑坡。"②当前检验干部理想信念是否坚定比较难,革命战争年代,检验一个干部理想信念坚定不坚定,就看他能不能为党和人民事业舍生忘死,能不能冲锋号一响立即冲上去,这样的检验很直接。和平建设时期,生死考验有,但毕竟不多,检验一个干部理想信念是否坚定确实比较难,X光、CT、核磁共振成像也没有办法。"当然,也不是不能检验。那就主要看干部是否能在重大政治考验面前有政治定力,是否能树立牢固的宗旨意识,是否能对工作极端负责,是否能做到吃苦在前、享受在后,是否能在急难险重任务面前勇挑重担,是否能经得起权力、金钱、美色的诱惑。这样的检验需要个过程,不是一下子、经历一两件事、听几句口号就能解决的,要看长期表现,甚至看一辈子。"③

2014年1月20日,习近平在党的群众路线教育实践活动第一批总结暨第二批部署会议上强调,"理想信念是共产党人的精神之'钙',必须加强思想政治建设,解决好世界观、人生观、价值观这个'总开关'问题"。2015年6月12日,习近平在纪念陈云同志诞辰110

---

① 《习近平关于全面从严治党论述摘编》,中央文献出版社2016年版,第57页。
② 《习近平谈治国理政》第一卷,外文出版社2018年版,第415页。
③ 《习近平谈治国理政》第一卷,外文出版社2018年版,第415页。

周年座谈会上讲话强调指出,"对马克思主义、共产主义的信仰,对社会主义的信念,是共产党人精神上的'钙'。没有理想信念,理想信念不坚定,精神上就会得'软骨病',就会在风雨面前东摇西摆。全党同志一定要坚守共产党人精神家园,把改造客观世界和改造主观世界结合起来,切实解决好世界观、人生观、价值观问题,练就共产党人的钢筋铁骨,铸牢坚守信仰的铜墙铁壁,矢志不渝为中国特色社会主义共同理想而奋斗"①。2016年6月28日,习近平在十八届中央政治局第三十三次集体学习时强调:"要固本培元,把加强思想政治建设摆在首位,引导党员特别是领导干部筑牢信仰之基、补足精神之钙、把稳思想之舵,坚定中国特色社会主义道路自信、理论自信、制度自信、文化自信,增强党的意识、党员意识、宗旨意识,坚守真理、坚守正道、坚守原则、坚守规矩,做到以信念、人格、实干立身。"②2017年10月25日,习近平总书记在党的十九届一中全会上讲话强调:"理想信念不是拿来说、拿来唱的,更不是用来装点门面的,只有见诸行动才有说服力。"③可见,坚定理想信念不能只说不干,要用自己的实际行动为实现共产主义远大理想而不懈奋斗。

坚定理想信念的难处,彰显理想信念的伟大。当前我们党是世界上最大的政党,大就要有大的样子,同时大也有大的难处,难在如何把这么大的一个党建设成为坚强的马克思主义执政党。2018年1月5日,习近平总书记在新进中央委员会的委员、候补委员和省部级主要领导干部学习贯彻习近平新时代中国特色社会主义思想和党的十九大精神研讨班上给出了答案:"马克思主义政党不是因利益而结成的

---

① 习近平:《在纪念陈云同志诞辰110周年座谈会上的讲话》,《人民日报》2015年6月13日。
② 《习近平在中共中央政治局第三十三次集体学习时发表重要讲话》,《人民日报》2016年6月30日。
③ 《习近平关于力戒形式主义官僚主义重要论述选编》,中央文献出版社2020年版,第41页。

政党,而是以共同理想信念而组织起来的政党。建设坚强的马克思主义执政党,首先要从理想信念做起。对马克思主义的信仰,对社会主义和共产主义的信念,是共产党人的政治灵魂,是共产党人经受任何考验的精神支柱。"①这深刻揭示了坚定理想信念的根本逻辑和根本路径。

不忘初心、牢记使命,是加强党的建设的永恒课题和全体党员干部的终身课题。不忘初心、牢记使命,如何才能常抓不懈?补足党员干部精神之"钙"是重要答案。2019年12月26日、27日,习近平总书记在中共中央政治局"不忘初心、牢记使命"专题民主生活会上讲话强调:"理想信念是共产党人的政治灵魂,是共产党人初心的本质要求。共产党人只有树立了崇高而坚定的理想信念,才能做到不忘初心、牢记使命。"②2020年1月8日,习近平总书记在"不忘初心、牢记使命"主题教育总结大会上讲话指出:"党的初心和使命是党的性质宗旨、理想信念、奋斗目标的集中体现,激励着我们党永远坚守,砥砺着我们党坚毅前行。""忘记初心和使命,我们党就会改变性质、改变颜色,就会失去人民、失去未来。"③

2021年7月1日,习近平总书记在庆祝中国共产党成立100周年大会上讲话强调:"一百年前,中国共产党的先驱们创建了中国共产党,形成了坚持真理、坚守理想,践行初心、担当使命,不怕牺牲、英勇斗争,对党忠诚、不负人民的伟大建党精神,这是中国共产党的精神之源。"④历史川流不息,精神代代相传。党员干部补足精神之"钙"就要把伟大建党精神继承下去、发扬光大!

我们这么大一个党,领导着这么大一个国家,肩负着带领全国各

---

① 《习近平著作选读》第二卷,人民出版社2023年版,第105页。
② 《习近平关于全面从严治党论述摘编》(2021年版),中央文献出版社2021年版,第178页。
③ 《习近平著作选读》第二卷,人民出版社2023年版,第298页。
④ 《习近平著作选读》第二卷,人民出版社2023年版,第480页。

族人民实现国家强盛、民族复兴这个艰巨任务,全党务必补足精神之"钙"。2023年4月,习近平总书记在学习贯彻习近平新时代中国特色社会主义思想主题教育工作会议上的讲话中强调:"要教育引导广大党员、干部经受思想淬炼、精神洗礼,坚定对马克思主义的信仰、对中国特色社会主义的信念、对实现中华民族伟大复兴中国梦的信心,弘扬伟大建党精神,务必不忘初心、牢记使命,务必谦虚谨慎、艰苦奋斗,务必敢于斗争、善于斗争,筑牢信仰之基、补足精神之钙、把稳思想之舵。"①

总之,习近平总书记既明确了精神"缺钙"的具体表现,也提出了补足精神之"钙"的有效途径。党的十八大以来,中国共产党开展的党的群众路线教育实践活动、"三严三实"专题教育、"两学一做"学习教育、"不忘初心、牢记使命"主题教育、党史学习教育、学习贯彻习近平新时代中国特色社会主义思想主题教育等系列集中学习教育,都是理想信念的集中"补钙""加油",推动全党思想上统一、政治上团结、行动上一致。

(二)把好胜利之"钥匙"

2016年7月1日,习近平在庆祝中国共产党成立95周年大会上发表重要讲话,强调指出,"中国共产党之所以叫共产党,就是因为从成立之日起我们党就把共产主义确立为远大理想。我们党之所以能够经受一次次挫折而又一次次奋起,归根到底是因为我们党有远大理想和崇高追求"②。革命理想高于天。共同理想就是共同方向,也是共产党人同心协力、攻坚克难的共同力量。党的实践证明理想信念的密钥功能,习近平同志指出,"九十五年来,共产主义远大理想激励了一

---

① 《在学习贯彻习近平新时代中国特色社会主义思想主题教育工作会议上的讲话》,人民出版社2023年版,第10页。
② 《十八大以来重要文献选编》(下),中央文献出版社2018年版,第347页。

代又一代共产党人英勇奋斗,成千上万的烈士为了这个理想献出了宝贵生命。'砍头不要紧,只要主义真','敌人只能砍下我们的头颅,决不能动摇我们的信仰',这些视死如归、大义凛然的誓言生动表达了共产党人对远大理想的坚贞。理想之光不灭,信念之光不灭。我们一定要铭记烈士们的遗愿,永志不忘他们为之流血牺牲的伟大理想"[1]。

为了更好坚定理想信念,打造事业取得胜利的密钥,习近平同志对全体共产党人提出明确要求,"我们要把理想信念教育作为思想建设的战略任务,保持全党在理想追求上的政治定力,自觉做共产主义远大理想和中国特色社会主义共同理想的坚定信仰者、忠实实践者,在全面建成小康社会、实现中华民族伟大复兴中国梦的历史进程中充分发挥先锋模范作用"[2]。那么如何开展教育,更好地坚定理想信念?习近平同志从对马克思主义的深刻理解和对历史规律的深刻把握视角,强调指出,"全党要深入学习马克思列宁主义、毛泽东思想、邓小平理论、'三个代表'重要思想、科学发展观,深入学习党的十八大以来党中央治国理政新理念新思想新战略,不断提高马克思主义思想觉悟和理论水平,保持对远大理想和奋斗目标的清醒认知和执着追求。我们要教育引导广大党员、干部把学习成果转化为提升党性修养、思想境界、道德水平的精神营养,做到真学真懂真信真用,在胜利和顺境时不骄傲不急躁,在困难和逆境时不消沉不动摇,牢牢占据推动人类社会进步、实现人类美好理想的道义制高点"[3]。

2016年10月21日,习近平在纪念红军长征胜利80周年大会上讲话指出,长征是一次理想信念的伟大远征。崇高的理想,坚定的信念,永远是中国共产党人的政治灵魂。中国共产党从成立之日起,就把共产主义确立为远大理想,始终团结带领中国人民朝着这个伟大理

---

[1] 《十八大以来重要文献选编》(下),中央文献出版社2018年版,第347页。
[2] 《十八大以来重要文献选编》(下),中央文献出版社2018年版,第347页。
[3] 《十八大以来重要文献选编》(下),中央文献出版社2018年版,第348页。

想前行。党和红军几经挫折而不断奋起,历尽苦难而淬火成钢,归根到底在于心中的远大理想和革命信念始终坚定执着,始终闪耀着火热的光芒。长征胜利启示我们:心中有信仰,脚下有力量;没有牢不可破的理想信念,没有崇高理想信念的有力支撑,要取得长征胜利是不可想象的。在新的长征路上,我们一定要保持理想信念坚定,不论时代如何变化,不论条件如何变化,都风雨如磐不动摇,自觉做共产主义远大理想和中国特色社会主义共同理想的坚定信仰者、忠实实践者,永远为了真理而斗争,永远为了理想而斗争。坚定理想信念,就要深入学习马克思列宁主义、毛泽东思想、邓小平理论、"三个代表"重要思想、科学发展观,深入学习党的十八大以来党中央治国理政新理念新思想新战略,让真理武装我们的头脑,让真理指引我们的理想,让真理坚定我们的信仰。要坚持学而信、学而思、学而行,把学习成果转化为不可撼动的理想信念,转化为正确的世界观、人生观、价值观,用理想之光照亮奋斗之路,用信仰之力开创美好未来。①

回望百年党史,千千万万共产党人为了理想信念不惜抛头颅、洒鲜血。因为他们认定了共产主义这个远大理想。"革命理想高于天",2019 年 5 月 22 日,习近平总书记在江西考察工作结束时的讲话中强调指出:"没有坚定的理想信念,就会在乱云飞渡的复杂环境中迷失方向、在泰山压顶的巨大压力下退缩逃避、在糖衣炮弹的轮番轰炸下缴械投降。"②可见,党员干部坚定理想信念才能在大是大非面前旗帜鲜明,在风浪考验面前无所畏惧,在各种诱惑面前立场坚定,在关键时刻让党信得过、靠得住、能放心。

回望中国共产党百年发展历程,世界上没有哪个党像我们这样,

---

① 习近平:《在纪念红军长征胜利 80 周年大会上的讲话》,《人民日报》2016 年 10 月 22 日。
② 《习近平关于全面从严治党论述摘编》(2021 年版),中央文献出版社 2021 年版,第 177 页。

遭遇过如此多的艰难险阻,经历过如此多的生死考验,付出过如此多的惨烈牺牲。我们党在百年风雨中锤炼了不畏强敌、不惧风险、敢于斗争、勇于胜利的风骨和品质,彰显了百年辉煌正年轻的奥秘。2021年2月20日,习近平总书记在党史学习教育动员大会上讲话指出:"我们党之所以历经百年而风华正茂、饱经磨难而生生不息,就是凭着那么一股革命加拼命的强大精神。"①这种强大精神包含对共产主义的信仰、对中国特色社会主义的信念。

理想信念是中国共产党人的精神支柱和政治灵魂,是中国共产党人攻坚克难的法宝和终身课题。坚定理想信念就能经受住考验,取得成效。为此,2021年9月1日,习近平总书记在2021年秋季学期中央党校(国家行政学院)青年干部培训班开班式上讲话指出:"党员干部有了坚定理想信念,才能经得住各种考验,走得稳、走得远;没有理想信念,或者理想信念不坚定,就经不起风吹浪打,关键时刻就会私心杂念丛生,甚至临阵脱逃。"②

坚定理想信念要坚持不懈学习,学会运用马克思主义立场观点方法观察和解决问题。坚定理想信念就要加强理想信念教育,修好这门"心学"。对此,2022年10月,习近平总书记在中国共产党第二十次全国代表大会上的报告中强调指出:"加强理想信念教育,引导全党牢记党的宗旨,解决好世界观、人生观、价值观这个总开关问题,自觉做共产主义远大理想和中国特色社会主义共同理想的坚定信仰者和忠实实践者。"

(三)握好思想之"总开关"

"总开关",是控制整个电路元件开合的总控制器。思想"总开

---

① 《习近平关于全面从严治党论述摘编》(2021年版),中央文献出版社2021年版,第182页。
② 《习近平谈治国理政》第四卷,外文出版社2022年版,第523页。

关",喻指思想是管总的、管根本的、管全局的,对人的行为、格局起着决定性作用。理想信念是思想的"总开关"。习近平总书记"总开关"的比喻,既高屋建瓴,又深接地气,充分展示了他对理想信念独特的深刻认知。

2014年10月8日,习近平在党的群众路线教育实践活动总结大会上强调指出,"对党员、干部来说,思想上的滑坡是最严重的病变,'总开关'没拧紧,不能正确处理公私关系,缺乏正确的是非观、义利观、权力观、事业观,各种出轨越界、跑冒滴漏就在所难免了。思想上松一寸,行动上就会散一尺。思想认识问题一时解决了,不等于永远解决。就像房间需要经常打扫一样,思想上的灰尘也要经常打扫,镜子要经常照,衣冠要随时正,有灰尘就要洗洗澡,出毛病就要治治病"①。

2015年1月12日,习近平同中央党校县委书记研修班学员座谈时强调,"只有理想信念坚定,心中有党、对党忠诚才能有牢固思想基础。理想信念动摇了,那是不可能心中有党的。大家要把学习掌握马克思主义理论作为看家本领,深入学习马克思列宁主义、毛泽东思想,深入学习邓小平理论、'三个代表'重要思想、科学发展观,深入学习十八大以来党的理论创新成果,不断领悟,不断参透,做到学有所得、思有所悟,注重解决好世界观、人生观、价值观这个'总开关'问题,真正做到对马克思主义虔诚而执着、至信而深厚"②。

2016年7月1日,习近平在庆祝中国共产党成立95周年大会上的讲话提出,理想信念动摇是最危险的动摇,理想信念滑坡是最危险的滑坡。一个政党的衰落,往往从理想信念的丧失或缺失开始。我们党是否坚强有力,既要看全党在理想信念上是否坚定不移,更要看每

---

① 《习近平关于全面从严治党论述摘编》,中央文献出版社2016年版,第63页。
② 《十八大以来重要文献选编》(中),中央文献出版社2016年版,第321页。

一位党员在理想信念上是否坚定不移。坚持不忘初心、继续前进，就要牢记我们党从成立起就把为共产主义、社会主义而奋斗确定为自己的纲领，坚定共产主义远大理想和中国特色社会主义共同理想，不断把为崇高理想奋斗的伟大实践推向前进。[①]

理想信念是共产党人的政治灵魂，是共产党人能经受住任何考验的精神支柱。倘若政治灵魂没有了、精神支柱缺失了，那么理想信念也就没有了。理想信念像总开关一样起着主导行为和引领方向的作用。2018年7月3日，习近平总书记在全国组织工作会议上指出，在党员、干部队伍中，"有的理想信念'总开关'常年失修，对共产主义心存怀疑，不信马列信鬼神，世界观、人生观、价值观全面蜕变"[②]。可见，理想信念缺失，就会迷失方向。把好思想的"总开关"十分重要。

在全面建设社会主义现代化国家新征程上披荆斩棘、奋力前行，不断夺取新时代中国特色社会主义新胜利，需要拧紧理想信念这个"总开关"。2021年6月25日，习近平总书记在十九届中央政治局第三十一次集体学习时的讲话中强调："今天，我们早已远离战火纷飞的险境，长期过着和平生活，最容易患上理想信念缺失的'软骨病'。共产主义是我们党的远大理想，为了实现这个远大理想，就必须坚定中国特色社会主义信念。"可见，只有筑牢信仰之基、补足精神之钙，才能把稳思想之舵。

握好理想信念总开关，关键是坚持不懈用习近平新时代中国特色社会主义思想凝心铸魂。对此，2022年10月，习近平总书记在中国共产党第二十次全国代表大会上的报告中强调指出："坚持学思用贯通、知信行统一，把新时代中国特色社会主义思想转化为坚定理想、锤炼党性和指导实践、推动工作的强大力量。坚持理论武装同常态化长效

[①] 《十八大以来重要文献选编》（下），中央文献出版社2018年版，第347页。
[②] 《习近平著作选读》第二卷，人民出版社2023年版，第189页。

化开展党史学习教育相结合,引导党员、干部不断学史明理、学史增信、学史崇德、学史力行,传承红色基因,赓续红色血脉。以县处级以上领导干部为重点在全党深入开展主题教育。"2023年4月,习近平总书记在学习贯彻习近平新时代中国特色社会主义思想主题教育工作会议上强调:"我们党始终高度重视理论武装,每逢重大历史关头,都要用党的创新理论统一全党思想,每次党内集中教育也都坚持把理论学习作为首要任务并贯穿始终,为全党团结统一奠定坚实思想基础。"①

二、行动指针:坚持以科学理论为指导

(一)高举精神旗帜

旗帜指引方向,马克思主义作为行动指南,是实现共产主义伟大理想的精神旗帜。2016年7月1日,习近平在庆祝中国共产党成立95周年大会上发表重要讲话,强调指出,指导思想是一个政党的精神旗帜。95年来,中国共产党之所以能够完成近代以来各种政治力量不可能完成的艰巨任务,就在于始终把马克思主义这一科学理论作为自己的行动指南,并坚持在实践中不断丰富和发展马克思主义。这使我们党得以摆脱以往一切政治力量追求自身特殊利益的局限,以唯物辩证的科学精神、无私无畏的博大胸怀领导和推动中国革命、建设、改革,不断坚持真理、修正错误。无论是处于顺境还是逆境,我们党从未动摇对马克思主义的信仰。马克思主义及其在中国的发展,为党和人民

---

① 《在学习贯彻习近平新时代中国特色社会主义思想主题教育工作会议上的讲话》,人民出版社2023年版,第2页。

事业发展提供了既一脉相承又与时俱进的科学理论指导,为增进全党全国各族人民团结统一提供了坚实思想基础。马克思主义是我们立党立国的根本指导思想。背离或放弃马克思主义,我们党就会失去灵魂、迷失方向。在坚持马克思主义指导地位这一根本问题上,我们必须坚定不移,任何时候任何情况下都不能有丝毫动摇。①

习近平同志在纪念红军长征胜利80周年大会上强调,理想信念的坚定,来自思想理论的坚定。认识真理,掌握真理,信仰真理,捍卫真理,是坚定理想信念的精神前提。中国共产党人的理想信念,建立在马克思主义科学真理的基础之上,建立在马克思主义揭示的人类社会发展规律的基础之上,建立在为最广大人民谋利益的崇高价值的基础之上。长征是一次检验真理的伟大远征。真理只有在实践中才能得到检验,真理只有在实践中才能得到确立。长征途中,红军面临着凶恶残暴的追兵阻敌,面临着严酷恶劣的自然环境,还面临着同党内错误思想的激烈斗争。经过长征,党和红军不是弱了,而是更强了,因为我们党找到了中国革命的正确道路,找到了指引这条道路的正确理论。长征的胜利,使我们党进一步认识到,只有把马克思列宁主义基本原理同中国革命具体实际结合起来,独立自主解决中国革命的重大问题,才能把革命事业引向胜利。这是在血的教训和斗争考验中得出的真理。"长征的胜利,实现了在追求真理、坚持真理的基础上全党的空前团结、红军的空前团结。没有这种思想上政治上的大团结,中国革命胜利是不可能实现的。经过长征的千锤百炼,我们党在思想上不断成熟,成为中国人民进行抗日战争的中流砥柱,成为中国革命赢得最后胜利的中坚力量。"②

高举精神旗帜靠觉悟,觉悟体现在思想上的认定。2017年1月6

---

① 《十八大以来重要文献选编》(下),中央文献出版社2018年版,第346页。
② 习近平:《在纪念红军长征胜利80周年大会上的讲话》,《人民日报》2016年10月22日。

日,习近平总书记在中共十八届中央纪委七次全会上强调:"我们入了党,就认定了马克思主义,认定了社会主义和共产主义,认定了全心全意为人民服务的宗旨。"①认定真理,才能追求真理、坚持真理,高举精神旗帜。

高举精神旗帜需要党的创新理论。精神旗帜是用党的创新理论武装的旗帜,用党的创新理论武装全党的过程也是高举精神旗帜的过程。2022年10月,习近平总书记在中国共产党第二十次全国代表大会上指出:"用党的创新理论武装全党是党的思想建设的根本任务。全面加强党的思想建设,坚持用新时代中国特色社会主义思想统一思想、统一意志、统一行动,组织实施党的创新理论学习教育计划,建设马克思主义学习型政党。"②可见,高举精神旗帜需要坚持用习近平新时代中国特色社会主义思想统一思想、统一意志、统一行动。

高举精神旗帜需要思想上的统一。思想上的统一是党的团结统一最深厚最持久最可靠的保证。思想上统一,才能实现意志统一和行动统一。2023年4月,习近平总书记在学习贯彻习近平新时代中国特色社会主义思想主题教育工作会议上的讲话中强调:"我们这么大一个党,领导着这么大一个国家,肩负着带领全国各族人民实现国家强盛、民族复兴这个艰巨任务,全党必须统一思想、统一意志、统一行动。"③用党的基本理论武装全党的过程也是高举精神旗帜的过程。

(二)推进理论创新

与时俱进是马克思主义的理论品质,中国共产党作为马克思主义政党理所当然的要推进党的理论创新,使马克思主义与时代同步伐、

---

① 《习近平关于全面从严治党论述摘编》,中央文献出版社2016年版,第172页。
② 《高举中国特色社会主义伟大旗帜 为全面建设社会主义现代化国家而团结奋斗——在中国共产党第二十次全国代表大会上的报告》,人民出版社2022年版,第65页。
③ 《在学习贯彻习近平新时代中国特色社会主义思想主题教育工作会议上的讲话》,人民出版社2023年版,第2页。

与人民共命运。推进党的理论创新是马克思主义政党永葆生机活力的奥妙所在,根本在于运用马克思主义科学的世界观和方法论解决中国的问题,而不是要背诵和重复马克思主义具体结论和词句,更不能把马克思主义当成一成不变的教条。

2016年7月1日,习近平在庆祝中国共产党成立95周年大会上发表重要讲话,既从方法论的视角强调指出,面对新的时代特点和实践要求,马克思主义也面临着进一步中国化、时代化、大众化的问题。马克思主义并没有结束真理,而是开辟了通向真理的道路。恩格斯早就说过:"马克思的整个世界观不是教义,而是方法。它提供的不是现成的教条,而是进一步研究的出发点和供这种研究使用的方法。"也从与时俱进的视角强调指出,时代是思想之母,实践是理论之源。实践发展永无止境,我们认识真理、进行理论创新就永无止境。今天,时代变化和我国发展的广度和深度远远超出了马克思主义经典作家当时的想象。同时,我国社会主义只有几十年实践、还处在初级阶段,事业越发展新情况新问题就越多,也就越需要我们在实践上大胆探索、在理论上不断突破。还从问题导向视角强调指出,理论上不彻底,就难以服人。我们要以更加宽阔的眼界审视马克思主义在当代发展的现实基础和实践需要,坚持问题导向,坚持以我们正在做的事情为中心,聆听时代声音,更加深入地推动马克思主义同当代中国发展的具体实际相结合,不断开辟21世纪马克思主义发展新境界,让当代中国马克思主义放射出更加灿烂的真理光芒。要坚持马克思主义的指导地位,坚持把马克思主义基本原理同当代中国实际和时代特点紧密结合起来,推进理论创新、实践创新,不断把马克思主义中国化推向前进。[①]

马克思主义理论随着实践的变化而发展,在实践的变化发展中推进党的理论创新,彰显理论的开放性。马克思主义具有始终站在时代

[①] 《十八大以来重要文献选编》(下),中央文献出版社2018年版,第345—347页。

前沿的清醒和自觉,不断随着实践的变化而发展,是不断发展的开放的理论。习近平总书记指出:"一部马克思主义发展史就是马克思、恩格斯以及他们的后继者们不断根据时代、实践、认识发展而发展的历史,是不断吸收人类历史上一切优秀思想文化成果丰富自己的历史。因此,马克思主义能够永葆其美妙之青春,不断探索时代发展提出的新课题、回应人类社会面临的新挑战。"①可见,理论创新破解时代难题、彰显青春之美。同时,当代中国正在经历人类历史上最为宏大而独特的实践创新,改革发展稳定任务之重、矛盾风险挑战之多、治国理政考验之大都前所未有,世界百年未有之大变局深刻变化前所未有,提出了大量亟待回答的理论和实践课题。实践在变化发展,党的理论在不断创新,推进马克思主义中国化时代化的责任更大了。对此,习近平总书记强调:"推进马克思主义中国化时代化的任务不是轻了,而是更重了。我们要准确把握时代大势,勇于站在人类发展前沿,聆听人民心声,回应现实需要,坚持解放思想、实事求是、守正创新,更好把坚持马克思主义和发展马克思主义统一起来,坚持用马克思主义之'矢'去射新时代中国之'的',继续推进马克思主义基本原理同中国具体实际相结合、同中华优秀传统文化相结合,使马克思主义呈现出更多中国特色、中国风格、中国气派,续写马克思主义中国化时代化新篇章。"②

实践没有止境,理论创新不止步。不断谱写马克思主义中国化时代化新篇章,是当代中国共产党人推进党的理论创新的责任。马克思主义行的根本原因在于马克思主义实现了中国化时代化。习近平总书记在中国共产党第二十次全国代表大会上指出:"实践告诉我们,中国共产党为什么能,中国特色社会主义为什么好,归根到底是马克思

---

① 《十九大以来重要文献选编》(上),中央文献出版社 2019 年版,第 424 页。
② 《习近平关于社会主义精神文明建设论述摘编》,中央文献出版社 2022 年版,第 61 页。

主义行,是中国化时代化的马克思主义行。"①要做到马克思主义中国化时代化就要坚持把马克思主义基本原理同中国具体实际相结合、同中华优秀传统文化相结合。对此,习近平总书记在《为实现党的二十大确定的目标任务而团结奋斗》中强调指出:"全党要坚持把马克思主义基本原理同中国具体实际相结合、同中华优秀传统文化相结合。"

推进党的理论创新需要科学方法。"六个必须坚持"是推进党的理论创新的科学方法。党的二十大报告提出了继续推进理论创新的科学方法,即必须坚持人民至上、必须坚持自信自立、必须坚持守正创新、必须坚持问题导向、必须坚持系统观念、必须坚持胸怀天下。这为继续推进党的理论创新提供根本遵循。同时,推进党的理论创新要注重守正。马克思主义中国化时代化这个重大命题本身就决定,我们决不能抛弃马克思主义这个魂脉,决不能抛弃中华优秀传统文化这个根脉。坚守好这个魂和根,是理论创新的基础和前提。理论创新必须讲新话,但不能丢了老祖宗,数典忘祖就等于割断了魂脉和根脉,最终会犯失去魂脉和根脉的颠覆性错误。可见,创新是守正基础上的创新,不能割断马克思主义这个魂脉和中华优秀传统文化这个根脉。

"第二个结合"是又一次的思想解放,是推进党的理论创新的重要方式。"第二个结合",即把马克思主义基本原理同中华优秀传统文化相结合。这两者为什么能够结合?其结合的逻辑是什么?2023年6月,习近平总书记在中共中央政治局第六次集体学习时指出:"我们必须坚持马克思主义这个立党立国、兴党兴国之本不动摇,坚持植根本国、本民族历史文化沃土发展马克思主义不停步,坚定历史自信、文化自信,坚持古为今用、推陈出新,以马克思主义为指导对中华五千多年文明宝库进行全面挖掘,用马克思主义激活中华优秀传统文化中富有

---

① 《高举中国特色社会主义伟大旗帜 为全面建设社会主义现代化国家而团结奋斗——在中国共产党第二十次全国代表大会上的报告》,人民出版社2022年版,第16页。

生命力的优秀因子并赋予新的时代内涵,将中华民族的伟大精神和丰富智慧更深层次地注入马克思主义,有效把马克思主义思想精髓同中华优秀传统文化精华贯通起来,聚变为新的理论优势,不断攀登新的思想高峰。"这鲜明阐释了马克思主义基本原理同中华优秀传统文化相结合运行机理,描绘了攀登新的思想高峰的路线图。

马克思主义之所以影响深远,在于其以深刻的学理揭示人类社会发展的真理性、以完备的体系论证其理论的科学性。所以,推进党的理论创新需要推进理论的体系化、学理化。马克思主义中国化时代化成果是党和人民实践经验和集体智慧的结晶,所以要注重从人民群众的创造中汲取智慧创新理论。故而,继续推进党的理论创新必须走好群众路线,决不能闭门造车、坐而论道、流于空想。要尊重人民首创精神,注重从人民的创造性实践中总结新鲜经验,上升为理性认识,提炼出新的理论成果,着力让党的创新理论深入亿万人民心中,成为接地气、聚民智、顺民意、得民心的理论。人民是精神财富的创造者,人民的创造性实践是马克思主义理论创新的不竭源泉。

(三)习近平新时代中国特色社会主义思想

2017年10月18日,在中国共产党第十九次全国代表大会上习近平总书记首次提出"新时代中国特色社会主义思想"。2017年10月24日,中国共产党第十九次全国代表大会通过了关于《中国共产党章程(修正案)》的决议,习近平新时代中国特色社会主义思想写入党章。2018年3月11日,习近平新时代中国特色社会主义思想载入宪法。2021年11月11日,《中共中央关于党的百年奋斗重大成就和历史经验的决议》在党的十九大报告"八个明确"的基础上,用"十个明确"对习近平新时代中国特色社会主义思想的核心内容作了进一步概括。

1. 习近平新时代中国特色社会主义思想的重要意义。

党的十八大以来,以习近平同志为核心的党中央坚持把马克思主义基本原理同中国具体实际相结合、同中华优秀传统文化相结合,科学回答了新时代坚持和发展什么样的中国特色社会主义、怎样坚持和发展中国特色社会主义等重大时代课题,创立了习近平新时代中国特色社会主义思想。

习近平新时代中国特色社会主义思想是对马克思列宁主义、毛泽东思想、邓小平理论、"三个代表"重要思想、科学发展观的继承和发展,是当代中国马克思主义、二十一世纪马克思主义,是中华文化和中国精神的时代精华,是党和人民实践经验和集体智慧的结晶,是中国特色社会主义理论体系的重要组成部分,是全党全国人民为实现中华民族伟大复兴而奋斗的行动指南,必须长期坚持并不断发展。在习近平新时代中国特色社会主义思想指导下,中国共产党领导全国各族人民,统揽伟大斗争、伟大工程、伟大事业、伟大梦想,推动中国特色社会主义进入了新时代,实现第一个百年奋斗目标,开启了实现第二个百年奋斗目标新征程。① 确立习近平新时代中国特色社会主义思想的指导地位,反映了全党全军全国各族人民共同心愿,对新时代党和国家事业发展、对推进中华民族伟大复兴历史进程具有决定性意义。

习近平新时代中国特色社会主义思想作为马克思主义中国化时代化的最新理论成果,是引领中国、影响世界的当代中国马克思主义、二十一世纪马克思主义,是新时代中国共产党的思想旗帜和精神旗帜。作为马克思主义在当代中国、在二十一世纪的理论形态,习近平新时代中国特色社会主义思想推动马克思主义中国化时代化实现了重大发展,从理论与实践的结合上科学回答了中国之问、世界之问、人民之问、时代之问。这一重要思想开辟了马克思主义科学性、人民性、

---

① 《中国共产党章程》,人民出版社 2017 年版,第 4 页。

实践性、开放性的新境界，这一重要思想是新时代破解大党独有难题的行动指南、加强思想建党的有力武器、坚定"两个确立"的重要保障，闪烁着耀眼的真理光芒。

2.习近平新时代中国特色社会主义思想的主要内容。

党的二十大报告指出：十九大、十九届六中全会提出的"十个明确""十四个坚持""十三个方面成就"概括了这一思想的主要内容，必须长期坚持并不断丰富发展。① 党的二十大提出的"六个必须坚持"，概括阐述了习近平新时代中国特色社会主义思想的世界观、方法论和贯穿其中的立场观点方法。"十个明确""十四个坚持""十三个方面成就""六个必须坚持"内在贯通、有机统一，凝结着我们党认识世界、改造世界的宝贵经验和重大成果，体现了理论与实际相结合、认识论和方法论相统一的鲜明特色，共同构成习近平新时代中国特色社会主义思想的科学体系，形成习近平新时代中国特色社会主义思想的主要内容。

"十个明确""十四个坚持""十三个方面成就"作为习近平新时代中国特色社会主义思想的主要内容，具有内在逻辑联系。在形成逻辑上，作为新理念新思想新战略的"十个明确"，扎根于"十四个坚持""十三个方面成就"的现实实践之中；在理论逻辑上，以习近平同志为核心的党中央运用"十四个坚持"的基本方略治国理政，取得了"十三个方面成就"，从中进一步提炼概括出"十个明确"的新理念新思想新战略；而贯穿"十个明确""十四个坚持""十三个方面成就"之中的世界观和方法论，就是"六个必须坚持"。

(1)理论层面——"十个明确"。

一是明确中国特色社会主义最本质的特征是中国共产党领导，中

---

① 《高举中国特色社会主义伟大旗帜 为全面建设社会主义现代化国家而团结奋斗——在中国共产党第二十次全国代表大会上的报告》，人民出版社2022年版，第17页。

国特色社会主义制度的最大优势是中国共产党领导,中国共产党是最高政治领导力量,全党必须增强"四个意识"、坚定"四个自信"、做到"两个维护"。

二是明确坚持和发展中国特色社会主义,总任务是实现社会主义现代化和中华民族伟大复兴,在全面建成小康社会的基础上分两步走,在本世纪中叶建成富强民主文明和谐美丽的社会主义现代化强国,以中国式现代化推进中华民族伟大复兴。

三是明确新时代我国社会主要矛盾是人民日益增长的美好生活需要和不平衡不充分的发展之间的矛盾,必须坚持以人民为中心的发展思想,发展全过程人民民主,推动人的全面发展、全体人民共同富裕取得更为明显的实质性进展。

四是明确中国特色社会主义事业总体布局是经济建设、政治建设、文化建设、社会建设、生态文明建设五位一体,战略布局是全面建设社会主义现代化国家、全面深化改革、全面依法治国、全面从严治党四个全面。

五是明确全面深化改革总目标是完善和发展中国特色社会主义制度、推进国家治理体系和治理能力现代化。

六是明确全面推进依法治国总目标是建设中国特色社会主义法治体系、建设社会主义法治国家。

七是明确必须坚持和完善社会主义基本经济制度,使市场在资源配置中起决定性作用,更好发挥政府作用,把握新发展阶段,贯彻创新、协调、绿色、开放、共享的新发展理念,加快构建以国内大循环为主体、国内国际双循环相互促进的新发展格局,推动高质量发展,统筹发展和安全。

八是明确党在新时代的强军目标是建设一支听党指挥、能打胜仗、作风优良的人民军队,把人民军队建设成为世界一流军队。

九是明确中国特色大国外交要服务民族复兴、促进人类进步,推动建设新型国际关系,推动构建人类命运共同体。

十是明确全面从严治党的战略方针,提出新时代党的建设总要求,全面推进党的政治建设、思想建设、组织建设、作风建设、纪律建设,把制度建设贯穿其中,深入推进反腐败斗争,落实管党治党政治责任,以伟大自我革命引领伟大社会革命。

(2)方略层面——"十四个坚持"。

"十四个坚持"是习近平新时代中国特色社会主义思想的主要内容,也是贯彻落实习近平新时代中国特色社会主义思想的基本方略。

一是坚持党对一切工作的领导。党政军民学,东西南北中,党是领导一切的。必须增强政治意识、大局意识、核心意识、看齐意识,自觉维护党中央权威和集中统一领导,自觉在思想上政治上行动上同党中央保持高度一致,完善坚持党的领导的体制机制,坚持稳中求进工作总基调,统筹推进"五位一体"总体布局,协调推进"四个全面"战略布局,提高党把方向、谋大局、定政策、促改革的能力和定力,确保党始终总揽全局、协调各方。

二是坚持以人民为中心。人民是历史的创造者,是决定党和国家前途命运的根本力量。必须坚持人民主体地位,坚持立党为公、执政为民,践行全心全意为人民服务的根本宗旨,把党的群众路线贯彻到治国理政全部活动之中,把人民对美好生活的向往作为奋斗目标,依靠人民创造历史伟业。

三是坚持全面深化改革。只有社会主义才能救中国,只有改革开放才能发展中国、发展社会主义、发展马克思主义。必须坚持和完善中国特色社会主义制度,不断推进国家治理体系和治理能力现代化,坚决破除一切不合时宜的思想观念和体制机制弊端,突破利益固化的藩篱,吸收人类文明有益成果,构建系统完备、科学规范、运行有效的制度体系,充分发挥我国社会主义制度优越性。

四是坚持新发展理念。发展是解决我国一切问题的基础和关键,发展必须是科学发展，必须坚定不移贯彻创新、协调、绿色、开放、共享的发展理念。必须坚持和完善我国社会主义基本经济制度和分配制度，毫不动摇巩固和发展公有制经济，毫不动摇鼓励、支持、引导非公有制经济发展，使市场在资源配置中起决定性作用，更好发挥政府作用，推动新型工业化、信息化、城镇化、农业现代化同步发展，主动参与和推动经济全球化进程，发展更高层次的开放型经济，不断壮大我国经济实力和综合国力。

五是坚持人民当家做主。坚持党的领导、人民当家做主、依法治国有机统一是社会主义政治发展的必然要求。必须坚持中国特色社会主义政治发展道路，坚持和完善人民代表大会制度、中国共产党领导的多党合作和政治协商制度、民族区域自治制度、基层群众自治制度，巩固和发展最广泛的爱国统一战线，发展社会主义协商民主，健全民主制度，丰富民主形式，拓宽民主渠道，保证人民当家做主落实到国家政治生活和社会生活之中。

六是坚持全面依法治国。全面依法治国是中国特色社会主义的本质要求和重要保障。必须把党的领导贯彻落实到依法治国全过程和各方面，坚定不移走中国特色社会主义法治道路，完善以宪法为核心的中国特色社会主义法律体系，建设中国特色社会主义法治体系，建设社会主义法治国家，发展中国特色社会主义法治理论，坚持依法治国、依法执政、依法行政共同推进，坚持法治国家、法治政府、法治社会一体建设，坚持依法治国和以德治国相结合，依法治国和依规治党有机统一，深化司法体制改革，提高全民族法治素养和道德素质。

七是坚持社会主义核心价值体系。文化自信是一个国家、一个民族发展中更基本、更深沉、更持久的力量。必须坚持马克思主义，牢固树立共产主义远大理想和中国特色社会主义共同理想，培育和践行社会主义核心价值观，不断增强意识形态领域主导权和话语权，推动中华优秀传统文化创造性转化、创新性发展，继承革命文化，发展社会主义先进文化,不忘本来、吸收外来、面向未来,更好构筑中国精神、中国价值、中国力量,为人民提供精神指引。

八是坚持在发展中保障和改善民生。增进民生福祉是发展的根本目的。必须多谋民生之利、多解民生之忧,在发展中补齐民生短板、促进社会公平正义,在幼有所育、学有所教、劳有所得、病有所医、老有所养、住有所居、弱有所扶上不断取得新进展,深入开展脱贫攻坚,保证全体人民在共建共享发展中有更多获得感,不断促进人的全面发展、全体人民共同富裕。建设平安中国,加强和创新社会治理,维护社会和谐稳定,确保国家长治久安、人民安居乐业。

九是坚持人与自然和谐共生。建设生态文明是中华民族永续发展的千年大计。必须树立和践行绿水青山就是金山银山的理念,坚持节约资源和保护环境的基本国策,像对待生命一样对待生态环境,统筹山水林田湖草系统治理,实行最严格的生态环境保护制度,形成绿色发展方式和生活方式,坚定走生产发展、生活富裕、生态良好的文明发展道路,建设美丽中国,为人民创造良好生产生活环境,为全球生态安全作出贡献。

十是坚持总体国家安全观。统筹发展和安全,增强忧患意识,做到居安思危,是我们党治国理政的一个重大原则。必须坚持国家利益至上,以人民安全为宗旨,以政治安全为根本,统筹外部安全和内部安全、国土安全和国民安全、传统安全和非传统安全、自身安全和共同安全,完善国家安全制度体系,加强国家安全能力建设,坚决维护国家主权、安全、发展利益。

十一是坚持党对人民军队的绝对领导。建设一支听党指挥、能打胜仗、作风优良的人民军队,是实现"两个一百年"奋斗目标、实现中华民族伟大复兴的战略支撑。必须全面贯彻党领导人民军队的一系列根本原则和制度,确立新时代党的强军思想在国防和军队建设中的指导地位,坚持政治建军、改革强军、科技兴军、依法治军,更加注重聚焦实战,更加注重创新驱动,更加注重体系建设,更加注重集约高效,更加注重军民融合,实现党在新时代的强军目标。

十二是坚持"一国两制"和推进祖国统一。保持香港、澳门长期繁荣稳定,实现祖国完全统一,是实现中华民族伟大复兴的必然要求。必须把维护中央对香港、澳门特别行政区全面管治权和保障特别行政区高度自治权有机结合起来,确保"一国两制"方针不会变、不动摇,确保"一国两制"实践不变形、不走样。必须坚持一个中国原则,坚持"九二共识",推动两岸关系和平发展,深化两岸经济合作和文化往来,推动两岸同胞共同反对一切分裂国家的活动,共同为实现中华民族伟大复兴而奋斗。

十三是坚持推动构建人类命运共同体。中国人民的梦想同各国人民的梦想息息相通,实现中国梦离不开和平的国际环境和稳定的国际秩序。必须统筹国内国际两个大局,始终不渝走和平发展道路、奉行互利共赢的开放战略,坚持正确义利观,树立共同、综合、合作、可持续的新安全观,谋求开放创新、包容互惠的发展前景,促进和而不同、兼收并蓄的文明交流,构筑尊崇自然、绿色发展的生态体系,始终做世界和平的建设者、全球发展的贡献者、国际秩序的维护者。

十四是坚持全面从严治党。勇于自我革命,从严管党治党,是我们党最鲜明的品格。必须以党章为根本遵循,把党的政治建设摆在首位,思想建党和制度治党同向发力,统筹推进党的各项建设,抓住"关键少数",坚持"三严三实",坚持民主集中制,严肃党内政治生活,严明党的纪律,强化党内监督,发展积极健康的党内政治文化,全面净化党内政治生态,坚决纠正各种不正之风,以零容忍态度惩治腐败,不断增强党自我净化、自我完善、自我革新、自我提高的能力,始终保持党同人民群众的血肉联系。

(3)实践层面——"十三个方面成就"。

实践是检验真理的唯一标准,成就是评价实践的重要指标。习近平新时代中国特色社会主义思想需要从实践层面检验,实践成效需要看成就如何。对此,党的十九届六中全会通过的《中共中央关于党的百年奋斗重大成就和历史经验的决议》,从十三个方面分领域总结新时代党和国家事业取得的历史性成就、发生的历史性变革,并且把其作为衡量习近平新时代中国特色社会主义思想科学性的重要指标。这十三个方面成就包含的领域是:一是坚持党的全面领导,二是全面从严治党,三是经济建设,四是全面深化改革开放,五是政治建设,六是全面依法治国,七是文化建设,八是社会建设,九是生态文明建设,十是国防和军队建设,十一是维护国家安全,十二是坚持"一国两制"和推进祖国统一,十三是外交工作。

(4)价值层面——"六个必须坚持"。

一是必须坚持人民至上。坚持人民至上彰显党的政治立场。我们要站稳人民立场、把握人民愿望、尊重人民创造、集中人民智慧,形成为人民所喜爱、所认同、所拥有的理论,使之成为指导人民认识世界和改造世界的强大思想武器。

二是必须坚持自信自立。自信自立是精神气质。我们要坚持对马克思主义的坚定信仰、对中国特色社会主义的坚定信念,坚定道路自信、理论自信、制度自信、文化自信,以更加积极的历史担当和创造精神为发展马克思主义作出新的贡献,既不能刻舟求剑、封闭僵化,也不能照抄照搬、食洋不化。

三是必须坚持守正创新。守正创新是理论品格。我们要以科学的态度对待科学、以真理的精神追求真理,坚持马克思主义基本原理不动摇,坚持党的全面领导不动摇,坚持中国特色社会主义不动摇,紧跟时代步伐,顺应实践发展,以满腔热忱对待一切新生事物,不断拓展认识的广度和深度,敢于说前人没有说过的话,敢于干前人没有干过的事情,以新的理论指导新的实践。

四是必须坚持问题导向。问题导向是工作方法。我们要增强问题意识,聚焦实践遇到的新问题、改革发展稳定存在的深层次问题、人民群众急难愁盼问题、国际变局中的重大问题、党的建设面临的突出问题,不断提出真正解决问题的新理念新思路新办法。

五是必须坚持系统观念。系统观念是思想方法。我们要善于通过历史看现实、透过现象看本质,把握好全局和局部、当前和长远、宏观和微观、主要矛盾和次要矛盾、特殊和一般的关系,不断提高战略思维、历史思维、辩证思维、系统思维、创新思维、法治思维、底线思维能力,为前瞻性思考、全局性谋划、整体性推进党和国家各项事业提供科学思想方法。

六是必须坚持胸怀天下。胸怀天下是视野格局。我们要拓展世界眼光,深刻洞察人类发展进步潮流,积极回应各国人民普遍关切,为解决人类面临的共同问题作出贡献,以海纳百川的宽阔胸襟借鉴吸收人类一切优秀文明成果,推动建设更加美好的世界。

三、思想灌输:扎实开展党内集中教育

开展党内集中教育,是统一全党思想、凝聚奋进力量的关键所在。党的十八大以来,以习近平同志为核心的党中央扎实开展党的群众路线教育实践活动、"三严三实"专题教育、"两学一做"学习教育、"不忘初心、牢记使命"主题教育、党史学习教育、学习贯彻习近平新时代中国特色社会主义思想主题教育和党纪学习教育等党内集中教育,推进思想建党纵深发展。

(一)党的群众路线教育实践活动

党的群众路线教育实践活动,第一批于2013年6月18日启动,教

育活动时间一年左右,活动将紧紧围绕保持和发展党的先进性和纯洁性,以"为民、务实、清廉"为主题,按照"照镜子、正衣冠、洗洗澡、治治病"的总要求,自上而下在中共全党深入开展。教育活动切入点是贯彻落实中央八项规定精神。教育活动重点对象是县处级以上领导机关、领导班子和领导干部。

党的群众路线教育实践活动第二批活动于2014年1月开始进行,于2014年10月结束,这次活动更为贴近基层。根据中央统一安排,中央政治局常委在第二批教育实践活动中分别联系一个县,习近平联系兰考县。2014年10月8日,党的群众路线教育实践活动总结大会在北京召开,中共中央总书记、国家主席、中央军委主席习近平出席会议并发表重要讲话。

1. 启动教育活动:中共中央政治局召开会议。

2013年4月19日,中共中央政治局召开会议,决定从当年下半年开始,用一年左右时间,在全党自上而下分批开展党的群众路线教育实践活动。中央政治局带头开展党的群众路线教育实践活动。

第一,明确开展党的群众路线教育实践活动的重要意义。

一是教育实践活动是贯彻落实党的十八大精神的内在要求。中共中央政治局会议强调,党的十八大明确提出,围绕保持党的先进性和纯洁性,在全党深入开展以为民务实清廉为主要内容的党的群众路线教育实践活动,这是新形势下坚持党要管党、从严治党的重大决策,是顺应群众期盼、加强学习型服务型创新型马克思主义执政党建设的重大部署,是推进中国特色社会主义伟大事业的重大举措。

二是教育实践活动是巩固党的执政地位的客观需要。中共中央政治局会议强调,全心全意为人民服务是党的根本宗旨,群众路线是党的生命线和根本工作路线。深入开展党的群众路线教育实践活动,对于教育引导党员干部牢固树立宗旨意识和马克思主义群众观点,切实改进工作作风,赢得人民群众信任和拥护,夯实党的执政基础,巩固党的执政地位,具有十分重大而深远的意义。

三是教育实践活动是密切党群干群关系的根本选择。中共中央政治局会议指出,当前,党员干部贯彻落实党的群众路线总体是好的,在联系服务人民群众方面做了大量富有成效的工作,但也存在着不符合为民务实清廉要求的问题。特别是有的领导机关、领导班子和一些领导干部形式主义、官僚主义、享乐主义突出,奢靡之风严重,主要表现在理想信念动摇,宗旨意识淡薄,精神懈怠;贪图名利,弄虚作假,不务实效;脱离群众,脱离实际,不负责任;铺张浪费,奢靡享乐,甚至以权谋私、腐化堕落。这些问题,严重损害党在人民群众中的形象,严重损害党群干群关系,必须认真加以解决。

第二,明确开展党的群众路线教育实践活动的部署要求。

一是明确党的群众路线教育实践活动的总体部署。中共中央政治局会议指出,开展党的群众路线教育实践活动,要高举中国特色社会主义伟大旗帜,坚持以马克思列宁主义、毛泽东思想、邓小平理论、"三个代表"重要思想、科学发展观为指导,紧紧围绕保持党的先进性和纯洁性,以为民务实清廉为主要内容,以县处级以上领导机关、领导班子和领导干部为重点,切实加强全体党员马克思主义群众观点教育,把贯彻落实中央八项规定精神作为切入点,进一步突出作风建设,坚决反对形式主义、官僚主义、享乐主义和奢靡之风,着力解决人民群众反映强烈的突出问题,提高做好新形势下群众工作的能力,保持党同人民群众的血肉联系,发挥党密切联系群众的优势,为推动经济持续健康发展、全面建成小康社会、实现中华民族伟大复兴的中国梦提供坚强保证。党的群众路线教育实践活动全过程,要贯穿"照镜子、正衣冠、洗洗澡、治治病"的总要求。

二是明确各级党委(党组)的职责任务。中共中央政治局会议指出,各级党委(党组)要坚持围绕中心、服务大局,全面贯彻落实党的十八大提出的各项任务要求,把作风建设放在突出位置,以作风建设的新成效凝聚起推动事业发展的强大力量。要教育引导党员干部树立群众观点,弘扬优良作风,解决突出问题,保持清廉本色,使干部作风进一步转变,干群关系进一步密切,为民务实清廉形象进一步树立。要以好的作风组织开展教育实践活动,牢牢把握正面教育为主、批评和自我批评、讲求实效、分类指导和领导带头的原则,确保教育实践活动沿着正确轨道健康深入推进,努力在解决作风不实、不正、不廉上取得实效,在提高群众工作能力、密切党群干群关系、全心全意为人民服务上取得实际成效。

2. 明确活动要求:中共中央下发《关于在全党深入开展党的群众路线教育实践活动的意见》。

2013年5月9日,中共中央下发了《关于在全党深入开展党的群众路线教育实践活动的意见》,明确这次活动由中央政治局带头开展,从2013年下半年开始自上而下分两批进行,次年7月基本完成。该意见从指导思想、目标要求、方法步骤、组织领导等方面提出明确要求。

第一,明确指导思想。

该意见指出:高举中国特色社会主义伟大旗帜,坚持以马克思列宁主义、毛泽东思想、邓小平理论、"三个代表"重要思想、科学发展观为指导,紧紧围绕保持党的先进性和纯洁性,以为民务实清廉为主要内容,以县处级以上领导机关、领导班子和领导干部为重点,切实加强全体党员马克思主义群众观点和党的群众路线教育,把贯彻落实中央八项规定精神作为切入点,进一步突出作风建设,坚决反对形式主义、官僚主义、享乐主义和奢靡之风,着力解决人民群众反映强烈的突出问题,提高做好新形势下群众工作的能力,保持党同人民群众的血肉联系,发挥党密切联系群众的优势,为推动经济持续健康发展、全面建成小康社会、实现中华民族伟大复兴的中国梦提供坚强保证。

明确"照镜子、正衣冠、洗洗澡、治治病"的总要求。党的群众路线教育实践活动全过程,要贯穿"照镜子、正衣冠、洗洗澡、治治病"的总要求。"照镜子",主要是学习和对照党章,对照廉政准则,对照改进作风要求,对照群众期盼,对照先进典型,查找宗旨意识、工作作风、廉洁自律方面的差距。"正衣冠",主要是按照为民务实清廉的要求,严明党的纪律特别是政治纪律,敢于触及思想,正视矛盾和问题,从自己做起,从现在改起,端正行为,维护良好形象。"洗洗澡",主要是以整风精神开展批评和自我批评,深入分析出现形式主义、官僚主义、享乐主义和奢靡之风的原因,坚持自我净化、自我完善、自我革新、自我提高,既要解决实际问题,更要解决思想问题。"治治病",主要是坚持惩前毖后、治病救人方针,区别情况、对症下药,对作风方面存在问题的党员、干部进行教育提醒,对问题严重的进行查处,对与民争利、损害群众利益的不正之风和突出问题进行专项治理。

第二,明确目标要求。

党的群众路线教育实践活动在全体党员中开展,重点抓好县处级以上领导机关、领导班子和领导干部;主要任务是教育引导党员、干部树立群众观点。弘扬优良作风,解决突出问题,保持清廉本色,使党员、干部思想进一步提高、作风进一步转变,党群干群关系进一步密切,为民务实清廉形象进一步树立。要坚持围绕中心、服务大局,全面贯彻落实党的十八大提出的各项任务要求,把作风建设放在突出位置,以作风建设的新成效凝聚起推动经济社会发展的强大力量。

要落实为民务实清廉要求。为民,就是要坚持人民创造历史、人民是真正英雄,坚持以人为本、人民至上,坚持立党为公、执政为民,坚持一切为了人民、一切依靠人民,从群众中来、到群众中去。务实,就是要求真务实、真抓实干,发扬理论联系实际之风;坚持问政于民、问需于民、问计于民,发扬密切联系群众之风;谦虚谨慎、戒骄戒躁,厉行勤俭节约,反对铺张浪费,发扬艰苦奋斗之风。清廉,就是要自觉遵守党章,严格执行廉政准则,主动接受监督,自觉净化朋友圈、社交圈,带头约束自己的行为,增强反腐倡廉和拒腐防变自觉性,严格规范权力行使,把权力关进制度的笼子,坚决反对一切消极腐败现象,做到干部清正、政府清廉、政治清明。

要着力解决突出问题。主要是坚决反对形式主义,教育引导党员、干部端正学风,改进文风会风,在大是大非面前敢于担当、敢于坚持原则,真正把心思用在干事业上,把功夫下到察实情、出实招、办实事、求实效上;坚决反对官僚主义,教育引导党员、干部深入实际、深入基层、深入群众,接地气、通下情,坚持民主集中制,改进调查研究,虚心向群众学习,真心对群众负责,热心为群众服务,诚心接受群众监督;坚决反对享乐主义,教育引导党员、干部牢记"两个务必",克己奉公,勤政廉政,保持昂扬向上、奋发有为的精神状态;坚决反对奢靡之风,教育引导党员、干部坚守节约光荣、浪费可耻的思想观念,狠刹挥霍享乐和骄奢淫逸的不良风气,做到艰苦朴素、精打细算,勤俭办一切事情。

要牢牢把握基本原则。坚持正面教育为主,加强马克思主义群众观点和党的群众路线教育,加强党性党风党纪教育和道德品行教育,引导党员、干部坚定理想信念,增强公仆意识,讲党性、重品行、作表率,模范践行社会主义核心价值观,坚守共产党人精神追求。坚持批评和自我批评,开展积极健康的思想斗争,敢于揭短亮丑,崇尚真理、改正缺点、修正错误,真正让党员、干部思想受到教育、作风得到改进、行为更加规范。坚持讲求实效,开门搞活动,请群众参与,让群众评判,受群众监督,努力在解决作风不实、不正和行为不廉上取得实效,在提高群众工作能力、密切党群干群关系、全心全意为人民服务上取得实效。坚持分类指导,针对机关、企事业单位和基层的不同情况,找准各自需要解决的突出问题,提出适合各自特点的目标要求和办法措施。坚持领导带头,上级带下级、主要领导带班子成员、领导干部带一般干部,一级抓一级、层层抓落实。

第三,明确方法步骤。

中央政治局带头开展党的群众路线教育实践活动。2013年6月,中央政治局将召开专门会议,总结检查八项规定的落实情况,分析存在问题,开展批评和自我批评,研究提出进一步加强作风建设的措施。中央政治局常委同志建立教育实践活动联系点,对联系点所在地方和分管领域的教育实践活动进行指导,示范带动和推进全党的教育实践活动。全国人大常委会党组、国务院党组、全国政协党组,结合各自实际开展教育实践活动。

2013年下半年开始,自上而下分两批开展教育实践活动。每批大体安排半年时间,2014年7月基本完成。第一批为省部级领导机关和副省级城市机关及其直属单位,中管金融企业、中管企业、中管高等学校;第二批为省以下各级机关及其直属单位和基层组织。要突出抓好直接联系服务群众的执法监管部门和窗口单位、服务行业的教育实践活动;广大党员要普遍受到一次马克思主义群众观点和党的群众路线教育。具体到每个单位,集中教育时间一般不少于3个月。每个批次、每个单位的教育实践活动,着力抓好以下3个环节:

(1)学习教育、听取意见。

重点是搞好学习宣传和思想教育,深入开展调查研究,广泛听取干部群众意见。要采取多种形式进行学习和教育。组织党员、干部认真学习中国特色社会主义理论体系。学习党章,学习习近平总书记系列重要讲话精神,学习党的光辉历史和优良传统,开展理想信念、党性党风党纪和道德品行教育,开展中国特色社会主义宣传教育,开展马克思主义群众观点和党的群众路线专题学习讨论。组织党员、干部走进基层、贴近群众,充分征求意见,为对照检查、开展批评和解决问题打好基础。运用灵活多样、务实管用的方式,抓好基层党员的学习教育工作。

(2)查摆问题、开展批评。

重点是围绕为民务实清廉要求,通过群众提、自己找、上级点、互相帮,认真查摆形式主义、官僚主义、享乐主义和奢靡之风方面的问题,进行党性分析和自我剖析,开展批评和自我批评。要组织召开一次高质量的专题民主生活会。各级党委(党组)要切实负起责任,主要负责同志要带头查摆问题,带头开展批评和自我批评。会前,要充分听取群众意见,党委(党组)主要负责同志与班子成员逐一谈心,班子成员之间要互相谈心,每个班子及其成员都要对照为民务实清廉要求撰写对照检查材料。会上,既要进行深刻的自我批评,又要进行诚恳的相互批评。会后,要在规定范围通报民主生活会情况和班子成员的对照检查材料。

上级党组织派出的督导组要全程参与下级领导班子的专题民主生活会。在民主生活会准备阶段,督导组要向党委(党组)主要负责同志和班子成员通报掌握的班子建设情况和存在的突出问题。对反映存在问题较多的班子成员,由督导组会同党委(党组)主要负责同志进行谈话提醒;对其他班子成员也要进行个别谈话提醒。督导组要会同党委(党组)主要负责同志对班子成员的对照检查材料、开展批评和自我批评情况进行评价,并采取适当形式反馈。可邀请党代会代表、人大代表、政协委员和党员群众代表参加对领导班子和党员领导干部的民主评议。

基层党组织要认真组织党员参加教育实践活动。每个党员都要参加所在党支部或党小组召开的专题组织生活会,针对存在问题,提出改进措施和办法。

(3)整改落实、建章立制。

重点是针对作风方面存在的问题,提出解决对策,制定和落实整改方案;对一些突出问题,进行集中治理。每个单位都要抓住重点问题,制定整改任务书、时间表,实行"一把手"负责制,并在一定范围内公示。注重从体制机制上解决问题,使贯彻党的群众路线成为党员、干部长期自觉的行动。

要强化正风肃纪。紧扣为民务实清廉要求,在反对形式主义方面,对各地区各部门各单位各类会议、文件、简报、节庆、评比表彰和达标活动进行认真清理,根据工作需要精简合并,集中治理文山会海,坚决取消一切没有实质内容、没有实际作用的会议、活动和文件。在反对官僚主义方面,对各级党政机关特别是领导干部的勤政情况进行监督检查,坚决整治推诿扯皮、办事效率低下问题。专项治理消极应付、不作为、乱作为,门难进、脸难看、事难办以及侵害群众利益的问题。在反对享乐主义方面,对各级领导干部落实有关工作和生活待遇规定的情况进行专项检查,进一步规范和落实公务接待有关规定,严禁违反规定配备秘书,认真清退违规占用的住房、办公用房和配备的车辆,不得超编制、超标准配备公务用车。在反对奢靡之风方面,继续清理检查"小金库",全面检查"三公"经费使用情况,坚决制止铺张浪费行为,严禁用公款大吃大喝,严禁以各种名义用公款互相宴请和安排高消费娱乐活动,严禁借开会、调研、考察、检查、培训等名义变相旅游,严禁党政机关违反规定搞楼堂馆所建设。同时,要加强领导班子建设和严格教育管理干部,对软、懒、散的领导班子进行整顿;对存在一般性作风问题的干部,立足于教育提高,促其改进;对群众意见大、不能认真查摆问题、没有明显改进的干部,要进行组织调整。在活动中发现的重大违纪违法问题,要及时移交纪检监察机关或有关方面严肃查处。

要提高群众工作能力。注重深入基层,摸清情况、摸清底数,克服走马观花、蜻蜓点水,提高调查研究、掌握实情能力;注重倾听民意、集中民智,克服情况不明、个人独断,提高科学决策、民主决策能力;注重直面困难,克服避重就轻、回避矛盾,提高解决问题、化解矛盾能力;注重顺应群众意愿、回应群众呼声,克服盲目指挥、强迫命令,提高宣传群众、组织群众能力。对那些与群众有感情、为群众办实事、得到群众拥护的干部,要提拔使用,树立正确用人导向。

要加强制度建设。对贯彻党的群众路线已有制度进行梳理,经实践检验行之有效、群众认可的,要长期坚持,抓好落实;对不适应新形势新任务要求的,要抓紧修订完善。坚决纠正有令不行、有禁不止、无视制度的问题。注重总结实践中的好经验好做法,完善党员干部直接联系群众制度和畅通群众诉求反映渠道制度,建立健全体现群众意愿的科学民主决策机制,健全干部作风状况考核评价机制,建立健全厉行节约、制止浪费制度,修订完善国内公务接待管理和外宾接待管理规定,完善公务用车配备使用管理办法,完善因公出国(境)管理规定,修订楼堂馆所建设管理制度,完善会议、培训、活动经费管理办法,完善党政机关领导干部住房、用车等工作生活待遇方面的制度,研究制定金融企业、国有企业负责人职务消费管理办法,建立健全公务支出、公款消费方面的审计制度,推动改进工作作风、密切联系群众常态化长效化。

各地区各部门各单位要把组织开展教育实践活动与认真做好各项工作和党员、干部履职尽责结合起来,做到两手抓、两不误、两促进。既要认真落实中央统一部署,坚持教育实践活动的基本环节不能少、不变通,把"规定动作"做到位;又要结合各自实际,灵活安排各个环节的工作,在解决问题上下功夫,有什么问题就解决什么问题,什么问题突出就重点解决什么问题,使"自选动作"有特色。集中教育实践活动告一段落后,要继续抓好整改措施的落实,巩固扩大活动成果。

在省部级单位开展活动期间,省以下地区部门单位,不要等待观望,要认真贯彻落实中央八项规定精神,该改的马上改,该做的马上做。同时,结合实际抓紧调查研究,广泛听取意见,为开展教育实践活动做好准备。

第四,组织领导。

党的群众路线教育实践活动在中央政治局常委会领导下开展。成立中央党的群众路线教育实践活动领导小组,中央政治局常委同志担任组长,中央组织部主要负责同志和中央纪委、中央宣传部负责同志担任副组长。领导小组成员单位包括:中央纪委、中央办公厅、中央组织部、中央宣传部、中央政研室、中央直属机关工委、中央国家机关工委、国务院办公厅、国家发展改革委、教育部、财政部、人力资源社会保障部、审计署、国务院国资委等。领导小组下设办公室,负责日常工作。

各级党委(党组)是抓好本地区本部门本单位教育实践活动的责任主体,要高度重视,认真负责。党委(党组)主要领导同志要承担起第一责任人的责任;有关部门要密切配合,形成工作合力。成立相应的领导机构和工作机构,具体负责教育实践活动,领导机构由党委(党组)主要领导同志负责。充分发挥行业系统主管部门对本行业本系统的指导作用。要用好的作风组织开展教育实践活动,注重发挥典型的示范和警示作用,力戒形式主义,不要走过场,做到"不虚";着力解决突出问题,做到"不空";紧紧围绕为民务实清廉,做到"不偏",确保教育实践活动沿着正确轨道健康深入推进。每个批次教育实践活动结束后,各地区各部门各单位党委(党组)要向上级党组织提交报告。

要加强宣传引导工作。新闻媒体要广泛宣传中央精神,通过新闻报道、先进典型宣传、言论评论、工作综述、专题专访等形式,充分反映教育实践活动进展和成效。创新宣传形式和载体,重视发挥网站、微博客等新兴媒体的作用,加强正面宣传和舆论引导,为教育实践活动营造良好舆论氛围。强化舆论监督,通过以案说法、典型曝光、事件评述等方式,发挥监督警示作用,促进教育实践活动深入开展。组织开展党的群众路线理论研究,适时召开理论研讨会。

各级党的群众路线教育实践活动领导小组派出督导组,全程督导所负责地区部门单位的教育实践活动,进行巡回指导,加强督促检查工作。人民解放军和武警部队党的群众路线教育实践活动由总政治部作出部署。

3. 活动动员部署:习近平在党的群众路线教育实践活动工作会议上的讲话。

2013年6月18日,中共中央总书记、国家主席、中央军委主席习近平在党的群众路线教育实践活动工作会议上发表重要讲话,对全党教育实践活动进行动员部署。

第一,讲话明确了开展党的群众路线教育实践活动的重大意义。习近平同志从实现党的十八大确定的奋斗目标、巩固执政地位、解决群众反映强烈的突出问题等视角鲜明指出,开展党的群众路线教育实践活动,是实现党的十八大确定的奋斗目标的必然要求;开展党的群众路线教育实践活动,是保持党的先进性和纯洁性、巩固党的执政基础和执政地位的必然要求;开展党的群众路线教育实践活动,是解决群众反映强烈的突出问题的必然要求。

第二,讲话明确了党的群众路线教育实践活动的指导思想和目标要求。指导思想,即高举中国特色社会主义伟大旗帜,全面贯彻落实党的十八大精神,以马克思列宁主义、毛泽东思想、邓小平理论、"三个代表"重要思想、科学发展观为指导,贯彻好党的十八大以来中央作出的重大工作部署和要求,紧紧围绕保持和发展党的先进性和纯洁性,以为民务实清廉为主要内容,切实加强全体党员马克思主义群众观点和党的群众路线教育,把贯彻落实中央八项规定精神作为切入点,着力解决突出问题。

一是牢牢把握目标任务。这次活动的主要任务聚焦到作风建设上,集中解决形式主义、官僚主义、享乐主义和奢靡之风这"四风"问题。解决"四风"问题,要对准焦距、找准穴位、抓住要害,不能"走神",不能"散光"。反对形式主义,要着重解决工作不实的问题,教育引导党员、干部改进学风文风会风,改进工作作风,在大是大非面前敢于担当、敢于坚持原则,真正把心思用在干事业上,把功夫下到察实情、出实招、办实事、求实效上。反对官僚主义,要着重解决在人民群众利益上不维护、不作为的问题,教育引导党员、干部深入实际、深入基层、深入群众,坚持民主集中制,虚心向群众学习,真心对群众负责,热心为群众服务,诚心接受群众监督,坚决整治消极应付、推诿扯皮、侵害群众利益的问题。反对享乐主义,要着重克服及时行乐思想和特权现象,教育引导党员、干部牢记"两个务必",克己奉公,勤政廉政,保持昂扬向上、奋发有为的精神状态。反对奢靡之风,要着重狠刹挥霍享乐和骄奢淫逸的不良风气,教育引导党员、干部坚守节约光荣、浪费可耻的思想观念,做到艰苦朴素、精打细算,勤俭办一切事情。

二是认真贯彻总要求。习近平同志强调,这次教育实践活动借鉴延安整风经验,明确提出"照镜子、正衣冠、洗洗澡、治治病"的总要求。这4句话、12个字,概括起来就是要自我净化、自我完善、自我革新、自我提高,说起来简洁明了,但真正做到就不那么容易了。"照镜子",主要是以党章为镜,对照党的纪律、群众期盼、先进典型,对照改进作风要求,在宗旨意识、工作作风、廉洁自律上摆问题、找差距、明方向。"正衣冠",主要是在照镜子的基础上,按照为民务实清廉的要求,勇于正视缺点和不足,严明党的纪律特别是政治纪律,敢于触及思想、正视矛盾和问题,从自己做起,从现在改起,端正行为,自觉把党性修养正一正、把党员义务理一理、把党纪国法紧一紧,保持共产党人良好形象。"洗洗澡",主要是以整风的精神开展批评和自我批评,深入分析发生问题的原因,清洗思想和行为上的灰尘,既要解决实际问题,更要解决思想问题,保持共产党人政治本色。"治治病",主要是坚持惩前毖后、治病救人方针,区别情况、对症下药,对作风方面存在问题的党员、干部进行教育提醒,对问题严重的进行查处,对不正之风和突出问题进行专项治理。

三是以整风精神开展批评和自我批评。习近平同志鲜明提出一个问题,即为什么说要以整风精神来抓?因为党内脱离群众的种种问题特别是"四风"问题都是顽症,要真正解决问题,就要有抛开面子、揭短亮丑的勇气,有动真碰硬、敢于交锋的精神,有深挖根源、触动灵魂的态度。现在,批评和自我批评这个"利器"在很多地方变成了"钝器",锈迹斑斑,对问题触及不到、触及不深,就像鸡毛掸子打屁股不痛不痒,有的甚至把自我批评变成了自我表扬,相互批评变成了相互吹捧。这次教育实践活动,要在批评和自我批评上好好下一番功夫。

那么,怎么样来抓?习近平同志指出,要开好民主生活会。各级党组织要教育党员干部坚持"团结—批评—团结"的公式,打消自我批评怕丢面子、批评上级怕穿小鞋、批评同级怕伤和气、批评下级怕丢选票等顾虑,既深刻剖析和检查自己,又开展诚恳的相互批评,触及思想和灵魂,既红红脸、出出汗,又明确整改方向。无论批评还是自我批评,都要实事求是、出于公心、与人为善,不搞"鸵鸟"政策,不马虎敷衍,不文过饰非,不发泄私愤。忠言逆耳,良药苦口。对批评意见,要本着有则改之、无则加勉的态度,决不能用"批评"抵制批评,搞无原则的纷争。要坚持开门搞活动,一开始就扎下去听取群众意见和建议,每个环节都组织群众有序参与,让群众监督和评议,切忌"自说自话、自弹自唱",不搞闭门修炼、体内循环。

四是坚持领导带头。习近平同志明确指出领导带头的原因,即一些问题长期得不到解决,表现在基层,根子在上层,上面害病、下面吃药。脱离群众的种种问题,主要表现在领导机关、领导干部中。所以习近平同志强调指出,这次活动要以县处级以上领导机关、领导班子、领导干部为重点。县处级以上各级领导机关、领导班子、领导干部一定要当好表率。各级领导干部既是活动的组织者、推进者、监督者,更是活动的参与者,要以普通党员身份把自己摆进去,力争认识高一层、学习深一步、实践先一着、剖析解决突出问题好一筹。

怎么样以上率下,领导带头?习近平同志明确指出,各级领导干部要放下架子,虚心听取下级、基层和党员、群众的意见,以树立标杆、向我看齐的态度检查自己,认真查摆个人、领导班子、本地区本部门在作风方面存在的突出问题,深刻剖析问题症结和原因,把整改的方向和具体措施明确亮出来,切忌查摆问题见事不见人、对人不对己、避重而就轻。有了这样的底气和决心,批评和自我批评就能开展起来,解决突出问题就会有好效果,一级做给一级看就能落到实处。

五是注重建立长效机制。思想的落地需要制度保障,习近平同志强调指出,保持党同人民群众的血肉联系是一个永恒课题,作风问题具有反复性和顽固性,不可能一蹴而就、毕其功于一役,更不能一阵风、刮一下就停,必须经常抓、长期抓。我们既要立足当前、切实解决群众反映强烈的突出问题,又要着眼长远、建立健全促进党员、干部坚持为民务实清廉的长效机制。习近平同志从立改废的视角对制度建设提出明确要求,强调指出,经过多年探索和实践,我们在贯彻群众路线、密切联系群众方面有了比较系统的制度规定,大多行之有效、群众认可,要继续坚持。中央对这次教育实践活动有一些新的要求,各地区各部门也会创造出一些新鲜经验,要把中央要求、实际需要、新鲜经验结合起来,制定新的制度,完善已有的制度,废止不适用的制度。不管建立和完善什么制度,都要本着于法周延、于事简便的原则,注重实体性规范和保障性规范的结合和配套,确保针对性、操作性、指导性强。制度不是橡皮筋,而是硬约束。习近平同志强调指出,制度一经形成,就要严格遵守,坚持制度面前人人平等、执行制度没有例外,坚决维护制度的严肃性和权威性,坚决纠正有令不行、有禁不止的各种行为,使制度真正成为党员、干部联系和服务群众的硬约束,使贯彻党的群众路线真正成为党员、干部的自觉行动。

第三,讲话强调加强对教育实践活动的领导。习近平同志指出这次教育实践活动时间紧、任务重、要求高。各级党委要增强责任感和紧迫感,把开展好教育实践活动作为一项重大政治任务抓紧抓好抓实。

一是明确责任职责,主要领导亲自抓。各级党委(党组)是抓好本地区本部门本单位教育实践活动的责任主体,务必高度重视、认真负责,把活动摆上重要议事日程,精心组织,加强督导,不折不扣落实中央部署和要求。中央党的群众路线教育实践活动领导小组已经成立,各级党委(党组)也要抓紧成立领导机构,尽早开展工作。党委(党组)主要领导同志要承担起第一责任人的责任,特别是要深入一线、靠前指挥,吃透政策原则,把握进度节奏,解决关键问题。相关部门要明确责任、密切配合,形成良好的组织指导格局,促使活动善始善终、取得实际成效。

二是深入调查研究,制定切实可行的实施方案。这次教育实践活动涉及面广、政策性强。各级党委(党组)要深入基层、深入群众,广泛听取意见,查明情况,摸清底数,抓紧制定实施方案。要针对机关、企事业单位和基层的不同情况,找准各自需要解决的突出问题,提出适合各自特点的办法措施,不搞一刀切。要统筹安排每个批次、每个环节的工作重点和工作进度,使整个活动衔接紧凑、推进有序。

三是加强具体指导,确保正确方向。这次教育实践活动是全党的活动,地区之间、领导机关和基层之间、不同类型党组织和党员之间面临的情况和需要解决的问题有所不同,必须加强分类指导和督导。分类指导要体现在方案制定上,更要体现在活动进程中,总的原则是在遵循基本方法步骤、完成规定动作的同时,鼓励探索创造、做一些自选动作,对领导机关、领导干部要标准更高一些、要求更严一些。指导力量要沉下去面对面开展工作,不能笼而统之发号施令。要把督导工作贯穿活动全过程,及时发现和解决苗头性、倾向性、潜在性问题,推动面上工作健康发展。

四是坚持统筹兼顾,做到两手抓、两促进。教育实践活动的根本目的,是为全面贯彻落实党的十八大精神、推进经济社会发展提供保障。各地区各部门各单位要把开展活动同做好当前改革发展稳定各项工作紧密结合起来,同完成本地区本部门本单位各项任务紧密结合起来,摆布好时间和精力,使活动每个环节、每项措施都为中心工作服务,把党员、干部在活动中激发出来的工作热情和进取精神转化为做好工作的动力,用经济社会发展成效检验活动成效。

五是加强宣传引导,营造良好舆论氛围。这次教育实践活动全党关心、社会关注、群众期盼,抓好宣传舆论工作十分重要。要积极宣传中央的决策部署、宣传活动的重大意义、宣传活动的经验成效,引导广大干部群众把思想和行动统一到中央精神上来。要创新舆论引导方式方法,正面引导网上舆论。要重视典型宣传,既宣传正面典型、发挥示范作用,又注意剖析反面典型、开展警示教育。

4. 深入开展学习教育:关于党的群众路线教育实践活动的通知。

2013年7月,中央党的群众路线教育实践活动领导小组印发《关于做好第一批教育实践活动学习教育、听取意见环节工作的通知》。该通知指出,要扎实开展学习教育,重点是搞好学习宣传和思想教育。要适当集中时间,强化集体学习讨论,着力提高学习教育的成效。积极组织学习,认真学习中国特色社会主义理论体系,学习党章和党的十八大报告,学习习近平总书记一系列重要讲话精神,学习党的群众路线教育实践活动工作会议和中央政治局专门会议精神。研读《论群众路线——重要论述摘编》《党的群众路线教育实践活动学习文件选编》《厉行节约、反对浪费——重要论述摘编》等学习材料。深入开展理想信念、党性党风党纪和道德品行教育,紧紧围绕世界观、人生观、价值观这个"总开关",突出坚定理想信念这个根本要求,教育引导党员、干部自觉加强党性修养和品德修养,增强党纪观念,努力提高辨别能力、政治定力和实践能力。广泛开展马克思主义群众观点和党的群众路线专题讨论,重点围绕群众路线的时代内涵,围绕本地区本部门本单位"四风"具体表现和危害,围绕为民务实清廉的具体要求等进行研讨,解决世界观、人生观、价值观的根本问题。

2013年8月,中央党的群众路线教育实践活动领导小组印发《关于认真学习贯彻习近平总书记在河北调研指导党的群众路线教育实践活动时讲话的通知》,要求各级党委(党组)认真学习贯彻习近平总书记重要讲话精神,推进教育实践活动取得实实在在的成效。该通知强调,开展好教育实践活动,要进一步增强思想自觉和行动自觉,引导广大党员、干部主动克服不以为然的思想、等待观望的态度、消极被动的情绪,甚至是与己无关的想法,积极投身教育实践活动,在坚持党的群众路线方面做到知行合一。要始终坚持和弘扬"两个务必",引导广大党员、干部自觉用"两个务必"对照检查和总结反思自己在"四风"方面的问题,始终做到谦虚谨慎、艰苦奋斗、实事求是、一心为民。要把握教育实践活动的三大关系,充分调动领导干部和广大群众两个积极性,引导领导干部端正态度,引导群众多提意见建议;着力打牢学习教育和查摆问题两个基础,原原本本学、联系实际学、深入思考学,自觉查摆问题;切实抓住整改落实和建章立制两个关键,加大力度解决问题,尽快建立健全为民务实清廉制度。要贯彻和体现整风精神,把批评和自我批评摆在重要位置,把开门搞活动作为重要方法,把严格执行纪律作为重要措施,始终以严的标准、严的措施、严的纪律,促使党员、干部积极主动查找和解决问题。要着力解决突出问题,引导广大党员、干部针对查找出来的作风问题,逐一分析原因,制定整改措施。要保证活动健康发展,切实加强组织领导和督促指导,党委(党组)主要负责同志要把教育实践活动牢牢抓在手上,中央督导组要认真履行职责,切实加强工作督导。要切实做到领导带头示范,督促各级党员领导干部坚持从严标准,带头学习理论,带头听取意见,带头查摆问题,带头开展批评和自我批评,带头整改落实,带头推进制度建设,结合教育实践活动加强领导班子思想政治建设。

2014年1月，党的群众路线教育实践活动第一批总结暨第二批部署会议在京召开。习近平同志出席会议并发表重要讲话，对第一批教育实践活动进行总结，对第二批教育实践活动进行部署。习近平在讲话中指出，第一批教育实践活动取得了重要阶段性成果，促使党员、干部得到了党性锻炼，刹住了"四风"蔓延势头，带动了社会风气整体好转，贯彻群众路线的长效机制和刚性约束初步形成。教育实践活动带来的新变化新气象，群众充分认同，党内外积极评价。

习近平同志从思想建党的角度深刻阐释群众路线教育的重要性，表达了鲜明的群众观点。习近平同志强调指出，党的群众路线教育实践活动，为加强和改进党的建设积累了宝贵经验。群众路线是永葆党的青春活力和战斗力的重要传家宝，必须做到教育和实践两手抓，使马克思主义群众观点深深植根于思想中、真正落实到行动上。理想信念是共产党人的精神之"钙"，必须加强思想政治建设，解决好世界观、人生观、价值观这个"总开关"问题。加强和改进作风建设是保持党同人民群众血肉联系的有效途径，必须聚焦解决群众反映强烈的突出问题，以作风建设新成效汇聚起推动改革发展的正能量。批评和自我批评是清除党内政治灰尘和政治微生物的有力武器，必须以整风精神严格党内生活，着力提高领导班子发现和解决自身问题的能力。讲认真是我们党的根本工作态度，必须做到无私无畏、敢于担当，把认真精神体现到党内生活和干事创业方方面面。

习近平从思想建党的高度强调，要深刻认识第二批教育实践活动的重要性和紧迫性，切实增强思想自觉和行动自觉。第二批教育实践活动是第一批的延伸和深化。基础不牢，地动山摇。市县领导机关、领导干部和基层单位同人民群众的联系更直接，其不良作风更直接损害群众利益、伤害群众感情。必须着力解决发生在群众身边的腐败问题，认真解决损害群众利益的各类问题，切实维护人民群众合法权益。第二批教育实践活动要突出做好这方面工作。

作风问题是思想问题的外现。习近平强调,搞好第二批教育实践活动,对巩固和扩大第一批教育实践活动成果至关重要。第一批教育实践活动已进入尾声,但收尾不是收场,还有许多后续工作需要继续落实。作风问题具有顽固性和反复性,形成优良作风不可能一劳永逸,克服不良作风也不可能一蹴而就。以往的经验告诉我们,纠风之难,难在防止反弹。"由俭入奢易,由奢入俭难。"教育实践活动有期限,但贯彻群众路线没有休止符,作风建设永远在路上。

习近平指出,开展第二批教育实践活动,要坚持主题不变、镜头不换,贯彻"照镜子、正衣冠、洗洗澡、治治病"的总要求,以严的标准、严的措施、严的纪律坚决反对"四风",推动思想认识进一步提高、作风进一步转变、党群干群关系进一步密切、为民务实清廉形象进一步树立、基层基础进一步夯实。

群众观是思想建党的重要内容。习近平强调,要更加注重发挥群众积极性,第二批教育实践活动在群众家门口开展,必须坚持开门搞活动,确保每个环节、每项工作都让群众参与、受群众监督、请群众评判,态度真诚,加强引导,讲究方法,把党的正确主张变为群众的自觉行动。要更加强化问题导向,盯住作风问题不放,从小事做起,从具体事情抓起,让群众看到实实在在的成效,有利于百姓的事再小也要做,危害百姓的事再小也要除,不等不靠,立行立改,对拖欠群众钱款、克扣群众财物、侵占群众利益等问题要开展专项治理,属实的都要立即加以解决。要更加注重严格要求,思想上要严起来,整改上要严起来,正风肃纪上要严起来。

2014 年 3 月,中央文献研究室和中央教育实践活动办公室编辑的一部政治著作,即《习近平关于党的群众路线教育实践活动论述摘编》首次出版。其关注的重要问题是关于解决好世界观、人生观、价值观这个"总开关"问题。习近平同志强调,"四风"盛行,说到底,还是理想信念不坚定。理想信念是共产党人的精神之"钙",精神上缺了

"钙",就会得"软骨病",就会导致政治上变质、经济上贪婪、道德上堕落、生活上腐化。在这次活动中,要教育引导广大党员干部把践行中国特色社会主义共同理想和坚定共产主义远大理想统一起来,做到虔诚而执着、至信而深厚。有了坚定的理想信念,站位就高了,眼界就宽了,心胸就开阔了,就能坚持正确政治方向,在胜利和顺境时不骄傲不急躁,在困难和逆境时不消沉不动摇,经受住各种风险和困难考验,自觉抵御各种腐朽思想的侵蚀,永葆共产党人政治本色。

5. 学习教育的落地监督:在党的群众路线教育实践活动总结大会上的讲话。

2014年10月,习近平同志在党的群众路线教育实践活动总结大会上讲话,明确指出,"今天这个大会,是对党的群众路线教育实践活动进行总结,对巩固和拓展教育实践活动成果、加强党的作风建设、全面推进从严治党进行部署"。所以,这个大会是总结会。

习近平同志提出五个重大成果,一是广大党员、干部受到马克思主义群众观点的深刻教育,贯彻党的群众路线的自觉性和坚定性明显增强。二是形式主义、官僚主义、享乐主义和奢靡之风得到有力整治,群众反映强烈的突出问题得到有效解决。三是恢复和发扬了批评和自我批评优良传统,探索了新形势下严肃党内政治生活的有效途径。四是以转作风改作风为重点的制度体系更加完善,制度执行力和约束力得到增强。五是影响群众切身利益的症结难点得到突破,党的执政基础更加稳固。这五大成果中首要的就是思想建党层面的,充分彰显教育实践活动的灌输性。

习近平同志从六个方面总结了新形势下开展党内集中教育活动取得的新认识、积累的新经验。一是必须突出重点、聚焦问题。二是必须领导带头、以上率下。三是必须以知促行、以行促知。四是必须严字当头、从严从实。五是必须层层压紧、上下互动。六是必须相信群众、敞开大门。这六点总结,既是教育行为,更是思想认识的总结。

习近平同志强调指出,"全党同志必须在思想上真正明确,党的执政地位和领导地位并不是自然而然就能长期保持下去的,不管党、不抓党就有可能出问题甚至出大问题,结果不只是党的事业不能成功,还有亡党亡国的危险"。

对此,习近平同志对新形势下坚持从严治党进行了如下几点强调:第一,落实从严治党责任。第二,坚持思想建党和制度治党紧密结合。第三,严肃党内政治生活。第四,坚持从严管理干部。第五,持续深入改进作风。第六,严明党的纪律。第七,发挥人民监督作用。第八,深入把握从严治党规律。思想建党是理论层面的要求,但是如何把理论变为现实,必须做好以上要求。

2014年12月,中央教育实践活动领导小组办公室印发通知对教育实践活动整改落实情况进行"回头看"。中央党的群众路线教育实践活动领导小组办公室印发《关于对教育实践活动整改落实情况进行"回头看"的通知》(以下简称《通知》),要求各地区各部门各单位贯彻落实习近平总书记在教育实践活动总结大会上的重要讲话精神,持续用力抓好各项整改任务落实,按照《关于深化"四风"整治、巩固和拓展党的群众路线教育实践活动成果的指导意见》的要求,开展教育实践活动整改落实情况"回头看"。

《通知》要求,各级党组织以"三严三实"为标尺,对照中央关于认真落实整改任务的要求,对照教育实践活动中查摆出的问题特别是群众反映强烈的突出问题,对照"两方案一计划"(即整改方案、专项整治方案和制度建设计划),对整改落实的进展、效果和存在问题进行全面、深入的"回头看"。各级党委(党组)领导班子主要看:一是学习习近平总书记系列重要讲话特别是在教育实践活动总结大会上的重要讲话精神情况。重点是领导班子是否安排时间集中学习,是否组织党员干部开展专题学习;是否结合实际研究制定贯彻讲话精神、巩固和拓展教育实践活动成果的具体措施。二是整改方案落实情况。重点是整改措施是否具体可行、落实到位，列入整改的问题是否按期解决，整改效果群众是否认可。三是专项整治进展情况。重点是中央确定的21项专项整治任务是否逐项排查、整治到位，是否做到"共性病""个性病"一起治。四是制度建设情况。重点是对中央出台的相关制度规定是否承接配套，是否按照作风建设要求结合实际建立健全有效管用的规章制度，是否严格制度执行强化正风肃纪。五是上下联动整改情况。重点是行业系统是否以上带下协同解决基层和群众反映强烈的政风行风问题，地方党委是否针对基层需要上级牵头解决的问题组织抓好联动整改。六是整改责任落实情况。重点是党委（党组）主要负责同志是否真正担负起第一责任，班子成员是否按照任务分工抓好具体负责的整改工作，基层党建工作责任制是否落到实处。村、社区等基层党组织主要看整改措施落实情况，重点是发生在群众身边的不正之风是否有效整治，向群众承诺的事项是否办好办实，基层党组织建设制度是否健全落实。党员干部主要看个人整改措施落实情况，重点是遵守党的纪律特别是政治纪律情况，执行中央八项规定精神情况，解决查摆出的突出问题情况。党员领导干部还要看牵头负责的班子整改任务落实情况，指导推动分管领域和教育实践活动联系点整改工作情况。

《通知》要求，整改落实"回头看"结合年度工作总结开展，第一批活动单位领导班子和领导干部可结合2014年度党员领导干部民主生活会进行。各级党组织和党员干部认真自查，对整改落实情况进行回顾盘点，按照"回头看"重点内容，逐项梳理整改落实情况。领导班子要集体研究自查情况，党员领导干部特别是主要负责同志要带头开展自查。各级党委（党组）组织力量逐级督查，对下一级党组织整改任务落实情况查核把关。各级教育实践活动办公室采取适当方式，对重点单位、重点对象、重点问题的整改情况特别是专项整治情况进行抽查。各级党委（党组）召开党委（党组）扩大会议，通报领导班子整改落实情况,第一批活动单位可在2014年度党员领导干部民主生活会通报,班子成员要在会上报告个人整改措施落实情况。基层党组织召开党员大会或在单位年度工作总结会通报整改落实情况,党员干部要在会上报告个人整改措施落实情况。领导班子整改落实情况要采取适当方式向党员群众通报。

《通知》要求,各级党组织要通过"回头看"推动深化整改工作,确保整改方案不折不扣落到实处,整改承诺一条一条得到兑现。要深入分析研判,全面梳理整改落实情况,对整改成效进行客观评估,对存在的问题进行认真分析,切实找准薄弱环节,明确进一步深化整改的着力点。要强化整改措施,对基本完成的整改任务,要提出巩固提高的具体要求;对尚未完成整改的,要逐项明确责任、逐项落实措施、逐项跟踪推进;对整改效果不理想、群众不满意的,可采取下发督办通知单等方式,责成"回炉""补课",限期整改到位;对新发现的问题,要及时纳入整改内容。加大开门整改力度,通过电视、报纸、网络等媒体,公布整改进展和完成情况,接受群众监督。要严格责任追究,对整改工作抓得不紧、整改措施落实不力、整改效果不明显的,要对单位主要负责人进行约谈提醒;对搞形式、走过场、群众意见大的,要对单位主要负责人进行诫勉批评;对出现"四风"问题反弹回潮甚至顶风违纪的,既要追究当事人责任,还要追究相关领导责任。要把整改落实情况作为领导班子、领导干部年度考核的重要内容,对整改工作抓得紧、成效好的单位和个人予以表扬,整改不力的不能列入评先选优对象。

《通知》要求,各级党委(党组)要加强对"回头看"工作的领导,结合实际搞好组织实施。党委(党组)主要负责同志要切实负起第一责任,带头到联系点指导"回头看",示范带动面上工作。各级教育实践活动办公室要强化统筹协调和具体指导,及时发现和帮助解决问题。中央教育实践活动办公室适时派出调研督查组,对整改落实和"回头看"情况进行随机抽查。

(二)"三严三实"专题教育

2014年3月,习近平总书记在十二届全国人大二次会议安徽代表团参加审议时强调,作风建设永远在路上,要求各级领导干部都要既严以修身、严以用权、严以律己,又谋事要实、创业要实、做人要实。严以修身,就是要加强党性修养,坚定理想信念,提升道德境界,追求高尚情操,自觉远离低级趣味,自觉抵制歪风邪气。严以用权,就是要坚持用权为民,按规则、按制度行使权力,把权力关进制度的笼子里,任何时候都不搞特权、不以权谋私。严以律己,就是要心存敬畏、手握戒尺,慎独慎微、勤于自省,遵守党纪国法,做到为政清廉。谋事要实,就是要从实际出发谋划事业和工作,使点子、政策、方案符合实际情况、符合客观规律、符合科学精神,不好高骛远,不脱离实际。创业要实,就是要脚踏实地、真抓实干,敢于担当责任,勇于直面矛盾,善于解决问题,努力创造经得起实践、人民和历史检验的实绩。做人要实,就是要对党、对组织、对人民、对同志忠诚老实,做老实人、说老实话、干老实事,襟怀坦白,公道正派。要发扬钉钉子精神,保持力度、保持韧劲,善始善终、善作善成,不断取得作风建设新成效。[①]

2015年4月,中共中央办公厅印发《关于在县处级以上领导干部中开展"三严三实"专题教育方案》,对2015年在县处级以上领导干部中开展"三严三实"专题教育作出安排。《方案》要求,开展"三严三实"专题教育,要深入学习贯彻党的十八大和十八届三中、四中全会精神,深入学习贯彻习近平总书记系列重要讲话精神,紧紧围绕协调推进"四个全面"战略布局,对照"严以修身、严以用权、严以律己,谋事要实、创业要实、做人要实"的要求,聚焦对党忠诚、个人干净、敢于担

[①] 《习近平关于党风廉政建设和反腐败斗争论述摘编》,中央文献出版社、中国方正出版社2015年版,第143—144页。

当,着力解决"不严不实"问题,切实增强践行"三严三实"要求的思想自觉和行动自觉,努力在深化"四风"整治、巩固和拓展党的群众路线教育实践活动成果上见实效,在守纪律讲规矩、营造良好政治生态上见实效,在真抓实干、推动改革发展稳定上见实效。

《方案》强调,坚持从严要求,强化问题导向,真正把自己摆进去,着力解决理想信念动摇、信仰迷茫、精神迷失、宗旨意识淡薄、忽视群众利益、漠视群众疾苦、党性修养缺失、不讲党的原则等问题;着力解决滥用权力、设租寻租、官商勾结、利益输送、不直面问题、不负责任、不敢担当、顶风违纪还在搞"四风"、不收敛不收手等问题;着力解决无视党的政治纪律和政治规矩,对党不忠诚、做人不老实,阳奉阴违、自行其是,心中无党纪、眼里无国法等问题,推动各级领导干部把"三严三实"作为修身做人用权律己的基本遵循、干事创业的行为准则,争做"三严三实"的好干部。

《方案》提出,坚持以上率下、示范带动。中央政治局带头开展"三严三实"专题教育。全国人大常委会党组、国务院党组、全国政协党组结合各自实际开展"三严三实"专题教育。同时,对省部级领导干部,市、县党政领导班子成员特别是党政主要负责同志,机关、企事业单位及其内设机构县处级以上领导干部和管理人员,分层提出要求。

《方案》明确,"三严三实"专题教育作为党的群众路线教育实践活动的延展深化,作为加强党的思想政治建设和作风建设的重要举措,要融入领导干部经常性学习教育,不分批次、不划阶段、不设环节,不是一次活动。从2015年4月底开始,在各级党政机关、人民团体及其内设机构县处级以上领导干部和事业单位、国有企业中层以上领导人员中开展,各级同步进行。《方案》提出,结合专题教育动员部署工作,县级以上党委(党组)书记要带头讲"三严三实"专题党课。党委(党组)中心组和内设机构党组织要开展"三严三实"专题学习研讨。今年年底,机关、企事业单位及其内设机构县处级以上党员领导干部年度民主生活会和组织生活会,要以践行"三严三实"为主题进行。要强化整改落实和立规执纪,坚持边学边查边改,主要领导干部带头,列出问题清单,一项一项整改,进行专项整治,严格正风肃纪。对存在"不严不实"问题的领导干部,立足于教育提高,促其改进;对群众意见大、不能认真查摆问题、没有明显改进的,要进行组织调整。针对"不严不实"问题,建制度、立规矩,强化刚性执行。《方案》要求,把开展"三严三实"专题教育与做好当前改革发展稳定各项工作结合起来,与完成本地区本部门本单位重点工作任务结合起来,做到专题教育与日常工作有机融合、相互促进,两手抓、两不误。

2015年5月,习近平在浙江调研时强调,从严治党是一个永恒课题,党要管党丝毫不能松懈,从严治党一刻不能放松。要坚持标本兼治、加大治本的工作力度,严格按照纪律和法律的尺度,把执法和执纪贯通起来。对一些干部在工作中出现的问题,要采取有针对性的措施加以解决。属于能力不足的,就要加强培训,加强实践锻炼,加强总结提高;属于担当精神缺乏的,就要明确责任、加强督查;属于不作为的,就要严肃批评教育,认真执纪问责。要从健全工作目标责任制入手,使每个岗位都职责和分工清晰、每项工作都程序和目标清晰、每项奖惩都认定和执行清晰,促使广大干部勤奋敬业、勇于担当、甘于奉献。"三严三实"专题教育要突出问题导向,贯彻从严要求,既巩固和扩大从严治党成果,又有效解决党的建设面临的新问题。①

2015年6月,习近平在会见全国优秀县委书记时给广大县委书记提出4点要求,其中之一是:要做班子的带头人,带头讲党性、重品行、做表率,带头搞好"三严三实"专题教育,带头抓班子带队伍,带头依法办事,带头廉洁自律,带头接受党和人民监督,带头清清白白做人、干干净净做事、堂堂正正做官,真正做到事事带头、时时带头、处处带头。

---

① 《习近平:干在实处永无止境 走在前列要谋新篇》,《人民日报》2015年5月28日。

真正做到率先垂范、以上率下①。

2015年7月,习近平主持召开中央全面深化改革领导小组第十四次会议并发表重要讲话。他强调,领导干部是否做到严以修身、严以用权、严以律己,谋事要实、创业要实、做人要实,全面深化改革是一个重要检验。要把"三严三实"要求贯穿改革全过程,引导广大党员、干部特别是领导干部大力弘扬实事求是、求真务实精神,理解改革要实,谋划改革要实,落实改革也要实,既当改革的促进派,又当改革的实干家。②

2015年7月,中共中央组织部印发《关于认真学习贯彻习近平总书记重要指示精神 扎实推进"三严三实"专题教育的通知》(以下简称《通知》)。该《通知》强调,认真学习深刻领会习近平总书记重要指示精神。要把学习贯彻习近平总书记重要指示精神作为专题学习研讨的重要内容。通过学习,领导干部深刻领会习近平总书记关于领导干部要可信、做人干事都让组织放心的要求,努力成为党和人民信赖的好干部;深刻领会习近平总书记关于学习老一辈革命家崇高品德的要求,检身正己、见贤思齐;深刻领会习近平总书记关于把"三严三实"贯穿改革全过程的要求,既当改革的促进派,又当改革的实干家;深刻领会习近平总书记关于领导干部要带头搞好专题教育的要求,清清白白做人、干干净净做事、堂堂正正做官。各级领导干部要在领会核心要义上下功夫,在打牢思想根基上下功夫,在坚持知行合一上下功夫,以思想自觉引领行动自觉。该《通知》要求,紧密结合改革发展实际查找解决"不严不实"问题。要始终坚持问题导向,围绕"三严三实"要求,特别要结合贯彻全面深化改革要求、大力推进各领域改革的实际,找准"不严不实"的突出问题和具体表现。领导干部要把自己摆进去,

---

① 《习近平关于严明党的纪律和规矩论述摘编》,中央文献出版社2016年版,第104页。
② 《习近平主持召开中央全面深化改革领导小组第十四次会议强调把"三严三实"贯穿改革全过程 努力做全面深化改革的实干家》,《人民日报》2015年7月2日。

把部门职能、岗位职责摆进去,把思想、工作和作风实际摆进去,剖析问题根源、落实改进措施,使推动改革的能力强起来,勇于担当的精神树起来,主动作为的行动实起来。

2015年9月,中共中央政治局就践行"三严三实"进行第26次集体学习。习近平在主持学习时强调,党中央在部署这次专题教育时明确提出要以上率下,中央政治局这次集体学习以"三严三实"为题,就是落实这一要求的行动。中央政治局每位同志都要以身作则,为全党做好示范。"三严三实"是我们天天要面对的要求,大家要时时铭记、事事坚持、处处上心,随时准备坚持真理、随时准备修正错误,凡是有利于党和人民事业的,就坚决干、加油干、一刻不停歇地干;凡是不利于党和人民事业的,就坚决改、彻底改、一刻不耽误地改。习近平在主持学习时发表了讲话。他指出,在县处级以上领导干部中开展"三严三实"专题教育,是今年党的建设的一个工作重点。4月下旬,我们对开展"三严三实"专题教育作出部署以来,各级党委主要抓了集中学习、专题党课、专题研讨、查摆整改四个方面的工作。中央政治局的同志在所在单位、所在地方、所分管领域讲了党课,省部级主要负责同志和市县委书记也讲了党课,讲清楚了不严不实的具体表现和严重危害,也讲清楚了落实"三严三实"要求的具体举措。各地区各部门各单位围绕加强党性修养、坚定理想信念、严守党的政治纪律和政治规矩、实实在在谋事创业做人开展研讨,聚焦不严不实问题,认真查、仔细找,立行立改。"三严三实"专题教育针对性强,是思想、作风、党性上的又一次集中"补钙"和"加油",使全面从严治党的氛围更浓厚了、领导干部的标杆作用更明显了。①

习近平指出,党的十八大以后,我们在全党开展以为民务实清廉

---

① 《习近平在中共中央政治局第二十六次集体学习时强调:时时铭记事事坚持处处上心以严和实的精神做好各项工作》,《人民日报》2015年9月13日。

为主要内容的党的群众路线教育实践活动,紧接着我们又开展"三严三实"专题教育。我们党是执政党,党的先进性和纯洁性、党的形象和威望不仅直接关系党的命运,而且直接关系国家的命运、人民的命运、民族的命运。历史使命越光荣,奋斗目标越宏伟,执政环境越复杂,我们就越要从严治党,使党永远保持同人民群众的血肉联系,永远立于不败之地。我们要实现"两个一百年"奋斗目标,协调推进"四个全面"战略布局,必须建设一支德才兼备的高素质干部队伍。①

习近平强调,践行"三严三实",要立根固本,挺起精神脊梁;要落细落小,注重细节小事;要修枝剪叶,自觉改造提高;要从谏如流,自觉接受监督。我们共产党人的根本,就是对马克思主义的信仰,对共产主义和社会主义的信念,对党和人民的忠诚。立根固本,就是要坚定这份信仰、坚定这份信念、坚定这份忠诚,只有在立根固本上下足了功夫,才会有强大的免疫力和抵抗力。修身、用权、律己、谋事、创业、做人,贯穿领导干部工作生活方方面面,严和实是一件一件事情、一点一点修为积累起来的,必须落细落小,多积尺寸之功,经常防微杜渐。每个同志都有改造自己、提高自己的职责,打扫思想灰尘、祛除不良习气、纠正错误言行永无止境,永远都是进行时。领导干部践行"三严三实",靠自身努力,也靠党和人民监督。我们党有严密的组织性和纪律性,党的根本宗旨是全心全意为人民服务,接受组织和人民监督天经地义。要总结经验,健全体制机制,使各种监督更加规范、更加有力、更加有效。②

习近平指出,所有党员、干部都要按照"三严三实"要求鞭策自己。在引领社会风尚上,各级领导干部要当好旗帜和标杆,全体党员要发

---

① 《习近平在中共中央政治局第二十六次集体学习时强调:时时铭记事事坚持处处上心以严和实的精神做好各项工作》,《人民日报》2015年9月13日。
② 《习近平在中共中央政治局第二十六次集体学习时强调:时时铭记事事坚持处处上心以严和实的精神做好各项工作》,《人民日报》2015年9月13日。

挥先锋模范作用。中国人历来崇尚气节、崇尚严谨、崇尚务实,讲良知、守信用,严和实是中华民族传统美德的基本内容,是传承民族品性、倡导社会新风、培育和践行社会主义核心价值观的重要内容。要根据不同人群的特点、通过形式多样的活动,在全社会弘扬严和实的精神。[①]

习近平强调,下一步,"三严三实"专题教育要从多方面继续努力。党委(党组)要强化主体责任,党委(党组)书记要敢抓敢管,在以身作则上见表现,在遵规守矩上见行动,在整改落实上见实效。要坚持以正反典型为镜子,实行组织力量、班子力量、个人力量、群众力量相结合,在查找和解决不严不实突出问题上下功夫。要开好专题民主生活会和组织生活会,联系班子和个人实际深入查摆问题,严肃认真开展批评和自我批评。在此基础上进一步立规执纪,推动领导干部践行"三严三实"制度化、常态化、长效化。要把专题教育同推进改革发展稳定工作紧密结合起来,努力营造积极向上、干事创业、风清气正的良好政治生态,激励领导干部积极应对和引领经济发展新常态,积极应对工作中存在的突出矛盾和问题,积极应对各种风险和隐患,扎扎实实把党和国家各项工作落到实处。

2015年10月,中共中央组织部印发《关于深化县级"三严三实"专题教育　着力解决基层干部不作为乱作为等损害群众利益问题的通知》(以下简称《通知》),要求认真贯彻落实习近平总书记重要批示精神,在县级"三严三实"专题教育中,着力解决基层干部不作为、乱作为等损害群众利益问题。该《通知》要求,要全面排查存在的突出问题。县级党委要高度重视、精心组织,将基层干部不作为、乱作为等损害群众利益问题摸排清楚。着力搞好"四个排查":排查不作为的问

[①] 《习近平在中共中央政治局第二十六次集体学习时强调:时时铭记事事坚持处处上心 以严和实的精神做好各项工作》,《人民日报》2015年9月13日。

题,重点是对群众办事态度冷漠、对上级布置的任务敷衍应付、工作不在状态、不敢担当等;排查乱作为的问题,重点是不讲规矩不按程序办事、不善于听取群众意见决策、乱收费乱罚款乱摊派、办事不公、强占强拆等;排查贪腐谋私的问题,重点是贪占挪用挥霍集体财物、套取骗取国家补贴补助款、截留克扣冒领惠民资金、滥用权力中饱私囊等;排查执法不公的问题,重点是暴力执法、选择性执法、随意性执法、办"关系案""人情案""金钱案"等。要在组织县直部门和乡镇(街道)、村(社区)开展自查的基础上,抽调专门力量,逐乡逐村逐单位摸底排查,尤其是群众来信来访反映的问题要一一调查核实。要分门别类列出问题清单,到事到单位到人头。该《通知》明确,要集中开展一次专项整治。2015年10月至12月,在县级"三严三实"专题教育中,对基层干部不作为、乱作为等损害群众利益问题开展一次专项整治。要逐项认真整治,针对排查出的问题,一项一项明确责任主体、整治措施和进度安排,实行销号管理,确保整治工作具体落地。要上下联动整治,特别是对那些发生在基层、根子在上面的问题,要自上而下分解任务、明确责任,建立党委统一领导、相关部门参与的联动机制。要公开透明整治,通过新闻媒体、公告公示等形式,及时公开整治项目、进度和结果,让群众知情,接受群众监督。要强化正风肃纪,对基层干部不作为、乱作为等损害群众利益问题"零容忍",发现一起、查处一起、曝光一起。坚持教育和惩戒并重,对情节较轻、影响较小、不构成违纪违法的,要批评教育、诫勉谈话,限期改正;对违反纪律规定的,要依纪依规严肃处理、坚决纠正;对那些顶风违纪、贪腐谋私、徇私枉法的,要坚决查处。

2015年12月28日至29日,中共中央政治局召开专题民主生活会,对照检查践行"三严三实"情况,讨论研究加强党风廉政建设措施。中共中央总书记习近平主持会议并发表重要讲话。

会议对"三严三实"专题教育给予肯定,认为这次专题教育聚焦

"三严三实",突出问题导向,对县处级以上领导干部在思想、作风、党性上进行了又一次集中"补钙"和"加油"。特别是绷紧了政治纪律和政治规矩这根弦,使深化党风廉政建设有了更加明确的方向。会议要求,要一鼓作气、敬终如始抓好专题教育靠后阶段的工作,推动领导干部践行"三严三实"常态化、长效化。会议强调,中央政治局担负着把握中国特色社会主义事业航船方向、统筹协调党和国家重大决策部署、组织应对国内外重大矛盾风险的重要职责,要成为"三严三实"的表率。中央政治局的同志一言一行、一举一动都不只是个人的事,而是党和国家的事、人民的事、全局的事,必须模范遵守党章,在"三严三实"上有更高标准,努力成为高水平的马克思主义政治家。

习近平在讲话中肯定了中央政治局带头践行"三严三实"取得的成效,对中央政治局各位同志的对照检查发言进行了总结。他指出,中央政治局召开专题民主生活会,要动真格开展批评和自我批评,群策群力改进中央政治局的工作。这次专题民主生活会开得很好,大家讲认识、谈体会、摆问题、查不足、出主意、说措施,启发了思考和感悟,触动了思想和灵魂,很多意见建议对进一步做好中央政治局的工作很有帮助。习近平就中央政治局当好"三严三实"表率提出4点要求。

第一,自觉把"三严三实"要求体现到坚持坚定正确的政治方向上。在中央政治局的位置上工作,必须坚持坚定正确的政治方向,有坚定的马克思主义信仰、坚定的社会主义和共产主义信念,并为这种理想信念矢志不渝奋斗,无论遇到什么困难和挫折都不动摇或背离理想信念;必须有全心全意为人民服务的公仆情怀,心中时刻装着国家和人民,自觉为党的事业和人民幸福鞠躬尽瘁、死而后已;必须有较高的思想理论水平和领导艺术,坚持真理,开阔视野,熟悉国情,了解世界,模范执行民主集中制,善于驾驭和处理各种复杂矛盾,善于从政治上观察、分析、解决问题,善于组织带领人民群众一道前进;必须对党忠诚,知行合一,言行一致,表里如一,政治品质优秀,道德情操高尚,脱离一切低级趣味,时时处处以榜样力量感召干部群众。这些要求的核心,是做政治上的明白人,政治能力要强,思想定力、战略定力、道德定力要特别过硬,经得起大风大浪考验。政治上的坚定源于理论上的清醒。要自觉加强理论学习,掌握马克思主义立场、观点、方法,同时要用各种科学知识把自己更好武装起来,增强政治敏锐性和政治鉴别力。

第二,自觉把"三严三实"要求体现到落实党中央重大决策部署上。中央政治局的同志必须有很强的看齐意识,经常、主动向党中央看齐,向党的理论和路线方针政策看齐。制定各方面决策部署,首先要有正确大局观,站在党和国家大局上想问题、看问题,特别要把所分管方面的工作同党中央重大决策部署衔接起来、统一起来。无论综合性决策还是专项性决策,都要找准在全局中的合理定位,做到科学决策、民主决策、依法决策,在把握客观规律的基础上确定工作目标和举措。要统筹谋划、通盘考虑各方面因素,兼顾各方面利益,协调各方面关系,明确轻重缓急,使各方面资源发挥最大效用。要有很强的责任意识,敢于负责、敢作敢为,党中央定下来的事情就一定抓好,使各项工作既为一域争光、又为全局添彩。

第三,自觉把"三严三实"要求体现到对分管方面的管理上。中央政治局的同志践行"三严三实",既要以身作则,又要注重管理引导。要把抓工作同抓管理在各个环节结合起来,善于在工作中总结管理经验、发现管理漏洞、指导完善管理措施。要有很强的带队伍意识,既管事又管思想管作风,特别要明确要求和督促所管方面坚决贯彻执行党的路线方针政策和党中央重大决策部署,同党中央保持一致;明确要求和督促所管方面正确履行职能,提高工作质量和工作效率;明确要求和督促所管方面按干部制度和干部条件选人用人,使各方面干部和人才各得其所,优秀干部能脱颖而出、健康成长;明确要求和督促所管方面落实全面从严治党要求,严格执行党的建设各项制度和规定,营造良好政治生态。发现不严不实问题,都要严肃指出,敢于板起脸来批评,并督促改正。

第四,自觉把"三严三实"要求体现到严格要求自己上。中央政治局的同志不能有权力上、地位上的优越感。无论公事私事,都要坚持党性原则,都要加强自我约束,鼓励和欢迎下级和身边工作人员监督,不折不扣执行党的纪律和规矩。对亲属子女和身边工作人员,要严格教育、严格管理、严格监督,发现问题及时提醒、坚决纠正。[①]

实践说明:一个党员的党性,不是随着党龄增长和职务提升而自然提高的,不加强修养和锤炼,党性不仅不会提高,反而会降低,甚至可能完全丧失。要深刻汲取教训,在践行"三严三实"上定位准、标杆高、行之笃,以实际行动不辜负人民重托。

(三)"两学一做"学习教育

"两学一做"学习教育,指的是"学党章党规、学系列讲话,做合格党员"学习教育。2016年2月,中共中央办公厅印发了《关于在全体党员中开展"学党章党规、学系列讲话,做合格党员"学习教育方案》,并发出通知,要求各地区各部门认真贯彻执行。开展"两学一做"学习教育,是面向全体党员深化党内教育的重要实践,是推动党内教育从"关键少数"向广大党员拓展、从集中性教育向经常性教育延伸的重要举措。该方案主要包括总体要求、学习教育内容、主要措施和组织领导等内容。

1. 总体要求。

开展"两学一做"学习教育,是落实党章关于加强党员教育管理要求、面向全体党员深化党内教育的重要实践,是推动党内教育从"关键

[①] 《中共中央政治局召开专题民主生活会 对照检查践行"三严三实"情况 讨论研究加强党风廉政建设措施》,《人民日报》2015年12月30日。

少数"向广大党员拓展、从集中性教育向经常性教育延伸的重要举措,是加强党的思想政治建设的重要部署。"两学一做"学习教育不是一次活动,要突出正常教育,区分层次,有针对性地解决问题,用心用力,抓细抓实,真正把党的思想政治建设抓在日常、严在经常。

开展"两学一做"学习教育,基础在学,关键在做。要把党的思想建设放在首位,以尊崇党章、遵守党规为基本要求,以用习近平总书记系列重要讲话精神武装全党为根本任务,教育引导党员自觉按照党员标准规范言行,进一步坚定理想信念,提高党性觉悟;进一步增强政治意识、大局意识、核心意识、看齐意识,坚定正确政治方向;进一步树立清风正气,严守政治纪律政治规矩;进一步强化宗旨观念,勇于担当作为,在生产、工作、学习和社会生活中起先锋模范作用,为党在思想上政治上行动上的团结统一夯实基础,为协调推进"四个全面"战略布局、贯彻落实五大发展理念提供坚强组织保证。

开展"两学一做"学习教育,要增强针对性,"学"要带着问题学,"做"要针对问题改。着力解决一些党员理想信念模糊动摇的问题,主要是对共产主义缺乏信仰,对中国特色社会主义缺乏信心,精神空虚,推崇西方价值观念,热衷于组织、参加封建迷信活动等;着力解决一些党员党的意识淡化的问题,主要是看齐意识不强,不守政治纪律政治规矩,在党不言党、不爱党、不护党、不为党,组织纪律散漫,不按规定参加党的组织生活,不按时交纳党费,不完成党组织分配的任务,不按党的组织原则办事等;着力解决一些党员宗旨观念淡薄的问题,主要是利己主义严重,漠视群众疾苦、与民争利、执法不公、吃拿卡要、假公济私、损害群众利益,在人民群众生命财产安全受到威胁时临危退缩等;着力解决一些党员精神不振的问题,主要是工作消极懈怠,不作为、不会为、不善为,逃避责任,不起先锋模范作用等;着力解决一些党员道德行为不端的问题,主要是违反社会公德、职业道德、家庭美德,不注意个人品德,贪图享受、奢侈浪费等。要持之以恒纠正"四风",抓好不严不实突出问题整改,推动党的作风不断好转。

开展"两学一做"学习教育,要坚持正面教育为主,用科学理论武装头脑;坚持学用结合,知行合一;坚持问题导向,注重实效;坚持领导带头,以上率下;坚持从实际出发,分类指导。要以党支部为基本单位,以"三会一课"等党的组织生活为基本形式,以落实党员教育管理制度为基本依托,针对领导机关、领导班子和党员干部、普通党员的不同情况作出安排。要给基层党组织结合实际开展学习教育留出空间,发挥党支部自我净化、自我提高的主动性,防止大而化之,力戒形式主义。

2. 学习教育内容。

一是学党章党规。着眼明确基本标准、树立行为规范,逐条逐句通读党章,全面理解党的纲领,牢记入党誓词,牢记党的宗旨,牢记党员义务和权利,引导党员尊崇党章、遵守党章、维护党章,坚定理想信念,对党绝对忠诚。认真学习《中国共产党廉洁自律准则》《中国共产党纪律处分条例》等党内法规,学习党的历史,学习革命先辈和先进典型,从违纪违法案件中汲取教训,肃清恶劣影响,发挥正面典型的激励作用和反面典型的警示作用,引导党员牢记党规党纪,牢记党的优良传统和作风,树立崇高道德追求,养成纪律自觉,守住为人、做事的基准和底线。

二是学系列讲话。着眼加强理论武装、统一思想行动,认真学习习近平总书记关于改革发展稳定、内政外交国防、治党治国治军的重要思想,认真学习以习近平同志为核心的党中央治国理政新理念新思想新战略,引导党员深入领会系列重要讲话的丰富内涵和核心要义,深入领会贯穿其中的马克思主义立场观点方法。学习习近平总书记系列重要讲话精神要同学习马克思列宁主义、毛泽东思想、邓小平理论、"三个代表"重要思想、科学发展观结合起来,深刻理解党的科学理论既一脉相承又与时俱进的内在联系,坚定中国特色社会主义道路自信、理论自信、制度自信。要区别普通党员和党员领导干部,确定学习的重点内容。

三是做合格党员。着眼党和国家事业的新发展对党员的新要求,坚持以知促行,做讲政治、有信念、讲规矩、有纪律、讲道德、有品行、讲奉献、有作为的合格党员。引导党员强化政治意识,保持政治本色,把理想信念时时处处体现为行动的力量;坚定自觉地在思想上政治上行动上同以习近平同志为核心的党中央保持高度一致,经常主动向党中央看齐,向党的理论和路线方针政策看齐,做政治上的明白人;践行党的宗旨,保持公仆情怀,牢记共产党员永远是劳动人民的普通一员,密切联系群众,全心全意为人民服务;加强党性锻炼和道德修养,心存敬畏、手握戒尺,廉洁从政、从严治家,筑牢拒腐防变的防线;始终保持干事创业、开拓进取的精气神,平常时候看得出来,关键时刻冲得上去,在"十三五"规划开局起步、决胜全面建成小康社会、实现第一个百年奋斗目标中奋发有为、建功立业。

3. 主要措施。

一是围绕专题学习讨论。把个人自学与集中学习结合起来,明确自学要求,引导党员搞好自学。按照"三会一课"制度,党小组要定期组织党员集中学习;不设党小组的,以党支部为单位集中学习。党支部每季度召开一次全体党员会议,每次围绕一个专题组织讨论。学习讨论要紧密结合现实,联系个人思想工作生活实际,看自己在新任务新考验面前,能否坚守共产党人信仰信念宗旨,能否正确处理公与私、义与利、个人与组织、个人与群众的关系,能否努力追求高尚道德、带头践行社会主义核心价值观、保持积极健康生活方式,能否自觉做到党规党纪面前知敬畏守规矩,能否保持良好精神状态、积极为党的事业担当作为。通过学习讨论,真正提高认识,找到差距,明确努力方向。

二是创新方式讲党课。讲党课一般在党支部范围内进行。党支部要结合专题学习讨论,对党课内容、时间和方式等作出安排。党员领导干部要在所在党支部讲党课,到农村、社区、企业、学校等基层单位党支部讲党课。组织党校教师、讲师团成员、先进模范到基层一线党支部讲党课。要鼓励和指导基层党组织书记、普通党员联系实际讲党课。注重运用身边事例、现身说法,强化互动交流、答疑释惑,增强党课的吸引力和感染力。"七一"前后,党支部要结合开展纪念建党95周年活动,集中安排一次党课。

三是召开党支部专题组织生活会。年底前,党支部召开专题组织生活会。支部班子及其成员对照职能职责,进行党性分析,查摆在思想、组织、作风、纪律等方面存在的问题。要面向党员和群众广泛征求意见,严肃认真开展批评和自我批评,针对突出问题和薄弱环节提出整改措施。组织全体党员对支部班子的工作、作风等进行评议。党小组可参照党支部要求,召开专题组织生活会。

四是开展民主评议党员。以党支部为单位召开全体党员会议,组织党员开展民主评议。对照党员标准,按照个人自评、党员互评、民主测评、组织评定的程序,对党员进行评议。党员人数较多的党支部,个人自评和党员互评可分党小组进行。结合民主评议,支部班子成员要与每名党员谈心谈话。党支部综合民主评议情况和党员日常表现,确定评议等次,对优秀党员予以表扬;对有不合格表现的党员,按照党章和党内有关规定,区别不同情况,稳妥慎重给予组织处置。

五是立足岗位作贡献。针对不同群体党员实际情况,提出党员发挥作用的具体要求,教育引导党员在任何岗位、任何地方、任何时候、任何情况下都铭记党员身份,积极为党工作。结合不同领域不同行业实际,组织引导党员立足岗位、履职尽责。在农村、社区,重点落实党员设岗定责和承诺践诺制度;在国有企业和非公有制企业、社会组织,重点落实党员示范岗和党员责任区制度;在窗口单位和服务行业,重点落实党员挂牌上岗、亮明身份制度;在机关事业单位,促进党员模范履行岗位职责,落实党员到社区报到、直接联系服务群众制度;在学校,重点要求党员增强党的意识,自觉爱党护党为党,敬业修德,奉献社会。在纪念建党95周年活动中,评选表彰优秀共产党员、优秀党务工作者、先进基层党组织。

六是领导机关领导干部作表率。党员领导干部要在"两学一做"学习教育中走在前面、深学一层,严格执行双重组织生活制度,以普通党员身份参加所在支部的组织生活,与党员一起学习讨论、一起查摆解决问题、一起接受教育、一起参加党员民主评议。要召开党委(党组)会,专题学习党章党规和习近平总书记系列重要讲话精神;要以党委(党组)中心组等形式组织集中研讨,深化学习效果。年度民主生活会要以"两学一做"为主题,领导班子和领导干部把自己摆进去,查找存在的问题。

4. 组织领导。

"两学一做"学习教育在中央政治局常委会领导下进行,由中央组织部牵头组织实施,中央纪委机关、中央宣传部、中央党校配合做好相关工作。

一是层层落实责任。各级党委(党组)要把开展"两学一做"学习教育作为一项重大政治任务,尽好责、抓到位、见实效。省(自治区、直辖市)和部门(系统)党委(党组)要结合实际作出部署安排,加强具体指导。县级党委要发挥关键作用,制定具体实施方案,保障工作力量,加强督促指导把关。基层党委要对所辖党支部进行全覆盖、全过程的现场指导,帮助党支部制订学习教育计划,派员参加党支部各项活动。各级党组织书记要承担起主体责任,不仅要管好干部、带好班子,还要管好党员、带好队伍,层层传导压力,从严从实抓好学习教育。

二是强化组织保障。加大整顿软弱涣散基层党组织工作力度,配齐配强班子特别是带头人,健全工作制度,确保"两学一做"学习教育有人抓、有人管。开展党员组织关系集中排查,摸清"口袋"党员、长期与党组织失去联系党员情况,理顺党员组织关系,努力使每名党员都纳入党组织有效管理,参加学习教育。要对基层党组织书记、组织委员、组织员等党务骨干普遍进行培训,帮助他们掌握工作方法,明确工作要求。

三是注重分类指导。县(市、区)党委和企业、学校等基层党委要根据不同领域、不同行业、不同单位特点,对学习教育的内容安排、组织方式等提出具体要求。对非公有制企业和社会组织,可因企制宜、因岗制宜,灵活安排;对党员人数少、党员流动性强的党组织,可依托区域化党员服务中心,利用开放式组织生活等方式,组织党员参加学习教育。对流动党员,流入地、流出地党组织要加强协调配合,按照流入地为主的原则,把流动党员编入一个支部,就近就便参加学习教育。对离退休干部职工党员及年老体弱党员,既要体现从严要求,又要考虑实际情况,以适当方式组织他们参加学习教育。

四是发挥媒体作用。针对党员多样化学习需求,充分利用共产党员网、手机报、电视栏目、微信易信和远程教育平台等,开发制作形象直观、丰富多样的学习资源,及时推送学习内容。引导党员利用网络自主学习、互动交流,扩大学习教育覆盖面。注重运用各类媒体,宣传"两学一做"学习教育的做法和成效,加强舆论引导,营造良好氛围。

2017年3月,中共中央办公厅印发了《关于推进"两学一做"学习教育常态化制度化的意见》,并发出通知,要求各地区各部门认真贯彻落实。

(1)明确基本目标要求。

推进"两学一做"学习教育常态化制度化,必须紧密联系本地区本部门本单位实际,把思想教育作为首要任务,坚持用党章党规规范党组织和党员行为,用习近平总书记系列重要讲话精神武装头脑、指导实践、推动工作,坚持学思践悟、知行合一,坚持全覆盖、常态化、重创新、求实效,不断增强党组织和党员政治意识、大局意识、核心意识、看齐意识,不断增强党内政治生活的政治性、时代性、原则性、战斗性,不断增强党自我净化、自我完善、自我革新、自我提高能力,确保党的组织充分履行职能、发挥核心作用,确保党员领导干部忠诚干净担当、发挥表率作用,确保广大党员党性坚强、发挥先锋模范作用,为统筹推进"五位一体"总体布局和协调推进"四个全面"战略布局提供坚强组织保证。

坚持融入日常、抓在经常。各级党委(党组)要以理论学习中心组学习、民主生活会等制度为主要抓手,组织党员领导干部定期开展集体学习;基层党组织要以"三会一课"为基本制度,以党支部为基本单位,把"两学一做"作为党员教育的基本内容,长期坚持、形成常态。突出问题导向,建立完善及时发现和解决问题的有效机制,推动各级党组织和党员依靠自身力量修正错误、改进提高;注重以上率下,严格和规范双重组织生活制度,充分发挥领导机关、领导干部带头示范作用,防止"灯下黑";强化分类指导,针对不同层级不同领域不同行业明确工作要求,体现具体化、精准化、差异化;激发基层活力,充分调动党支部积极性、主动性、创造性,探索创新党内教育和组织生活的有效方法;选树先进典型,宣传践行"两学一做"优秀党员先进事迹,树立时代楷模,引导党员、干部见贤思齐;坚持常抓不懈,防止和克服紧一阵松一阵、表面化形式化、学习教育与思想工作实际"两张皮"等不良倾向。

(2)精心安排学习内容。

各级党组织要切实执行《关于在全体党员中开展"学党章党规、学系列讲话,做合格党员"学习教育方案》等规定要求。各级党委(党组)和基层党组织要按年度作出学习安排,党员领导干部要根据自身实际制订个人自学计划,每年完成规定的学习任务。

坚持读原著、学原文、悟原理,联系实际学、带着问题学、不断跟进学,领会掌握基本精神、基本内容、基本要求,做到学而信、学而思、学而行。学习党章党规,要深刻认识党章是管党治党的总规矩总遵循,践行党内政治生活准则、党内监督条例和廉洁自律准则等党内法规要求。学习习近平总书记系列重要讲话精神,要深刻认识讲话的重大理论意义和实践意义,深刻理解讲话的时代背景、鲜明主题、科学体系,准确把握蕴含其中的治国理政新理念新思想新战略,领会掌握贯穿其中的马克思主义立场观点方法。要把学习习近平总书记系列重要讲话精神同学习马克思列宁主义、毛泽东思想、邓小平理论、"三个代表"重要思想、科学发展观紧密结合起来。党员领导干部在学习上要有更高标准、更高要求。

(3)引导党员做到"四个合格"。

各级党组织要教育引导广大党员按照"四讲四有"标准,做到政治合格、执行纪律合格、品德合格、发挥作用合格。在政治合格方面,重点是坚定理想信念,正确把握政治方向,坚定站稳政治立场,坚决维护以习近平同志为核心的党中央权威,不断增强中国特色社会主义道路自信、理论自信、制度自信、文化自信。在执行纪律合格方面,重点是增强组织纪律性,执行党的决定,服从组织分配,严守党的纪律特别是政治纪律和政治规矩。在品德合格方面,重点是继承发扬党的优良传统和作风,大力弘扬忠诚老实、光明坦荡、公道正派、实事求是、艰苦奋斗、清正廉洁等共产党人价值观,带头践行社会主义核心价值观。在发挥作用合格方面,重点是牢记党的根本宗旨,爱岗敬业、履职尽责,服务群众、奉献社会,敢担当、敢负责、敢作为,在促进改革发展稳定中作表率、当先锋。

(4)联系思想工作实际经常查找解决问题。

各级党组织和广大党员要坚持学做结合,突出针对性,敢于直面问题,勇于自我革命,把查找解决问题作为"两学一做"学习教育的规定要求。党员要对照党章党规,对照系列讲话,对照先进典型,把自己摆进去,经常自省修身,打扫思想灰尘、进行"党性体检",有什么问题解决什么问题,什么问题突出重点解决什么问题;要查找分析理想信念是否坚定、对党是否忠诚老实、大是大非面前是否旗帜鲜明、是否做到始终在思想上政治上行动上同以习近平同志为核心的党中央保持高度一致,着力解决党的意识不强、组织观念不强、发挥作用不够等问题。各级党委(党组)要查找分析是否落实全面从严治党主体责任,是否坚决执行党的理论和路线方针政策,是否认真坚持民主集中制,着力解决党的领导弱化、党的建设缺失、管党治党宽松软等问题。党支部要查找分析组织生活是否经常、认真、严肃,党员教育管理监督是否严格、规范,团结教育服务群众是否有力、到位,着力解决政治功能不强、组织软弱涣散、从严治党缺位等问题。

要把党的组织生活作为查找和解决问题的重要途径,注意听取群众的意见和反映,抓早抓小、防微杜渐。民主生活会和组织生活会要严肃认真开展批评和自我批评,坚持"团结—批评—团结",严于自我解剖,热忱帮助同志。谈心谈话要经常,坦诚相见、交流思想,发现问题及时提醒。各级党委(党组)要把本地区本部门本单位严重违纪违法干部忏悔录作为反面教材,认真开展警示教育。主要负责同志要在民主生活会上通报班子成员受到谈话函询情况;被谈话函询的党员领导干部,存在错误的应当作出深刻检查,受到提醒的应当作出整改表态,没有问题的说明谈话函询情况即可。民主评议党员要客观公正评价党员表现,帮助引导党员自觉认识问题、自我改进提高,严格稳慎处置不合格党员。

(5)坚持领导机关、领导干部率先垂范。

各级党委(党组)要把学党章党规、学系列讲话作为理论学习中心组学习的主要内容,确定主题,加强研讨式、互动式、调研式学习,发挥引领示范作用。党员领导干部特别是省部级领导干部要把"两学一做"作为锤炼党性的基本功、必修课,加强政治能力训练,加强政治历练,自觉把讲政治贯穿于日常工作生活全过程、贯穿于党性锻炼全过程,时刻牢记自己第一身份是党员,无论职务高低,都要以普通党员身份参加党的组织生活。要带头学习,认真学习党章党规,知敬畏、存戒惧、守底线;学深悟透习近平总书记系列重要讲话精神,不断增强"四个意识",始终坚定理想信念、坚定"四个自信",真正做到思想认同、政治看齐、行动紧跟。要带头做合格党员、合格领导干部,时刻检视存在的差距和不足,自觉同特权思想和特权现象作斗争,不断改造自己,提高思想政治觉悟。要践行"三严三实"要求,履职尽责、奋发有为,敢于担当、建功立业,重实干、务实功、办实事、求实效,努力创造经得起实践、人民、历史检验的实绩。要严格执行中央八项规定精神,密切联系群众,切实改进作风,严格要求自己和身边工作人员,注重家庭、家教、家风,保持清正廉洁的政治本色。

(6)把"两学一做"学习教育纳入党支部"三会一课"等基本制度。

党支部是党最基本的组织,是党全部工作和战斗力的基础。要树立党的一切工作到支部的鲜明导向,注重把思想政治工作落到支部,把从严教育管理党员落到支部,把群众工作落到支部。各领域各行业党支部要充分发挥教育管理党员的主体作用,运用"三会一课"等制度抓好"两学一做"学习教育,真正成为教育党员的学校、团结群众的核心、攻坚克难的堡垒。

党支部要组织党员按期参加党员大会、党小组会和上党课,定期召开支部委员会会议。坚持党员领导干部讲党课制度,各级党委(党组)书记每年至少为基层党员讲一次党课,党课内容要贴近党员、贴近实际,不搞照本宣科。"三会一课"要突出政治学习和教育,突出党性锻炼,坚决防止表面化、形式化、娱乐化、庸俗化。要以学习党章党规、学习习近平总书记系列重要讲话精神为主要内容,针对党员思想工作实际,确定"三会一课"的主题和具体方式,做到形式多样、氛围庄重。推广党支部主题党日,组织党员在主题党日开展"三会一课"、交纳党费、参加服务群众等活动。利用红色教育基地等开展开放式组织生活。党支部要制订年度"三会一课"计划并报上级党组织备案,如实记录"三会一课"开展情况,对没有正当理由长期不参加"三会一课"的党员,要进行批评教育,促其改正。上级党组织要对党支部执行"三会一课"情况进行指导检查,对不经常、不认真、不严肃的,要批评指正;情况严重的,要采取整顿等措施,进行组织处理。

要把党支部建设作为最重要的基本建设。在各类基层单位中合理设置党支部,不断扩大党的组织和工作覆盖。指导党支部健全各项工作制度,按期进行换届,选好配强党支部班子,把优秀党员选拔到支部书记岗位。加强对党支部书记的培训,帮助其提高党务工作能力。建立党支部工作经常性督查指导机制,持续整顿软弱涣散党支部,为党支部开展工作和活动提供必要保障。

(7)层层推动工作落实。

各级党组织要把推进"两学一做"学习教育常态化制度化作为全面从严治党的战略性、基础性工程,高度重视,精心组织,抓常抓细抓长。党委(党组)要切实履行主体责任,每年要专门研究部署,一级抓一级,层层抓落实。组织部门要作出具体工作安排,加强督促指导。要发挥"两学一做"学习教育常态化制度化的带动效应,加强基层党建工作薄弱环节,每年梳理分析工作短板,研究确定若干重点任务,集中力量攻坚克难。

把组织开展"两学一做"学习教育情况纳入各级党组织党建工作考核的重要内容,每年结合总结、述职进行检查和评估,作为评判党组织和党组织书记履行管党治党责任情况的重要依据,注重从党支部工作成效和党员作用发挥上看效果、让党员群众作评价。要及时总结交流新鲜经验,发现和解决存在问题。对工作落实不力、搞形式走过场的,要严肃批评、追责问责。

2017年4月,中共中央总书记、国家主席、中央军委主席习近平作出重要指示,强调在全党开展"两学一做"学习教育,取得了显著成效。实践证明,"两学一做"学习教育是推进思想建党、组织建党、制度治党的有力抓手,是全面从严治党的基础性工程,要坚持不懈抓下去。要把思想政治建设摆在首位,坚持用党章党规规范党员、干部言行,用党的创新理论武装全党,引导全体党员做合格党员。要抓住"关键少数",抓实基层支部,坚持问题导向,发挥先进典型示范作用。要落实各级党委(党组)主体责任,落实好"两学一做"学习教育常态化制度化各项举措,保证党的组织履行职能、发挥核心作用,保证领导干部忠诚干净担当、发挥表率作用,保证广大党员以身作则、发挥先锋模范作用,为统筹推进"五位一体"总体布局和协调推进"四个全面"战略布局提供坚强组织保证。①

(四)"不忘初心、牢记使命"主题教育②

"不忘初心、牢记使命"主题教育是用习近平新时代中国特色社会主义思想武装全党、推进新时代党的建设和保持党同人民群众血肉联系的迫切需要,是党中央统揽伟大斗争、伟大工程、伟大事业、伟大梦想作出的重大部署,对统筹推进"五位一体"总体布局、协调推进"四个全面"战略布局,决胜全面建成小康社会、夺取新时代中国特色社会主义伟大胜利、实现中华民族伟大复兴的中国梦,具有重大而深远的意义。

1.目标要求。

党中央对"不忘初心、牢记使命"主题教育的总要求、目标任务、方法步骤作出了明确规定。

第一,总要求。"守初心、担使命,找差距、抓落实"是"不忘初心、牢记使命"主题教育的总要求。

---

① 《习近平对推进"两学一做"学习教育常态化制度化作出重要指示强调:抓住"关键少数" 抓实基层支部 保证广大党员以身作则发挥先锋模范作用》,《人民日报》2017年4月17日。
② 习近平:《在"不忘初心、牢记使命"主题教育工作会议上的讲话》,《求是》2019年第13期,第4—13页。

守初心，就是要牢记全心全意为人民服务的根本宗旨，以坚定的理想信念坚守初心，牢记人民对美好生活的向往就是我们的奋斗目标；以真挚的人民情怀滋养初心，时刻不忘我们党来自人民、根植人民，人民群众的支持和拥护是我们胜利前进的不竭力量源泉；以牢固的公仆意识践行初心，永远铭记人民是共产党人的衣食父母，共产党人是人民的勤务员，永远不能脱离群众、轻视群众、漠视群众疾苦。

担使命，就是要牢记我们党肩负的实现中华民族伟大复兴的历史使命，勇于担当负责，积极主动作为，用科学的理念、长远的眼光、务实的作风谋划事业；保持斗争精神，敢于直面风险挑战，知重负重、攻坚克难，以坚忍不拔的意志和无私无畏的勇气战胜前进道路上的一切艰难险阻；在实践历练中增长经验智慧，在经风雨、见世面中壮筋骨、长才干。

找差距，就是要对照习近平新时代中国特色社会主义思想和党中央决策部署，对照党章党规，对照人民群众新期待，对照先进典型、身边榜样，坚持高标准、严要求，找一找在增强"四个意识"、坚定"四个自信"、做到"两个维护"方面存在哪些差距，找一找在知敬畏、存戒惧、守底线方面存在哪些差距，找一找在群众观点、群众立场、群众感情、服务群众方面存在哪些差距，找一找在思想觉悟、能力素质、道德修养、作风形象方面存在哪些差距，有的放矢进行整改。

抓落实，就是要把习近平新时代中国特色社会主义思想转化为推进改革发展稳定和党的建设各项工作的实际行动，把初心使命变成党员干部锐意进取、开拓创新的精气神和埋头苦干、真抓实干的自觉行动，力戒形式主义、官僚主义，推动党的路线方针政策落地生根，推动解决人民群众反映强烈的突出问题，不断增强人民群众获得感、幸福感、安全感。

"守初心、担使命，找差距、抓落实"是一个相互联系的整体，要全面把握，贯穿主题教育全过程。

第二,目标任务。"不忘初心、牢记使命"主题教育的根本任务是深入学习贯彻习近平新时代中国特色社会主义思想,锤炼忠诚干净担当的政治品格,团结带领全国各族人民为实现伟大梦想共同奋斗。具体目标是理论学习有收获、思想政治受洗礼、干事创业敢担当、为民服务解难题、清正廉洁作表率。

理论学习有收获,重点是教育引导广大党员干部在原有学习的基础上取得新进步,加深对习近平新时代中国特色社会主义思想和党中央大政方针的理解,学深悟透、融会贯通,增强贯彻落实的自觉性和坚定性,提高运用党的创新理论指导实践、推动工作的能力。

思想政治受洗礼,重点是教育引导广大党员干部坚定对马克思主义的信仰,对中国特色社会主义的信念,传承红色基因,增强"四个意识"、坚定"四个自信"、做到"两个维护",自觉在思想上政治上行动上同党中央保持高度一致,始终忠诚于党、忠诚于人民、忠诚于马克思主义。

干事创业敢担当,重点是教育引导广大党员干部以强烈的政治责任感和历史使命感,保持只争朝夕、奋发有为的奋斗姿态和越是艰险越向前的斗争精神,以钉钉子精神抓工作落实,坚决摒弃一切明哲保身、得过且过、敷衍塞责、懒政怠政等消极行为,努力创造经得起实践、人民、历史检验的实绩。

为民服务解难题,重点是教育引导广大党员干部坚守人民立场,树立以人民为中心的发展理念,增进同人民群众的感情,自觉同人民想在一起、干在一起,着力解决群众的操心事、烦心事,以为民谋利、为民尽责的实际成效取信于民。

清正廉洁作表率,重点是教育引导广大党员干部保持为民务实清廉的政治本色,正确处理公私、义利、是非、情法、亲清、俭奢、苦乐、得失的关系,自觉同特权思想和特权现象作斗争,坚决预防和反对腐败,清清白白为官、干干净净做事、老老实实做人。

第三,落实重点措施。"不忘初心、牢记使命"主题教育不划阶段、不分环节,不是降低标准,而是提出更高要求。各地区各部门各单位要结合实际,创造性开展工作,把学习教育、调查研究、检视问题、整改落实贯穿主题教育全过程,努力取得最好成效。

开展"不忘初心、牢记使命"主题教育,要强化理论武装,聚焦解决思想根子问题,组织党员干部读原著、学原文、悟原理,自觉对表对标,及时校准偏差。要采取理论学习中心组学习、举办读书班等形式,分专题进行研讨交流。要采取多种形式,深入开展革命传统教育、形势政策教育、先进典型教育和警示教育,增强学习教育针对性、实效性、感染力。要宣传那些秉持理想信念、保持崇高境界、坚守初心使命、敢于担当作为的先进典型,形成学习先进、争当先进的良好风尚。

要教育引导广大党员干部了解民情、掌握实情,搞清楚问题是什么、症结在哪里,拿出破解难题的实招、硬招。调查研究要注重实效,使调研的过程成为加深对党的创新理论领悟的过程,成为保持同人民群众血肉联系的过程,成为推动事业发展的过程。要防止为调研而调研,防止搞"出发一车子、开会一屋子、发言念稿子"式的调研,防止扎堆调研、"作秀式"调研。

要教育党员干部以刀刃向内的自我革命精神,广泛听取意见,认真检视反思,把问题找实、把根源挖深,明确努力方向和改进措施。检视问题要防止大而化之、隔靴搔痒、避重就轻、避实就虚;防止以上级指出的问题代替自身查找的问题、以班子问题代替个人问题、以他人问题代替自身问题、以工作业务问题代替思想政治问题、以旧问题代替新问题。针对查摆出来的问题,要对症下药,切实把问题解决好。

要把"改"字贯穿始终,立查立改、即知即改,能够当下改的,明确时限和要求,按期整改到位;一时解决不了的,要盯住不放,通过不断深化认识、增强自觉,明确阶段目标,持续整改。整改落实要防止虎头蛇尾、久拖不决,防止搞纸上整改、虚假整改,防止以简单问责基层干部代替整改责任落实,防止以整改为名,层层填表报数,增加基层负担。要把开展主题教育同树立正确用人导向结合起来,对领导班子和领导干部政治、思想、作风、履职能力等情况进行评估,及时提拔使用好干部,坚决调整处理对党不忠、从政不廉、为官不为的干部,形成优者上、庸者下、劣者汰的良好政治生态。

这次主题教育,开展专项整治是一个重要抓手,全过程都要抓紧抓实。除了党中央统一部署之外,各地区各部门各单位要有针对性地列出需要整治的突出问题,进行集中治理。专项整治情况要以适当方式向党员干部群众进行通报,对专项整治中发现的违纪违法问题,要严肃查处。

主题教育结束前,县处级以上领导班子要召开专题民主生活会,认真开展批评和自我批评。自我批评要见人见事见思想,相互批评要真点问题,达到红脸出汗、排毒治病的效果。要有闻过则喜、知过不讳的胸襟,听得进不同意见,容得下尖锐批评。

2.开展历程。

2017年10月,习近平总书记在党的十九大报告中强调指出:"以县处级以上领导干部为重点,在全党开展'不忘初心、牢记使命'主题教育"[①]。为了贯彻落实党的十九大关于在全党开展"不忘初心、牢记使命"主题教育的要求,中共中央政治局作出部署,要求从2019年6月开始开展此次主题教育,同时强调在全党自上而下分两批开展。2019年5月31日,在"不忘初心、牢记使命"主题教育工作会议上,习近平总书记要求:中央指导组要进行巡回指导,加强对各地区各部门各单位开展主题教育的督促指导。

第一批:2019年6月5日,"不忘初心、牢记使命"主题教育中央指

---

① 《决胜全面建成小康社会夺取新时代中国特色社会主义伟大胜利——在中国共产党第十九次全国代表大会上的报告》,人民出版社2017年版,第63页。

导组培训会议在北京召开。中共中央发出关于印发《习近平新时代中国特色社会主义思想学习纲要》的通知，要求将《习近平新时代中国特色社会主义思想学习纲要》作为广大干部群众深入学习领会习近平新时代中国特色社会主义思想的重要辅助读物，并紧密结合"不忘初心、牢记使命"主题教育，把《习近平新时代中国特色社会主义思想学习纲要》纳入学习计划，开展多形式、分层次、全覆盖的学习培训。6月24日，中共中央政治局就"牢记初心使命，推进自我革命"举行第十五次集体学习。6月至8月，中央"不忘初心、牢记使命"主题教育领导小组陆续印发《关于抓好第一批主题教育学习教育、调查研究、检视问题、整改落实工作的通知》《关于认真学习贯彻习近平总书记在中央和国家机关党的建设工作会议上重要讲话的通知》《关于在"不忘初心、牢记使命"主题教育中开展专项整治的通知》《关于在"不忘初心、牢记使命"主题教育中对照党章党规找差距的工作方案》《关于在"不忘初心、牢记使命"主题教育中认真学习党史、新中国史的通知》《关于第一批主题教育单位开好"不忘初心、牢记使命"专题民主生活会的通知》《关于做好第一批"不忘初心、牢记使命"主题教育评估工作的通知》《关于巩固深化第一批"不忘初心、牢记使命"主题教育成果的通知》。

第二批：2019年9月，中央"不忘初心、牢记使命"主题教育领导小组印发《关于开展第二批"不忘初心、牢记使命"主题教育的指导意见》。根据意见，第二批主题教育从2019年9月开始，到11月底基本结束。9月7日，"不忘初心、牢记使命"主题教育第一批总结暨第二批部署会议召开，对第二批主题教育进行动员部署。各地区各单位高度重视，迅速行动。河北、内蒙古、上海、江苏、安徽、山东、湖北、湖南、广西、重庆、贵州、甘肃、新疆等地的市、县机关及其直属单位和企事业单位，第一时间把思想和行动统一到党中央决策部署上来，以高度的政治责任感全面启动、高标准推进第二批主题教育。2019年10月，党的十九届四中全会建立不忘初心、牢记使命的制度,用制度化方式巩固和拓展了主题教育成果,开创了思想建党制度化的新局面。11月,中央"不忘初心、牢记使命"主题教育领导小组印发《关于第二批主题教育单位基层党组织召开专题组织生活会和开展民主评议党员的通知》,要求深入学习贯彻习近平新时代中国特色社会主义思想,认真检视问题,坚持实事求是,用好批评和自我批评锐利武器,保证高质量开好专题组织生活会。2020年1月8日,"不忘初心、牢记使命"主题教育总结大会在北京召开。习近平总书记出席会议并发表重要讲话。

3.加强领导。

成立中央主题教育领导小组及其办公室。"不忘初心、牢记使命"主题教育在中央政治局常委会领导下开展,成立中央主题教育领导小组及其办公室。领导小组成员单位要发挥职能作用,形成齐抓共管合力。各级党委(党组)要把主体责任扛起来,主要领导同志要担负起第一责任人责任。党委(党组)成员要认真履行"一岗双责",对分管领域加强指导督促。要发挥行业系统主管部门对本行业本系统的指导作用。领导机关和领导干部要先学一步、学深一点,先改起来、改实一点,同时要担负好领导指导责任,抓好所属单位党组织的主题教育。对开展主题教育消极对待、敷衍应付的,要严肃批评;对走形变样、问题严重的,要给予组织处理。

各级党委(党组)要加强督促指导。中央指导组要进行巡回指导,加强对各地区各部门各单位开展主题教育的督促指导。省区市党委和行业系统主管部门党组(党委)要派出巡回指导组。督导工作要分类指导,精准施策,防止一刀切、一锅煮。要尊重各地区各部门各单位党委(党组)主体作用,依靠党委(党组)开展工作,向党委(党组)及时反映督导情况,反馈存在问题。

宣传舆论要发挥引导作用。要积极宣传党中央决策部署,宣传主题教育的重大意义和实际成效。要宣传正面典型,宣传党员干部身边可信可学的先进人物，推广一批可复制可普及的好经验。要深刻剖析反面典型，以案例明法纪、促整改，发挥警示作用。

要坚持两手抓两促进，切实防止"两张皮"。各地区各部门各单位要坚持围绕中心、服务大局，把开展主题教育同完成改革发展稳定各项任务结合起来，同做好稳增长、促改革、调结构、惠民生、防风险、保稳定各项工作结合起来，同党中央部署正在做的事结合起来，使党员干部焕发出来的热情转化为攻坚克难、干事创业的实际成果。要力戒形式主义、官僚主义，教育引导党员干部树立正确政绩观，真抓实干、转变作风。主题教育本身要注重实际效果，解决实质问题。要以好的作风开展主题教育，对可能出现的各种形式主义，提前预判、有效防范、坚决克服。

4.取得成效。

习近平总书记在"不忘初心、牢记使命"主题教育总结大会上的讲话中强调，各级党组织有力推动，广大党员、干部积极投入，人民群众热情支持，整个主题教育特点鲜明、扎实紧凑，达到了预期目的，取得了重大成果。一是各级党组织和广大党员、干部深入学习实践习近平新时代中国特色社会主义思想，提高了知信行合一能力。二是各级党组织和广大党员、干部思想政治受到洗礼和锤炼，增强了守初心、担使命的思想自觉和行动自觉。三是各级党组织和广大党员、干部干事创业、担当作为的精气神得到提振，推动了改革发展稳定各项工作。四是各级党组织和广大党员、干部积极解决群众最急最忧最盼的问题，强化了宗旨意识和为民情怀。五是各级党组织和广大党员、干部深入进行清正廉洁教育，涵养了风清气正的政治生态。六是各级党组织和广大党员、干部重点抓突出问题专项整治，消除了一些可能动摇党的根基、阻碍党的事业的因素。

(五) 党史学习教育

学习历史是为了更好走向未来,开展党史学习教育是新时代思想建党的重要举措,是党中央立足党的百年历史新起点、统筹中华民族伟大复兴战略全局和世界百年未有之大变局、为动员全党全国满怀信心投身全面建设社会主义现代化国家而作出的重大决策,是推进中华民族伟大复兴历史伟业、在新时代坚持和发展中国特色社会主义、推进党的自我革命和永葆党的生机活力的必然要求。

1.开展历程。

2021年2月1日,中共中央决定在全党开展中共党史学习教育,激励全党不忘初心、牢记使命,在新时代不断加强党的建设。

2月3日至5日,习近平总书记在贵州考察调研时强调,要结合即将开展的党史学习教育,从长征精神和遵义会议精神中深刻感悟共产党人的初心和使命,落实新时代党的建设总要求,实事求是、坚持真理,科学应变、主动求变,咬定目标、勇往直前,走好新时代的长征路。2月20日,党史学习教育动员大会在北京召开,习近平总书记强调,全党同志要做到学史明理、学史增信、学史崇德、学史力行,学党史、悟思想、办实事、开新局,以昂扬姿态奋力开启全面建设社会主义现代化国家新征程,以优异成绩迎接建党一百周年。2月24日,党史学习教育领导小组印发《关于认真学习贯彻习近平总书记在党史学习教育动员大会上的重要讲话的通知》,就党史学习教育作出部署安排。2月,中共中央印发《关于在全党开展党史学习教育的通知》,明确此次学习教育面向全体党员、以县处级以上领导干部为重点,主要以专题学习、组织宣传宣讲、召开专题民主生活会和组织生活会、"我为群众办实事"实践活动的方式方法开展。

2021年12月,党史学习教育总结会议召开,习近平总书记指出,要认真总结这次党史学习教育的成功经验,建立常态化、长效化制度机制,不断巩固拓展党史学习教育成果。2022年3月,中共中央办公厅印发《关于推动党史学习教育常态化长效化的意见》，要求各级党委（组）完善制度机制、持之以恒推进党史总结、学习、教育、宣传，提出"六个着眼、六个坚持不懈"的根本要求，为全党党史学习教育制度化提供根本遵循。建立常态化长效化制度机制的要求和《关于推动党史学习教育常态化长效化的意见》出台是推进思想建党制度化的鲜明标志，开创了思想建设的新篇章。

2.突出重点。

2021年2月20日，习近平总书记在党史学习教育动员大会上发表重要讲话，对党史学习教育进行了全面动员和部署，深刻阐明了党史学习教育的重点和工作要求，要做到学史明理、学史增信、学史崇德、学史力行，教育引导全党同志学党史、悟思想、办实事、开新局。2021年第13期《求是》杂志发表了习近平总书记的重要文章《学史明理 学史增信 学史崇德 学史力行》，强调了学习重点。

学史明理，就要从党的辉煌成就、艰辛历程、历史经验、优良传统中深刻领悟中国共产党为什么能、马克思主义为什么行、中国特色社会主义为什么好等道理，弄清楚其中的历史逻辑、理论逻辑、实践逻辑。要深刻领悟坚持中国共产党领导的历史必然性，坚定对党的领导的自信。要深刻领悟马克思主义及其中国化创新理论的真理性，增强自觉贯彻落实党的创新理论的坚定性。要深刻领悟中国特色社会主义道路的正确性，坚定不移走中国特色社会主义这条唯一正确的道路。要把各领域基层党组织建设成为坚强战斗堡垒。要不断提高不敢腐、不能腐、不想腐的综合功效，持续巩固发展良好的政治生态。

学史增信，就是要增强信仰、信念、信心，这是我们战胜一切强敌、克服一切困难、夺取一切胜利的强大精神力量。要增强对马克思主义、共产主义的信仰，教育引导广大党员、干部从党百年奋斗中感悟信仰的力量，始终保持顽强意志，勇敢战胜各种重大困难和严峻挑战。要增强对中国特色社会主义的信念，教育引导广大党员、干部深刻认识到,中国特色社会主义是历史发展的必然结果,是发展中国的必由之路,是经过实践检验的科学真理,始终坚定道路自信、理论自信、制度自信、文化自信。要增强对实现中华民族伟大复兴的信心,教育引导广大党员、干部牢记初心使命、增强必胜信心,坚信我们党一定能够团结带领人民在中国特色社会主义道路上实现中华民族伟大复兴,努力创造属于我们这一代人、无愧新时代的历史功绩。信仰、信念、信心是最好的防腐剂。要始终抓好党风廉政建设,使不敢腐、不能腐、不想腐一体化推进有更多的制度性成果和更大的治理成效。

学史崇德,就是要引导广大党员、干部传承红色基因,培养高尚的道德品质。一要崇尚对党忠诚的大德,广大党员、干部永远不能忘记入党时所作的对党忠诚、永不叛党的誓言,做到始终忠于党、忠于党的事业,做到铁心跟党走、九死而不悔。二要崇尚造福人民的公德,广大党员、干部要站稳人民立场,始终同人民风雨同舟、生死与共,勇于担当、积极作为,切实把造福人民作为最根本的职责。三要崇尚严于律己的品德,广大党员、干部要慎微慎独,清清白白做人、干干净净做事,努力做一个高尚的人、一个纯粹的人、一个有道德的人、一个脱离了低级趣味的人、一个有益于人民的人。

学史力行,就要教育引导广大党员、干部更加自觉地不忘初心、牢记使命,增强"四个意识",坚定"四个自信",始终在思想上、政治上、行动上同党中央保持高度一致,坚定理想信念,学好用好党的创新理论,赓续红色血脉,发扬光荣传统,发挥先锋模范作用,团结带领全国各族人民,更好立足新发展阶段、贯彻新发展理念、构建新发展格局,全面做好改革发展稳定各项工作,汇聚起全面建设社会主义现代化国家、实现中华民族伟大复兴中国梦的磅礴力量。

"学党史、悟思想、办实事、开新局"内涵深刻,"学党史",要知其然,更要知其所以然。"悟思想"是学党史的真谛。学与做相辅相成,"办实事"就是践行党的宗旨,把为民造福的实事办好。"开新局"是要善于在变局中开新局,要更好应对前进道路上各种可以预见和难以预见的风险挑战,必须从历史中获得启迪,从历史经验中提炼出克敌制胜的法宝。

3. 务求实效。

党史学习教育务求实效,需要健全完善常态化长效化制度机制。

一是建立党史学习教育政治引领机制。党的政治建设是党的根本性建设,决定党的建设方向和效果。建立党史学习教育政治引领机制,就是学党史用党史。一是从政治上引领,从党史学习中接受政治教育、加强政治领悟,练就以历史映照现实、远观未来的政治慧眼。把党史学习教育作为党委(党组)理论学习中心组必学主题和党支部"三会一课"长期主题。二是持续提高政治领悟力,始终牢记"国之大者",时刻关注习近平总书记和党中央在关心什么、强调什么、提倡什么、反对什么。三是持续提高政治执行力,党中央提倡的坚决响应,做到不讲条件、不搞变通;党中央决定的坚决照办,做到不掉队、不走偏。

二是建立党史学习教育领导干部示范机制。发挥"关键少数"带动"绝大多数"的示范作用。领导班子成员特别是主要负责同志要以上率下带头学、带头讲、带头做,带动党员干部自觉主动学、及时跟进学、联系实际学。完善"党史学习教育宣讲团普遍讲、专家学者专题讲、领导干部亲自讲、党员群众互动讲"机制。各级党委要落实好党史学习教育常态化长效化主体责任制度,党员领导干部要在定期分析研判党史学习教育存在问题中主动靠前,形成党员领导干部带头担责、层层负责、上下尽责、有效追责的责任体系格局,确保深化拓展党史学习教育的成果落地生根。

三是建立党史学习教育思想内化机制。建立党史学习教育思想内化机制,深入把握党的理论探索史,把学思践悟习近平新时代中国特色社会主义思想放在首要位置,增强党员干部用新时代党的创新理论武装头脑的自觉性坚定性。把党史作为"必修课""常修课",每年举办全市党史学习教育常态化长效化专题研讨班,将党史纳入各级党校主题班次干部教育培训,系统编制学习计划,丰富学习形式和内涵,做到突出重点紧跟热点,持续提高党员干部学史用史水平。用好学校思政课这个载体,把党史学习教育有机融入思政课,发挥好党史立德树人的作用。深入挖掘建党精神、井冈山精神、长征精神、延安精神等共产党人的精神谱系,汲取精神营养,把这些精神内化党员干部干事创业动力。党史学习教育办公室定期组织全市党史学习教育知识测试,全面对党史学习教育成果进行大检验,使以测促学、以学促行成为常态。

四是建立党史学习教育方式创新机制。教无定法,学无定式。凡是有利于调动党员参与党史学习教育积极性的做法都予以鼓励,凡是有利于提升党史学习教育效果的措施都予以提倡,让基层党组织有更多的自主权和足够的灵活性。坚持分层分类,建立分众学习机制,区分党政机关、企业、学校等不同领域、不同行业的党员干部,并根据其党员队伍结构的特点有针对性地开展学习培训,推动学习教育精准、有效。建立党史专题学习机制,把党史学习教育作为党委理论学习中心组、党支部"三会一课"以及党员自学的规定内容,利用"学讲比考"等形式抓好专题党课、专题培训、专题宣讲,增强学习效果。常态化开展读史分享、交心谈心活动等,持续举办党史学习教育读书班,持续推动"午间课堂""书记点评"等创新载体常态化。创新载体和方式,探索可视化、数字化、体验式红色教育场景,推进场景式、沉浸式、体验式党史学习教育。

五是建立红色资源挖掘利用机制。发挥党史学习教育领导小组对党史学习教育资源的统筹作用,整合全市红色资源,建立红色教育基地数据库,充分发挥传承红色基因的作用。加大红色资源开放程度,让广大市民也积极参与进来。用好革命遗址遗存、纪念场馆、革命文物、革命故事等红色资源,特别发挥党史纪念馆、博物馆等的宣传教育功能。统筹整合党史学习教育专家学者资源,开放专家学者教授资源库,为基层讲座提供专家资源,并且组织专家学者教授与各区市结对,定期开展专家授课。发挥财政资金杠杆作用,撬动民间资本,发掘和打造一批具有新时代标志意义的红色地标。同时,制定红色资源保护和传承制度,破解红色资源保护传承工作难题,提高红色资源利用效率。

六是建立党史学习教育成果转化机制。党史学习教育取得重要政治成果、理论成果、实践成果,要把这些党史学习教育成果转化干事创业的动力和措施。坚持把学习党史和观照现实相结合,把党史学习教育成效转变成解难题、办实事和应变局、开新局的实际行动。建议征集"我为群众办实事项目清单",常态化开展志愿服务活动,将办实事作为党支部主题党日、党员志愿服务的"规定动作",引导广大干部群众把学习党的历史经验转化为解决实际问题的动力。

七是建立党史学习教育科学评价机制。制定党史学习教育量化考核评价指标体系,制定规范完善、科学可行的评价办法,考核评价要合理设置各项指标与权重,把考核结果作为干部评优、选拔任用的重要参考,切实增强各级党员干部学习的责任感和紧迫感,保证党史学习教育落到实处。将"群众满意"作为评判党史学习教育成效的重要标尺,用实际成效来检验学习教育成果,适时引入第三方评价机制。把推进党史学习教育常态化、长效化纳入述职评议和综合考核的重要内容,对各单位运用红色教育基地开展党性教育进行考核,最大限度发挥场馆作用。

八是建立党史学习教育有效监督机制。建立健全督促检查机制,完善学习考勤制度、通报制度和档案制度,督促整改党史学习教育,确保党史学习教育工作常态有效。把党史学习教育纳入巡察和作风能力提升的重要内容。主动配合媒体舆论监督工作,紧盯民生诉求,跟进群众反映的热点难点问题,确保件件有回音、事事有着落。聚焦中心工作、聚焦百姓最关心关注的问题,常态化持续办好舆论监督栏目,通过直面问题、"辣味"问政,助推政府部门解民生难题、抓工作落实,为全面激活高质量发展内生动力提供强大支撑。

(六)学习贯彻习近平新时代中国特色社会主义思想主题教育①

一个拥有近一亿名党员、500多万个党的基层组织的世界上最大的马克思主义执政党,善于用党的创新理论武装全党,才能始终勇立时代潮头、赢得人民衷心拥护。学习贯彻习近平新时代中国特色社会主义思想主题教育作为思想建党的重要内容,吹响了新征程上以党的创新理论武装全党的奋进号角。

深入开展学习贯彻习近平新时代中国特色社会主义思想主题教育是贯彻落实党的二十大精神的重大举措,是深入推进新时代党的建设新的伟大工程的重大部署,有利于贯彻新发展理念、构建新发展格局、推动高质量发展,有利于推进党的自我革命、时刻保持解决大党独有难题的清醒和坚定,有利于始终与人民同心、保持党的先进性和纯洁性,有利于全党更加紧密地团结在以习近平同志为核心的党中央周围、以中国式现代化推进中华民族伟大复兴。

1. 开展历程。

2022年,习近平总书记在党的二十大报告中提出以县处级以上领导干部为重点在全党深入开展主题教育,强调坚持学思用贯通、知信行统一,把习近平新时代中国特色社会主义思想转化为坚定理想、锤炼党性和指导实践、推动工作的强大力量。党的二十届二中全会明确,在全党深入开展学习贯彻习近平新时代中国特色社会主义思想主题教育,要科学谋划、精心组织,强化理论学习和运用,取得实实在在

---

① 《中共中央关于在全党深入开展学习贯彻习近平新时代中国特色社会主义思想主题教育的意见》,《党建研究》2023年第5期,第19—25页。

的成效。

2023年4月1日,《中共中央关于在全党深入开展学习贯彻习近平新时代中国特色社会主义思想主题教育的意见》下发,明确了开展学习贯彻习近平新时代中国特色社会主义思想主题教育的重大意义、目标要求、工作安排和组织领导。4月3日,习近平总书记出席学习贯彻习近平新时代中国特色社会主义思想主题教育工作会议并发表重要讲话,对开展主题教育的重大意义、目标要求作出深刻阐述,并对主题教育各项工作作出全面部署。2023年12月,中央政治局学习贯彻习近平新时代中国特色社会主义思想主题教育专题民主生活会上,习近平总书记对中央政治局各位同志的对照检查发言一一点评、逐一提出要求,强调这次主题教育"主题主线突出,目标任务明确,在以学铸魂、以学增智、以学正风、以学促干上取得了明显成效",要求"中央政治局要带头巩固拓展主题教育成果,建立长效机制,加强自身建设,在全党发挥示范带头作用"。

2024年1月31日中共中央政治局召开会议,审议《关于在全党深入开展学习贯彻习近平新时代中国特色社会主义思想主题教育总结报告》《关于巩固拓展学习贯彻习近平新时代中国特色社会主义思想主题教育成果的意见》,会议指出,学习贯彻习近平新时代中国特色社会主义思想主题教育启动以来,全党紧扣"学思想、强党性、重实践、建新功"总要求,聚焦主题主线,明确目标任务,突出以学铸魂、以学增智、以学正风、以学促干,与做好开局之年工作紧密结合,着力解决制约高质量发展问题、群众急难愁盼问题、党的建设突出问题,达到预期目的,取得明显成效。会议强调,要持续加强理论武装,教育引导党员干部通过坚持学习党的创新理论,悟规律、明方向、学方法、增智慧,固本培元、凝心铸魂,要持续抓好落实,重实干、做实功、求实效,更好将主题教育成果转化为推动高质量发展的成效。各级党委(党组)要把巩固拓展主题教育成果作为重大政治任务,扛起主体责任,不折不扣抓好落实。

2. 目标要求。

开展主题教育,总要求是"学思想、强党性、重实践、建新功",根本任务是坚持学思用贯通、知信行统一,把习近平新时代中国特色社会主义思想转化为坚定理想、锤炼党性和指导实践、推动工作的强大力量,使全党始终保持统一的思想、坚定的意志、协调的行动、强大的战斗力,努力在以学铸魂、以学增智、以学正风、以学促干方面取得实实在在的成效。具体达到以下目标。

一是凝心铸魂筑牢根本。全面、系统、深入学习习近平新时代中国特色社会主义思想,完整准确掌握这一重要思想的主要内容,全面把握这一重要思想的世界观、方法论和贯穿其中的立场观点方法,深刻理解这一重要思想的道理学理哲理,推动党员、干部真学真懂真信真用,推动学习往深里走、往实里走、往心里走,提高思想觉悟,切实做到筑牢信仰之基、补足精神之钙、把稳思想之舵。

二是锤炼品格强化忠诚。深刻领悟"两个确立"的决定性意义,增强忠诚核心、拥戴核心、维护核心、捍卫核心的政治自觉、思想自觉、行动自觉,不断提高政治判断力、政治领悟力、政治执行力,始终忠诚于党、忠诚于人民、忠诚于马克思主义,真心爱党、时刻忧党、坚定护党、全力兴党。

三是实干担当促进发展。突出实践导向,真抓实干、务求实效,紧紧围绕新时代新征程党的中心任务,胸怀"国之大者",牢固树立正确的权力观、政绩观、事业观,增强推动高质量发展本领、服务群众本领、防范化解风险本领,敢于斗争、勇于负责,聚焦问题、知难而进,以"时时放心不下"的责任感、积极担当作为的精气神为党和人民履好职、尽好责,以新气象新作为推动高质量发展取得新成效,依靠顽强斗争打开事业发展新天地。

四是践行宗旨为民造福。坚持人民至上,一切为了人民、一切依靠人民,始终同人民同呼吸、共命运、心连心,把为民办实事作为重要内容,以群众满意不满意作为根本评判标准,紧紧抓住人民群众最关心最直接最现实的利益问题,把惠民生、暖民心、顺民意的工作做到群众心坎上,不断增强人民群众的获得感、幸福感、安全感,让现代化建设成果更多更公平惠及全体人民。

五是廉洁奉公树立新风。坚持以党性立身做事,增强纪律意识、规矩意识,践行"三严三实",严格落实中央八项规定及其实施细则精神,持续纠治"四风",把纠治形式主义、官僚主义摆在更加突出位置,坚决反对特权思想和特权现象,做到公正用权、依法用权、为民用权、廉洁用权,推动形成清清爽爽的同志关系、规规矩矩的上下级关系、亲清统一的新型政商关系,当好良好政治生态和社会风气的引领者、营造者、维护者,树立求真务实、团结奋斗的时代新风。

3. 工作安排。

主题教育自上而下分两批进行。第一批包括中央和国家机关及其直属单位、省(自治区、直辖市)和副省级城市机关及其直属单位,中管金融企业、中管企业、中管高校,2023年4月开始,2023年8月基本结束;第二批包括省以下各级机关及其直属单位和其他基层党组织,从2023年9月开始,2024年1月基本结束。主题教育不划阶段、不分环节,把理论学习、调查研究、推动发展、检视整改等贯通起来,有机融合、一体推进。

一是理论学习。全面深入学习贯彻习近平新时代中国特色社会主义思想,大力弘扬马克思主义学风,坚持全面系统、及时跟进,坚持多思多想、学深悟透,坚持知行合一、学以致用,坚持联系实际、立足岗位,从事什么工作就重点学什么,做到知其言更知其义、知其然更知其所以然,在深学细照笃行中提高理论素养、坚定理想信念、升华觉悟境界、增强能力本领,夯实坚定拥护"两个确立"、坚决做到"两个维护"的思想根基。

坚持读原著学原文悟原理,认真研读党的二十大报告和党章,学习《习近平著作选读》《习近平新时代中国特色社会主义思想专题摘编》等,全面学习领会习近平新时代中国特色社会主义思想的科学体系、核心要义、实践要求,把握好这一重要思想的世界观和方法论,坚持好、运用好贯穿其中的立场观点方法。结合工作实际和职责任务,深入学习习近平总书记关于本地区本部门本领域的重要讲话和重要指示批示精神,跟进学习习近平总书记最新重要讲话和文章。认真学习中国式现代化理论,围绕统筹推进"五位一体"总体布局和协调推进"四个全面"战略布局,有侧重地进行研读,突出对贯彻新发展理念、构建新发展格局、推动高质量发展的理解掌握。

党委(党组)要加强集中学习,组织举办读书班,时间不少于一周。党委(党组)理论学习中心组结合本地区本部门本单位实际列出若干专题,组织党员领导干部联系思想和工作实际,深入研讨,交流运用党的创新理论解决实际问题的具体案例和体会,提出改进工作的思路措施。领导班子成员要结合学习体会和实际工作讲专题党课,主要负责同志带头讲,其他班子成员到分管领域、部门等基层单位或所在党支部讲。党员领导干部要把学习作为一种生活态度、一种工作责任、一种精神追求,抓好个人自学。

党支部依托"三会一课"、主题党日,通过交流研讨、宣讲阐释、案例教学、线上培训等方式组织党员学习,深刻领悟习近平新时代中国特色社会主义思想的真理力量和实践伟力。结合常态化党史学习教育,运用红色教育资源和党性教育基地开展学习,砥砺理想信念和初心使命。注重抓好青年党员、离退休干部职工党员和流动党员的学习。坚持以党内教育引导和带动全社会的学习,让党的创新理论"飞入寻常百姓家"。

二是调查研究。要按照党中央关于在全党大兴调查研究的工作方案,组织广大党员、干部扑下身子、沉到一线接地气,掌握真实情况和民情民意,在调查研究中加深对党的创新理论的理解,运用党的创新理论研究新情况、解决新问题,使调查研究的过程成为理论学习向实践运用转化的过程,成为转变作风、增进同群众感情的过程,成为提高履职本领、增强责任担当的过程。

县处级以上领导班子要围绕贯彻落实党中央决策部署和习近平总书记重要指示批示精神,结合职责任务,有针对性地研究确定若干调研课题,开展专题调研。领导班子成员每人领题调研,形成高质量调研成果。调研结束后,领导班子结合专题研讨,运用习近平新时代中国特色社会主义思想的立场观点方法,交流调研情况,集思广益研究对策措施,形成指导实践、推动工作的思路办法和政策举措,并抓好组织实施,真正把调研成果转化为解决问题、促进发展的实际行动。

各级领导干部要深入农村、社区、企业、医院、学校、新经济组织、新社会组织等基层单位,摸准情况、吃透问题,问计于群众、问计于实践;要转换角色、走进群众,了解群众的烦心事操心事揪心事,发现和查找工作中的差距不足,推动解决一批发展所需、改革所急、基层所盼、民心所向的问题。开展典型案例的解剖式调研,加强督查式调研。基层党组织要利用主题党日,组织党员、干部采取走访调研等多种方式,广泛听取群众意见,真心帮助群众解决实际困难,扎实推动各项工作部署落地生效。

要多采取"四不两直"方式,多到困难多、群众意见集中、工作打不开局面的地方和单位,体察实情、解剖麻雀,把问题研究透彻、把措施提准提实。要加强工作协调和衔接,对表现在基层、根子在上面的问题,对涉及多个地区、部门和单位的问题,上下协同、一体推进解决。要制定调研计划安排,统筹确定调研时间、地点,防止扎堆调研、作秀式调研,不折腾基层、不增加基层负担,坚决克服调研中的形式主义、官僚主义。

三是推动发展。紧紧围绕高质量发展这个全面建设社会主义现代化国家的首要任务,以强化理论学习指导发展实践,以深化调查研究推动解决发展难题,把学习和调研落实到完成党的二十大部署的各项工作任务中去,以推动高质量发展、提高人民生活品质的新成效检验主题教育成果。

破难题、促发展。县处级以上领导班子和领导干部根据自身职责,结合理论学习和调查研究,深入查找分析在贯彻新发展理念、构建新发展格局、推动高质量发展中的问题短板及其根源,找准切入点、发力点,把本地区本部门本单位工作融入新发展格局。领导班子和领导干部要紧密结合实际,认真贯彻落实党中央关于全面建设社会主义现代化国家的战略部署,增强系统观念和大局意识,保持战略清醒、战略自信、战略主动,正确处理推进中国式现代化的一系列重大关系,做好着力扩大国内需求、深化供给侧结构性改革,加快建设现代化产业体系,全面推进乡村振兴,实施科教兴国战略、人才强国战略、创新驱动发展战略,在发展中保障和改善民生,推动绿色发展、推进美丽中国建设,推进全面依法治国,建设社会主义文化强国,维护社会稳定等方面工作,形成共促高质量发展的强大合力。紧密结合中心任务和日常工作,组织党员、干部立足岗位作贡献,积极履职尽责,勇于担当作为,以每名党员、干部本职工作水平的提升,促进本地区本部门本单位工作的高质量发展。

办实事、解民忧。牢固树立以人民为中心的发展思想,积极探索开展"民呼我为""接诉即办"等,解决群众急难愁盼的具体问题。聚焦解决就业、教育、医疗、托育、住房、养老等民生领域突出问题,建立民生项目清单,完善解决民生问题的制度机制。落实党员领导干部直接联系群众制度,对群众普遍关切的问题及时开题作答、解疑释惑、回应诉求。广泛开展党员志愿服务,激励党员在服务群众、奉献社会中发挥作用。

四是检视整改。发扬刀刃向内的自我革命精神,坚持边学习、边对照、边检视、边整改,坚持分类整改与集中整治相结合,深入查摆不足,抓好突出问题的整改整治。

开展党性分析。领导班子对标对表习近平新时代中国特色社会主义思想,针对完整准确全面贯彻新发展理念、加快构建新发展格局、着力推动高质量发展等战略部署落实情况,党中央提出的重点任务、重点举措、重要政策、重要要求贯彻情况,属于本地区本部门本单位的职责担当情况,系统梳理调查研究发现的问题、推动发展中的问题、群众反映强烈的问题,结合巡视巡察、审计监督发现的问题,列出问题清单。党员、干部从政治、思想、能力、作风、纪律等方面进行党性分析,找准问题症结,着力从思想根源上解决问题。主题教育结束前,县处级以上领导班子召开专题民主生活会,基层党组织召开专题组织生活会,党员、干部特别是领导干部把自己摆进去、把职责摆进去、把工作摆进去,咬耳扯袖、红脸出汗,严肃认真开展批评和自我批评。

开展整改整治。对查摆出的问题,一项一项制定整改措施,能改的马上改。一时解决不了的要明确具体措施、整改时限、责任分工,确保整改到位。各地区各部门各单位要确定若干群众反映强烈、长期没有解决的突出问题,制定专项整治方案,采取台账式管理、项目化推进的方式进行集中整治,动真碰硬、务求实效。专项整治方案及落实情况,要以适当方式向党员群众通报。上级机关要作出表率,并加强对下级机关的督促检查。

中央和国家机关各部门要按照党中央关于干部队伍教育整顿的部署安排,结合自身实际,在主题教育中切实抓好机关和系统内干部队伍教育整顿。

五是建章立制。坚持"当下改"与"长久立"相结合,对主题教育中学习贯彻习近平新时代中国特色社会主义思想的好做法好经验,及时以制度形式固定下来。同时,建立巩固深化主题教育成果的长效机制,健全学习贯彻党的创新理论的制度机制,确保常态长效。

(七) 党纪学习教育

党纪学习教育是深刻领悟"两个确立"的决定性意义、坚决做到"两个维护"的必然要求,是加强党的纪律建设、推动全面从严治党向纵深发展的重要举措,是解决大党独有难题的关键举措,是新时代思想建党的重要方式。以习近平同志为核心的党中央高度重视这次党纪学习教育,习近平总书记多次发表重要讲话、作出重要指示,为开展党纪学习教育提供了重要遵循。

1. 开展历程。

2024年1月,习近平总书记在党的二十届中央纪委三次全会上指出,以学习贯彻新修订的纪律处分条例为契机,在全党开展一次集中性纪律教育。2月,在主持中央政治局会议时,习近平总书记再次强调,要大兴务实之风、清廉之风、俭朴之风,发扬自我革命精神,在全党组织开展好集中性纪律教育。3月,习近平总书记在湖南考察时指出,组织开展好党纪学习教育,引导党员干部学纪、知纪、明纪、守纪,督促领导干部树立正确权力观,公正用权、依法用权、为民用权、廉洁用权。同时,中央党的建设工作领导小组召开会议,听取党纪学习教育准备工作情况汇报,研究部署党纪学习教育工作。中共中央办公厅印发《关于在全党开展党纪学习教育的通知》指出,为深入学习贯彻修订后的《中国共产党纪律处分条例》,经党中央同意,自2024年4月至7月,在全党开展党纪学习教育。4月,习近平总书记在重庆考察,要求扎实开展党纪学习教育,引导党员、干部真正把纪律规矩转化为政治自觉、思想自觉、行动自觉。5月,习近平总书记在山东考察,指出要引导党员、干部全面理解和执行党的纪律,在遵规守纪前提下,安心工作、放手干事、锐意进取、积极作为,创造不负人民、不负时代的业绩;要以党纪学习教育为契机,持续深化整治形式主义为基层减负,为基层干部干事创业营造良好环境。6月,习近平总书记在青海、宁夏考察,明确要求党员、干部把正在全党开展的党纪学习教育"真抓实学、善始善终""抓紧抓实、抓出成效"。7月,党的二十届三中全会审议通过的《中共中央关于进一步全面深化改革、推进中国式现代化的决定》对进一步强化纪律教育、加强纪律建设作出部署,提出"建立经常性和集中性相结合的纪律教育机制""综合发挥党的纪律教育约束、保障激励作用"。8月,习近平总书记对党纪学习教育作出重要指示,强调要常态化推进学纪知纪明纪守纪,建立经常性和集中性相结合的纪律教育机制,综合发挥党的纪律教育约束、保障激励作用;要引导推动党员、干部在遵规守纪前提下,勤奋工作、放手干事、锐意进取、积极作为。8月30日,中央党的建设工作领导小组召开会议,传达习近平总书记的重要指示,审议《关于推进党纪学习教育常态化长效化的意见》,对党纪学习教育进行总结,指出这次党纪学习教育目前已基本结束,并且强调要准确运用"四种形态",落实"三个区分开来",以精准规范执纪推动干部更好干事创业、担当作为。

2. 时代特点。

新时代树立什么样的党纪观?党纪学习教育的鲜明时代特色是激发党员干部担当作为的精气神,牢树党员领导干部科学党纪观。党纪是党员干部干事创业的依靠,是激励党员干部敢于担当作为的保障。习近平总书记在党的十九届中央政治局第十次集体学习时明确指出:"全面从严治党的目的是更好促进事业发展。严管不是把干部管死,不是把干部队伍搞成一潭死水、暮气沉沉,而是要激励干部增强干事创业的精气神。"[①]在党的二十届中央纪委二次全会上再次强调:"把从严管理监督和鼓励担当作为高度统一起来","全面从严治党的目的不是要把人管死,让人瞻前顾后、畏首畏尾,搞成暮气沉沉、无所

---

① 《习近平关于全面从严治党论述摘编》(2021年版),中央文献出版社2021年版,第294页。

作为的一潭死水,而是要通过明方向、立规矩、正风气、强免疫,营造积极健康、干事创业的政治生态和良好环境"。2023年12月19日中共中央发布了修订后的《中国共产党纪律处分条例》作为规范党组织和党员行为的基础性法规,在我国的党内法规体系中发挥着重要作用,几经修订,如今已经是第五代"升级版"。与以往修订不同,这次新修订的《中国共产党纪律处分条例》彰显"把从严管理监督和鼓励担当作为高度统一起来"原则。刘少奇同志在党的七大《关于修改党章的报告》指出,"共产党的纪律,是建筑在自觉基础上的,不可以把党的纪律变成机械的纪律,变成限制党员自动性与创造精神的所谓'纪律'。应该使党员的纪律性与创造精神结合起来。"①可见,严是手段而不是目的,全面从严并不是把大家管死,而是引导大家在知规矩、守底线、风气正的干事创业环境下积极担当作为。所以,贯穿此次《中国共产党纪律处分条例》修订始终的主旨要义之一,就是引导激励党员干部敢于担当、积极作为。这是党纪学习教育的根本要求,也是党员领导干部认真学习的重要内容。

3. 目标要求和工作安排。

目标要求。开展党纪学习教育要坚持思想引领、问题导向和知行合一。从思想引领来看,要坚持以习近平新时代中国特色社会主义思想为指导;从问题导向来看,要聚焦解决一些党员、干部对党规党纪不上心、不了解、不掌握等问题;从知行合一来看,组织党员特别是党员领导干部认真学习《中国共产党纪律处分条例》,做到学纪、知纪、明纪、守纪,搞清楚党的纪律规矩是什么,弄明白能干什么、不能干什么,把遵规守纪刻印在心,内化为言行准则,进一步强化纪律意识、加强自我约束、提高免疫能力,增强政治定力、纪律定力、道德定力、抵腐定

---

① 《建党以来重要文献选编(1921—1949)》(第二十二册),中央文献出版社2021年版,第430页。

力,始终做到忠诚干净担当。

工作安排。党纪学习教育要注重融入日常、抓在经常。一是要原原本本学,坚持个人自学与集中学习相结合,紧扣党的政治纪律、组织纪律、廉洁纪律、群众纪律、工作纪律、生活纪律进行研讨,推动《中国共产党纪律处分条例》入脑入心;二是要加强警示教育,深刻剖析违纪典型案例,注重用身边事教育身边人,让党员、干部受警醒、明底线、知敬畏。要加强解读和培训,深化《中国共产党纪律处分条例》理解运用;三是2024年度县处级以上领导班子民主生活会和基层党组织组织生活会,要把学习贯彻《中国共产党纪律处分条例》情况作为对照检查的重要内容。

第八章
中国共产党思想建党的经验启示

中国共产党思想建党是中国共产党的政治优势和永恒课题,中国共产党思想建党史对深入学习贯彻习近平总书记关于党的建设的重要思想和习近平总书记关于党的自我革命的重要思想具有重要意义。新时代必须把思想建党作为中国共产党的独特政治优势,必须把党的思想建设摆在突出位置,必须科学把握思想教育的要义,必须与时俱进推进党的理论创新,必须坚持思想建党与制度治党同向发力。

一、新时代思想建党是中国共产党的独特政治优势

中国共产党不同于西方政党与国内其他政党,这种不同集中表现为思想建党的独特性。不可置疑,思想建党是马克思主义政党的鲜明特色、光荣传统和政治优势,是中国共产党的独特政治优势。回顾中国共产党历史,中国共产党之所以历经挫折而不断奋起,历尽苦难而淬火成钢,取得国家政权,建立新中国,靠的是什么?靠的就是思想建党,彰显中国共产党具有而国民党和资产阶级政党无法比拟的独特政治优势。

从共产国际来看,中国共产党创建之时,共产国际与中国共产党是领导和被领导的关系。比如,中共二大通过的《中国共产党加入第三国际决议案》确认中国共产党是共产国际的一个支部。这种领导和被领导的关系使中国共产党对共产国际产生依赖,完全遵照共产国际的"理论"和"指示"。按照马克思主义理论观点和苏联共产党的要求,一个先进的党要以工人阶级为主要成分,以城市工人运动为重心。这就是工人运动论、城市中心论的理论依据。这个重要理念在苏联具有可行性,但是在中国不能适应国情,给中国革命带来系列困境。共产国际没能考量中国国情,无法为中国共产党输送关于党的建设的正确理论和办法,而是片面地强调工作的重心在城市。不仅如此,共产国际对于中国共产党后来提出注重思想建设的创造性做法,在相当长时间内并不接受。

建党初期党员中农民所占比重较大,并且存在各种非无产阶级思想。一些有识之士就思想政治工作做了有益尝试,可是没有引起足够重视。1927年大革命失败后,我们党开始反思和觉醒,特别一些党组织也开始注重党的思想政治工作,但囿于时代环境和各种条件局限,党的思想政治工作未提升至党中央层面,也不可能达到应有的效果。随着形势的发展和革命队伍的扩大,红四军及其党组织内加入了大量农民和其他小资产阶级出身的同志,加上环境险恶,战斗频繁,生活艰苦,部队得不到及时教育和整训,各种非无产阶级思想在红四军内滋长严重。1928年11月,毛泽东在《井冈山的斗争》中指出"我们感觉无产阶级思想领导的问题,是一个非常重要的问题。边界各县的党,几乎完全是农民成分的党,若不给以无产阶级的思想领导,其趋向是会要错误的。除应积极注意各县城和大市镇的职工运动外,并应在政权机关中增加工人的代表。党的各级领导机关也应增加工人和贫农的成分"①。如何解决思想领导的问题？发端于1929年的古田会议告诉了我们答案。

《古田会议决议》指出："红军第四军的共产党内存在着各种非无产阶级的思想，这对于执行党的正确路线，妨碍极大。若不彻底纠正，则中国伟大革命斗争给予红军第四军的任务，是必然担负不起来的。"②这些非无产阶级的思想主要包括：单纯军事观点、极端民主化、非组织观点、绝对平均主义、主观主义、个人主义、流寇思想、盲动主义残余等。毛泽东同志在明确产生非无产阶级思想的根本原因时，强调指出，"自然是由于党的组织基础的最大部分是由农民和其他小资产阶级出身的成分所构成的"③。红军初创时期，兵员成分复杂，尤其是农民和其他小资产阶级出身的成分占了很大比例。据1929年5月的统计，红四军大约4000人，有党员1329名，其中农民和其他小资产阶级出身的党员占76.6%，工人出身的党员仅占23.4%。农民和小资产阶级必然身不由己地把他们固有的不适合中国革命的思想带到党内来，加之尚处在幼年时期的红军领导机关对党内不正确思想缺乏一致的坚决斗争，缺乏对党员的正确路线教育，就使得非无产阶级的思想在红四军党内不断滋长流毒。对此，1929年12月28日、29日，毛泽东、朱德等红四军领导人在古田召开了红四军第九次党的代表大会，会议通过了毛泽东起草的《古田会议决议》，确立了"思想建党、政治建军"的原则，初步回答了在党员以农民为主要成分的情况下，如何从加强党的思想建设着手，保持党的无产阶级先锋队性质的问题，首次以党的决议的形式提出着重从思想上建党，为党的思想政治工作确立了马克思主义路线。

中国共产党独特政治优势赋予思想建党独特的功能定位。新时

---

① 《毛泽东选集》第一卷，人民出版社1991年版，第77页。
② 《毛泽东选集》第一卷，人民出版社1991年版，第85页。
③ 《毛泽东选集》第一卷，人民出版社1991年版，第85页。

代，不可置疑的是，思想建党是中国共产党建设的必由之路，是中国共产党长期执政的永恒课题。习近平总书记强调："只有全党思想和意志统一了，才能统一全国各族人民思想和意志，才能形成推进改革的强大合力。"①党的十九大报告指出，"全党要清醒认识到，我们党面临的执政环境是复杂的，影响党的先进性、弱化党的纯洁性的因素也是复杂的，党内存在的组织不纯、作风不纯等突出问题尚未得到根本解决。要深刻认识党面临的执政考验、改革开放考验、市场经济考验、外部环境考验的长期性和复杂性，深刻认识党面临的精神懈怠危险、能力不足危险、脱离群众危险、消极腐败危险的尖锐性和严峻性，坚持问题导向，保持战略定力，推动全面从严治党向纵深发展"。思想不纯、组织不纯、作风不纯关键在于思想不纯。解决思想不纯的问题必须加强思想建党，把思想建党作为中国共产党独特的政治优势。解决了思想问题，也就解决了行动问题，中国共产党长期执政才成为永恒话题。纵观近百年中国共产党历史可知，只有思想建党才能解决党面临的困境和难题。共产国际不能提供，中国国情迫切需要，所以思想建党是中国共产党加强自身建设的独特政治优势。

  中国共产党的历史告诉我们一个道理：共产党员要有"共产党员的气味"就要解决思想问题，启示我们思想建党是解决党面临困境和难题的灵丹妙药。毛泽东同志曾经指出"有许多党员，在组织上入了党，思想上并没有完全入党，甚至完全没有入党。这种思想上没有入党的人，头脑里还装着许多剥削阶级的脏东西，根本不知道什么是无产阶级思想，什么是共产主义，什么是党。他们想：什么无产阶级思想，还不是那一套？他们哪里知道要得到这一套并不容易，有些人就是一辈子也没有共产党员的气味，只有离开党完事。因此我们的党，我们的队伍，虽然其中的大部分是纯洁的，但是为要领导革命运动更

---

① 习近平：《切实把思想统一到党的十八届三中全会精神上来》，《求是》2014 年第 1 期。

好地发展,更快地完成,就必须从思想上组织上认真地整顿一番。而为要从组织上整顿,首先需要在思想上整顿,需要展开一个无产阶级对非无产阶级的思想斗争"①。不可置疑,思想建党是解决党面临的困境和难题的灵丹妙药。

新时代必须把思想建党作为中国共产党的独特政治优势,深入贯彻落实习近平新时代中国特色社会主义思想,让"不忘初心,牢记使命"成为行为自觉,让党的思想理论入脑入心,让党的肌体百毒不侵,永葆党的先进性和纯洁性。

二、新时代思想建党必须把思想建设摆在突出位置

思想建党发展史证明,解决党的建设问题需要先从思想上解决问题。邓小平同志曾深刻指出,"我们共产党有一条,就是要把工作做好,必须先从思想上解决问题"②。这是对我们党深入把握党的建设基本规律作出科学论断的深刻揭示,表明思想建设是党的基础性建设,在党的建设工作中要把党的思想建设摆在突出位置。

一是从物质与意识关系来看。辩证唯物主义认为,物质决定意识,意识对物质具有能动作用,正确的意识会促进客观事物的发展,错误的意识会阻碍客观事物的发展。思想理论属于意识范畴,思想理论正确促进客观事物的发展,反之亦然。马克思在《〈黑格尔法哲学批判〉导言》中曾经指出:批判的武器当然不能代替武器的批判,物质力量只能用物质力量来摧毁,但是理论一经掌握群众,也会变成物质力

---

① 《毛泽东选集》第三卷,人民出版社1991年版,第875页。
② 《邓小平文选》第一卷,人民出版社1994年版,第184页。

量。只有用党的思想理论武装群众,理想信念只有在人们头脑中树立起来才能转化为物质力量,从而产生无比的威力。所以,要把思想建设摆在突出地位,人们才能认识到自己的利益并且自觉为之奋斗。

把思想建党摆在突出位置,必须尊重群众物质利益。思想建党摆在首位的过程,也是尊重群众物质利益的过程。群众利益实现的过程也是验证思想建党,并且深化思想建党的过程。只有思想意识而无物质利益的政党,就像缺乏根基的上层建筑,不能牢靠和长远,思想只是空想而毫无价值。马克思、恩格斯指出,"'思想'一旦离开'利益',就一定会使自己出丑"[①]。党的历史证明,中国共产党树立共产主义远大理想的过程,也是不断满足人民群众利益诉求的过程。革命时期,打土豪分田地,维护群众利益,群众拥护中国共产党;建设时期,人民当家作主,群众赞同中国共产党;改革开放新时期,市场逐利于民,群众支持中国共产党。新时代党要维护人民群众根本利益,必须把思想建设摆在突出位置,指引中国共产党人为实现最广大人民群众的根本利益而不懈奋斗!

二是从内因与外因来看。唯物辩证法认为,事物的发展是内外因共同起作用的结果。内因是事物发展的根据,它是第一位的,它决定着事物发展的基本趋向。外因是事物发展的外部条件,它是第二位的,它对事物的发展起着加速或延缓的作用,外因必须通过内因而起作用。党的自身建设也是如此,相对而言,思想建党属于内因,决定着党的建设的基本趋向,党的制度建设要通过党的思想建设发挥作用。从内外因的关系看,必须把思想建党放在突出位置。整个党的思想建党史,突出表现了思想建党的基础性作用。在党面临风险挑战的危机时刻,共产党人能够化解危机、转危为安的关键是适时加强思想建党。

把思想建党摆在突出位置,必须善于从思想深处解决矛盾和问

---

① 《马克思恩格斯全集》第二卷,人民出版社1957年版,第103页。

题。中央苏区时期,王明"左"倾教条主义面对党内存在的矛盾,抛弃了古田会议的思想建党的正确做法,采取"残酷斗争""无情打击"的手段,一些干部包括一些高级干部,不会运用实事求是、一切从实际出发的马列主义的立场与方法,来具体分析和解决中国革命的问题,犯非"左"即右的错误,洋八股、教条主义等思想路线层面的问题党内极为突出,极大地影响到中国革命的成功,破坏了党的团结统一,造成中国革命的重大损失,究其原因是思想上并没得到应有的清算。思想层面的问题更带有深层次的问题,党内矛盾和问题要善于从思想层面找原因。以毛泽东为核心的党中央,坚持古田会议确立的思想建党原则,在延安开展了一场普遍、深刻的马克思主义教育运动,不仅重新教育和训练了党内经过长期斗争保留下来的一批老干部,而且教育训练了抗战初期入党的大批新党员,从思想深处解决党内存在的矛盾和问题,全党从思想上统一在以毛泽东为核心的党中央领导下,自觉维护中央权威。

新时代把思想建设摆在突出位置就要贯彻落实学习贯彻习近平新时代中国特色社会主义思想主题教育,通过党内教育让习近平新时代中国特色社会主义思想入脑入心,激发广大党员干部担当作为的内在动力。

三是从思想与行动关系来看。马克思曾说过:"人是由思想和行动构成的,不见诸行动的思想,只不过是人的影子;不受思想指导和推崇的行动,只不过是行尸走肉——没有灵魂的躯体。"[①]无可置疑,思想与行动有机统一、相辅相成。党内也是如此,党员是由思想和行动构成的,是思想与行动的统一体。没有不受思想指导的行动,思想是行动的前提,所以要把思想建党摆在突出位置。在党的思想建设方面,毛泽东同志曾提出"把思想建设放在党的建设的首位"的重要理论。

---

① 《马克思恩格斯全集》第十二卷,人民出版社1962年版,第618页。

新时代,依然如此。

把思想建设摆在突出位置,就要坚定党员理想信念。从科学的系统论而言,思想建党是系统化的理论体系,包括理想、理论、党性等要素。理想是方向和目标,理论是指针和指南,党性是通过理论实现理想的保证。共产主义远大理想作为共产党人的崇高理想是共产党人追求的最终奋斗目标,要实现这个方向和目标,需要科学的行动指南,以行动指南校对方向和目标。方向目标确定,行动指南明确,那么谁用行动指南校对方向和目标呢?是经受住考验、具有崇高党性修养的共产党人。可见,理想、理论和党性三者有机统一,共同组成思想建党的理论框架。这既是理论分析,也是思想建党的经验总结。纵观党的思想建党史可知,党的历史是党性坚定的共产党人通过马克思主义中国化的理论来努力实现共产主义远大理想的历史。这个逻辑体系赋予理想信念强大动力,因为理想信念是思想建党方向和目标,也是共产党人的孜孜不倦的崇高政治追求。

三、新时代思想建党必须科学把握思想教育的要义

新时代把思想建党摆在突出位置,坚定共产党人理想信念需要从党史中感悟思想教育的方法,深刻领会思想教育的要义。

第一,从"变与不变"关系中把握思想教育的要义:形势在变,要永葆信仰不变,则需要思想教育。

党的历史表明,中国共产党在革命、建设和改革不同时期,经历从小到大、从不成熟到成熟的改变,同时中国共产党外部环境也在不断发生变化,但是这些改变不会导致党的信仰的改变。这是中国共产党作为使命型政党历经百年而永葆青春活力的制胜密码。为了实现共

产主义崇高理想,一代代共产党人在漫漫征途中奋斗不止、初心不改、信仰不变。

新时代新变化,这种新变化给永葆信仰不变提出更高要求。如何才能在新变化中永葆党的信仰不变？无可置疑,新时代加强思想教育,提高党员素质,尤为迫切重要。江泽民同志曾强调指出:"共产党的力量和作用,主要不在于党员的数量,而在于党员的素质。要结合建设、改革的实际和当代世界的发展状况,在全党进行马克思列宁主义、毛泽东思想基本理论教育,进行社会主义、共产主义思想的教育,进行党纲党章和党的路线、方针、政策的教育。"① 可见,时代变,形势变,永葆党的信仰不变,就要加强思想教育,坚定共产党人理想信念。习近平总书记在纪念红军长征胜利80周年大会上指出:"没有牢不可破的理想信念,没有崇高理想信念的有力支撑,要取得长征胜利是不可想象的。"② 这启示我们,永葆党的信仰不变就要教育引导全党牢记党的宗旨,挺起共产党人的精神脊梁,把理想信念作为共产党人精神上的"钙",解决好世界观、人生观、价值观这个"总开关"问题,自觉做共产主义远大理想和中国特色社会主义共同理想的坚定信仰者和忠实实践者。

第二,从"科学与党性"关系中把握思想教育的要义:思想教育必须做到党性与科学性的统一。党性是一个复杂的概念,马克思主义经典作家没有给出一个完全的答案。党性概念的内涵与时俱进不断丰富完善,新时代我们理解党性科学内涵必须从党的历史出发,不能忘记党性的历史性规定,不能忘记党性的规律性要求,不能忘记党性的内在性基因。党性要与人民性、科学性有机统一。加强思想教育、锤炼党性修养就要做到党性与科学性的统一。毛泽东指出,"只有打倒

---

① 《江泽民文选》第一卷,人民出版社2006年版,第62页。
② 习近平:《在纪念红军长征胜利80周年大会上的讲话》,《人民日报》2016年10月22日。

了主观主义,马克思列宁主义的真理才会抬头,党性才会巩固,革命才会胜利。我们应当说,没有科学的态度,即没有马克思列宁主义的理论和实践统一的态度,就叫做没有党性。或叫做党性不完全。"①毛泽东同志把这种实事求是态度上升为党性的表现,明确指出,"这种态度,就是党性的表现,就是理论和实际统一的马克思列宁主义的作风。这是一个共产党员起码应该具备的态度。如果有了这种态度,那就既不是'头重脚轻根底浅',也不是'嘴尖皮厚腹中空'了"②。邓小平曾指出,"党性也包括联系群众、艰苦朴素、实事求是等等"③。这给新时代加强思想教育提供重要启示:加强思想教育就要增强党员干部锤炼党性修养的科学性,增强党员干部实事求是、联系群众、艰苦朴素的思想自觉。

第三,从"改正错误与团结同志"关系中把握思想教育的要义:通过思想教育纠正党内错误达到全党同志团结,使全党如同一个和睦的家庭一样。既要弄清思想又要团结同志,新时代针对党内错误进行思想教育重在求团结。团结全党同志如同一个和睦的家庭一样,如同一块坚固的钢铁一样。1945年党的第六届中央委员会扩大的第七次全体会议通过的《关于若干历史问题的决议》指出:"党在检讨了六届四中全会以来的错误以后,认为今后进行一切党内思想斗争时,应该避免对犯错误的同志简单打击的现象,要坚决执行毛泽东同志的方针。任何过去犯过错误的同志,只要他已经了解和开始改正自己的错误,就应该不存成见地欢迎他,团结他为党工作。即使还没有很好地了解和改正错误,但已不坚持错误的同志,也应该以恳切的同志的态度,帮助他去了解和改正错误。"④这给新时代加强思想教育提供重要启示:

---

① 《毛泽东选集》第三卷,人民出版社1991年版,第800页。
② 《毛泽东选集》第三卷,人民出版社1991年版,第801页。
③ 《邓小平文选》第二卷,人民出版社1994年版,第192页。
④ 《毛泽东选集》第三卷,人民出版社1991年版,第997页。

要通过思想教育团结犯错误的同志,帮助其改正错误使全党同志如同一个和睦的家庭一样。

第四,从"错误与肥料"关系中把握思想教育的要义:思想教育要善于把错误变成肥料。金无足赤人无完人,党内也一样。我们要善于在改正错误的基础上建设党。邓小平同志强调:"没有批评与自我批评精神,就不会及时地总结经验,修正错误;也不会用正确的和错误的经验、正面的和反面的经验,来教育干部、党员和群众。毛泽东同志经常教导我们,不犯错误的党,不犯错误的人,不犯错误的领导是没有的,问题在于及时总结经验,用批评与自我批评的精神检查工作。这样,就可以不使小错误发展为大错误,发展为路线性的错误;就可以使党员和干部从正确经验中受到教育,也可以把错误变成肥料,将坏事变成好事。"[1]这启示我们新时代加强思想教育要善于通过批评与自我批评的方法帮助犯错误者改正错误,把错误变成肥料,将坏事变成好事。

第五,从"党内批评与政治任务"关系中把握思想教育的要义:加强思想教育要告诫党员干部党内批评不能忘记党的政治任务。党内批评是新时代思想建党的重要方法。新时代如何正确理解党内批评?毛泽东指出:"关于党内批评问题,还有一点要说及的,就是有些同志的批评不注意大的方面,只注意小的方面。他们不明白批评的主要任务,是指出政治上的错误和组织上的错误。至于个人缺点,如果不是与政治的和组织的错误有联系,则不必多所指摘,使同志们无所措手足。而且这种批评一发展,党内精神完全集注到小的缺点方面,人人变成了谨小慎微的君子,就会忘记党的政治任务,这是很大的危险。"[2]这为新时代加强思想建党提供重要启示:加强思想教育要让党员干部

---

[1] 《邓小平文选》第一卷,人民出版社1994年版,第346—347页。
[2] 《毛泽东选集》第一卷,人民出版社1991年版,第91—92页。

明晰,党内批评主要围绕政治上的错误和组织上的错误而开展,不必多所指摘个人缺点,这是党内批评重要遵循。

四、新时代思想建党必须与时俱进推进党的理论创新

时代是思想之母,实践是理论之源。毛泽东指出,"只要遵守既定办法就无往而不胜利。这些想法是完全错误的,完全不是共产党人从斗争中创造新局面的思想路线,完全是一种保守路线。这种保守路线如不根本丢掉,将会给革命造成很大损失,也会害了这些同志自己"①。党的思想建党史告诉我们:时代在变化,实践在发展,理论要创新。创新是一个民族进步的灵魂,是一个国家兴旺发达的不竭动力,也是一个政党永葆生机的源泉。新时代需要与时俱进推进理论创新,这是我们党永葆生机活力的奥妙所在。习近平总书记指出:"这是一个需要理论而且一定能够产生理论的时代,这是一个需要思想而且一定能够产生思想的时代。我们不能辜负了这个时代。"②"我们必须在理论上跟上时代,不断认识规律,不断推进理论创新、实践创新、制度创新、文化创新以及其他各方面创新。"③

纵观党的历史,思想建党史是一部党的理论创新史。历史唯物主义者认为,社会存在决定社会意识。社会在发展变化,自然而然党的理论要与时俱进发展。中国共产党要与时俱进推进党的理论创新。党的理论创新,既是党的指导思想落地生根的需要,也是适应新时代

---

① 《毛泽东选集》第一卷,人民出版社1991年版,第115—116页。
② 习近平:《在哲学社会科学工作座谈会上的讲话》,《人民日报》2016年5月19日。
③ 习近平:《决胜全面建成小康社会 夺取新时代中国特色社会主义伟大胜利——在中国共产党第十九次全国代表大会上的报告》,《人民日报》2017年10月28日。

新发展的新需要。与时俱进推进党的理论创新,既需要现有思想落地,也需要创新思想生成。

一是从思想产生来看,思想建党过程是马克思主义中国化的过程。

回顾党的历史,中国共产党在革命、建设和改革的重大转折时期,勇于推进实践基础上的理论创新,不断丰富和发展马克思主义。党的历史启示我们,与时俱进推进党的理论创新,才能使我们党得以摆脱以往一切政治力量追求自身利益的局限,不断坚持真理,修正错误,完成近代以来其他政治力量不可能完成的艰巨任务。

中国共产党善于运用马克思主义解决中国革命问题,与时俱进推进党的理论创新,走出了一条马克思主义中国化的成功之路。在井冈山斗争中,毛泽东同志发展了列宁关于通过城市工人武装起义夺取政权的思想,从中国实际出发,把马克思主义与中国实际相结合,走出了一条"农村包围城市、武装夺取政权"的适合国情的革命道路。

以毛泽东同志为核心的党的第一代中央领导集体带领全党全国各族人民完成了新民主主义革命,进行了社会主义改造,确立了社会主义基本制度,成功实现了中国历史上最深刻最伟大的社会变革,为当代中国一切发展进步奠定了根本政治前提和制度基础,把马克思列宁主义的基本原理同中国革命的具体实践结合起来,创立了毛泽东思想,找到了适合中国国情的革命道路,党的理论有了新的发展,指引社会主义建设事业取得新成就。

以邓小平同志为核心的党的第二代中央领导集体带领全党全国各族人民深刻总结我国社会主义建设正反两方面经验,借鉴世界社会主义历史经验,作出把党和国家工作中心转移到经济建设上来、实行改革开放的历史性决策,深刻揭示社会主义本质,确立社会主义初级阶段基本路线,明确提出走自己的路、建设中国特色社会主义,科学回答了建设中国特色社会主义的一系列基本问题,成功开创了中国特色社会主义,创立了邓小平理论,解答了时代发展提出的实践课题,改革开放和现代化建设不断迈上新台阶、取得了新成就。

以江泽民同志为核心的党的第三代中央领导集体,在建设中国特色社会主义的实践中,加深了对什么是社会主义、怎样建设社会主义和建设什么样的党、怎样建设党的认识,积累了治党治国新的宝贵经验,形成了"三个代表"重要思想,进一步推进了马克思主义中国化。

以胡锦涛同志为主要代表的中国共产党人,坚持以邓小平理论和"三个代表"重要思想为指导,根据新的发展要求,深刻认识和回答了新形势下实现什么样的发展、怎样发展等重大问题,形成了以人为本、全面协调可持续发展的科学发展观,推进马克思主义与时俱进,进一步丰富和发展了马克思主义的理论宝库。

以习近平同志为核心的党中央坚持把马克思主义基本原理同中国具体实际相结合、同中华优秀传统文化相结合,科学回答了新时代坚持和发展什么样的中国特色社会主义、怎样坚持和发展中国特色社会主义等重大时代课题,创立了习近平新时代中国特色社会主义思想。这一重要思想是马克思主义中国化时代化的最新理论成果,是对马克思列宁主义、毛泽东思想、邓小平理论、"三个代表"重要思想、科学发展观的继承和发展,是当代中国马克思主义、二十一世纪马克思主义,是中华文化和中国精神的时代精华,是党和人民实践经验和集体智慧的结晶,是中国特色社会主义理论体系的重要组成部分,是全党全国人民为实现中华民族伟大复兴而奋斗的行动指南,必须长期坚持并不断发展。

二是从思想落地来看,思想建党过程是马克思主义内化的过程。

党的历史表明,马克思主义的生命力在于马克思主义时代化、大众化,这集中表现为思想落地生根。党的思想落地需要党的思想内化,也是党的思想大众化的过程。思想内化与思想大众化是相对概念。思想内化主要是相对个体而言,思想大众化主要是相对群体而言。不管是思想内化,还是思想大众化,都必须加强思想教育。教育是通过灌输的形式实现思想内化,入脑入心。所以,马克思主义中国化的过程,也是党的思想教育与时俱进发展的过程。新中国成立以来,每当重大历史关头,中国共产党都通过集中学习教育加强理论武装,凝聚全党力量。比如,开展整党、"三讲"教育、保持共产党员先进性教育活动、学习实践科学发展观活动,特别是党的十八大以来开展的党的群众路线教育实践活动、"三严三实"专题教育、"两学一做"学习教育、"不忘初心,牢记使命"主题教育、党史学习教育、学习贯彻习近平新时代中国特色社会主义思想主题教育和党纪学习教育等党内集中教育,深入学习贯彻党的理论创新成果,贯彻落实党的指导思想,使马克思主义中国化时代化的理论成果,特别是习近平新时代中国特色社会主义思想入脑入心。

邓小平同志首先端正党的思想路线,率先批评"两个凡是"的错误观点,支持《实践是检验真理的唯一标准》一文,领导全党开展了一场关于真理标准问题的大讨论,以此作为理论上的突破口,推动了全面拨乱反正,把解放思想、实事求是的精神贯穿于改革开放的全过程。新时代我们要推进思想解放、理论创新,就要创造性地坚持实践标准。坚持实践是检验真理唯一标准这个原理,根据不同时期、不同行业、不同问题,把这个实践标准具体化,把思想建党不断推向前进。

新时代改革要深化,思想要解放,要把解放思想,实事求是,与时俱进,求真务实作为执政党的生命线。当前改革步入深水区,进入攻坚期,改革的最大阻碍是思想阻碍。全面深化改革就是要破除那些阻碍生产力发展的、阻碍各项事业发展的体制机制、方式方法,特别是思想观念。破除思想观念的关键在于形成实践标准观点,树立实践标准的权威,任何理论,任何思想,任何制度,任何办法,都要用实践来检验是不是真有效果。实践检验证明有效的要加以肯定,实践检验证明阻碍发展的,要加以改变。

五、新时代思想建党必须坚持思想建党和制度治党同向发力

当前,全面从严治党新形势下既要抓好思想建党这个自律,也要加强制度治党这个他律,大力推进思想建党和制度治党同向发力,使思想建党与制度治党紧密结合。正如,党的十九大报告强调指出坚持全面从严治党需要"思想建党和制度治党同向发力"。这既是马克思主义建党学说应有之意,也是管党治党的根本遵循,开辟全面从严治党新局面。

一是思想建党史的经验启示告诉我们从严治党形成的思想建党与制度治党非对称性发展的历史轨迹不能适应新时代全面从严治党新需要,需要由非对称性发展向对称性发展转换。

新时代从历史的维度,从革命、建设和改革三个历史时期,对思想建设与制度建设的发展变化进行考察和梳理,勾画出思想建党与制度治党关系生成的历史轨迹。革命时期恶劣环境产生的外在压力强化了党员的理想信念与工作纪律,但是由于农民出身党员占多数的特殊性,中国共产党亟需从思想上建党。虽然思想建党尤为重要,但是制度建设也在推进,只是在思想建党与制度治党协同发展中偏重于思想建党。在社会主义建设时期,从严治党的动力主要来源于革命时期所形成的思想建党惯性延续。虽然在国内没有了革命战争时期恶劣环境,但是新中国面临的国际生存环境比较严峻,同时老一辈革命家对从严治党的优良传统和作风进行传承和弘扬,广大党员干部的自律性相对还是比较强,因而总体上思想建党与制度治党协同发展依然偏重于思想建党。在改革开放新的历史时期,和平与发展成为时代主题,

由革命战争年代延续下来的思想建党惯性越来越弱,再加上党由领导计划经济的党向领导市场经济的党的转换与机制重构,思想建党渐渐变得不足,制度治党愈来愈凸显,在一定程度上呈现出思想建党与制度疏离现象,信任代替监督,制度执行力低下。

可见,从严治党呈现出思想建党与制度治党非对称性发展的历史轨迹。思想建党与制度治党关系的历史考察启发我们信任代替不了监督,全面从严治党亟需思想建党与制度治党从非对称性发展向对称性发展转化,实现思想建党与制度治党同向发力。

二是思想建党史的经验启示告诉我们思想建党与制度治党是全面从严治党的内在基因,思想建党需要制度治党保障。

党的历史告诉我们,一个政党正如一个人一样,需要从自律与他律有机统一视角来分析看待。政党的自律需要思想建党,政党的他律需要制度治党。执政党的长期执政需要思想建党,也需要制度治党。制度治党是为了更好的思想建党。任何单纯依靠思想建党的做法都是奢想,因为思想需要制度的保障,思想如脑浆,制度如骨架,两者结合才有人的头脑的正常思维。可见,思想建党需要制度治党保障。这既是全面从严治党规律的内在要求,也是党的建设历史发展的经验启发。

党的十九大报告指出,"思想建设是党的基础性建设"。基础性建设是全面从严治党的长期性建设、稳定性建设,但是并非全部建设。思想建设需要制度建设配套发展,所以全面从严治党作为中国共产党人的政治践行需要强大的思想觉悟,这种觉悟既源于思想教育,从长期来看更离不开制度规范。两者协同发展才能真正推进全面从严治党向纵深发展。具体而言,全面从严治党既需要内化于心,还需要外化于行。"内化于心"主要是思想问题,体现在思想建党方面;"外化于行"主要是制度问题,体现在制度治党方面。所以,思想建党与制度治党正如基因一样螺旋存在,统一在全面从严治党中、同向于全面从严治党中。

2014年,习近平总书记在党的群众路线教育实践活动总结大会上明确指出,新形势下从严治党要坚持思想建党和制度治党紧密结合,使加强制度治党的过程成为加强思想建党的过程,也要使加强思想建党的过程成为加强制度治党的过程。思想教育要结合落实制度规定来进行,抓住主要矛盾,不搞空对空。习近平总书记思想建党和制度治党同向发力彰显了全面从严治党既要靠思想教育这个自律,也要靠制度规范这个他律的辩证思维。自律与他律正如飞机的两翼,统一在全面从严治党当中,这充分表达了新时代党建思想的系统性,揭示了党的建设的基本规律。

三是思想建党史的经验启示告诉我们思想建党离不开问题导向,解决这些矛盾和问题需要制度保障。

思想建党与制度治党从来都是为解决时代问题的现实需要而存在,并非长期存在于人的头脑中,当从严治党出现新问题,并且要解决这些新矛盾和问题,思想与制度往往同时存在,协同发展,才能构筑全面从严治党长期健康发展的沟渠。

党的十八大以来,大量案例表明传统思想建设力不从心和制度建设执行难。比如有些党员干部存在理想信念滑坡、党性原则不强和思想理论僵化等问题。再如有时党的建设存在制度虚置、制度漏洞、制度碎片等乱象。究其根由在于思想建设与制度建设不能同时发力与同向发力,少数党员干部思想觉悟与制度规范存在疏离,从而导致自律与他律的分离、知行难以合一。实践证明,过去思想建党和制度治党分开进行的传统党建模式已经不能解决当前面临的困境,迫切需要两者协调推动党的建设。习近平总书记顺应全面从严治党新形势,理性面对思想建设与制度建设存在疏离的现实困境,大力推进党建理论创新,明确阐述思想建党和制度治党之间的关系,并把它们紧密结合起来运用到党的建设实践中,从世界政党政治的高度打造管党治党新模式,开辟了一条思想建党与制度治党深度融合的新路,切实担当起全面从严治党的重任,拓展了新时代思想建党的新视野。

参考资料

[1]《马克思恩格斯选集》,人民出版社2012年版。
[2]《马克思恩格斯全集》第二卷,人民出版社1957年版;第四卷,1958年版;第十二卷,1962年版。
[3]《列宁选集》,人民出版社1995年版。
[4]《毛泽东选集》,人民出版社1991年版。
[5]《毛泽东文集》,人民出版社1993年版。
[6]《邓小平文选》第一卷、第二卷,人民出版社1994年版。
[7]《邓小平文选》第三卷,人民出版社1993年版。
[8]《江泽民文选》,人民出版社2006年版。
[9]《胡锦涛文选》,人民出版社2016年版。
[10]习近平:《决胜全面建成小康社会 夺取新时代中国特色社会主义伟大胜利——在中国共产党第十九次全国代表大会上的报告》,人民出版社2017年版。
[11]习近平:《习近平谈治国理政》,外文出版社2014年版。
[12]习近平:《在庆祝中国共产党成立95周年大会上的讲话》,人民出版社2016年版。
[13]习近平:《干在实处 走在前列》,中共中央党校出版社2013年版。
[14]习近平:《在党的群众路线教育实践活动总结大会上的讲

话》，人民出版社 2014 年版。

［15］中共中央宣传部编:《习近平新时代中国特色社会主义思想学习纲要(2019 版标准版)》,学习出版社 2019 年版。

［16］中共中央宣传部编:《习近平总书记系列重要讲话读本》,学习出版社、人民出版社 2016 年版。

［17］中共中央文献研究室、中央档案馆编:《建党以来重要文献选编(1921—1949)》,中央文献出版社 2011 年版。

［18］《建国以来重要文献选编》,中央文献出版社 1992 年版。

［19］中共党史研究室:《中国共产党简史》,中共党史出版社 2001 年版。

［20］中共中央党史研究室:《中国共产党历史(1921—1949)》第一卷,中共党史出版社 2002 年版。

［21］中共中央党史研究室:《中国共产党的九十年》(新民主主义革命时期),中共党史出版社、党建读物出版社 2016 年版。

［22］中共中央文献研究室:《习近平关于党的群众路线教育实践活动论述摘编》,中央文献出版社 2014 年版。

［23］《习近平关于全面从严治党论述摘编》,中央文献出版社 2016 年版。

［24］余伯流、陈钢著:《井冈山革命根据地全史》,江西人民版社 1998 年版。

［25］段瑞华等著:《苏区思想发展历程》,江西高校出版社 1990 年版。

［26］唐宝林:《马克思主义在中国 100 年》,安徽人民出版社 1997 年版。

［27］康厚德:《思想建党的里程碑:论共产党员的修养的历史意义与当代价值》,西南交通大学出版社 2014 年版。

［28］李洪峰:《论思想建党与理论武装》,人民出版社 2016 年版。